東南亞的當代新秩序

後冷戰時代的東南亞國際關係史

SOUTHEAST ASIA AFTER THE COLD WAR

A CONTEMPORARY HISTORY

洪清源 Ang Cheng Guan

林瑞——譯

目次

臺灣繁中版序

本書針對那些對東南亞國際關係和政治感興趣的讀者而寫，時間範圍從一九九〇年的冷戰結束至二〇一七年，該年同時是東協成立的五十週年（一九六七年）。這本書以容易閱讀的敘事風格撰寫，不使用該地區政治科學著作中常見的術語。因此，任何對該地區的國際政治感興趣的人都可以輕鬆地追蹤事件的發展，了解自一九九〇年以來的曲折變化。東協成立五十週年是結束故事的一個好時機，就像所有紀念日一樣，是回顧和反思該地區自冷戰結束以來的發展和面臨的挑戰。對於那些好奇後冷戰時期與冷戰時期（大致從第二次世界大戰結束後到一九八九年）的不同的讀者，建議閱讀本書的前傳《東南亞的冷戰：一部詮釋的歷史》（檀香山：夏威夷大學出版社，二〇一八年），目前僅有英文版可供閱讀。

本書基本上是東協在後冷戰世界尋找自身定位的過程。儘管直到柬埔寨於一九九九年入會，東協才成為真正全規模區域組織，但有鑒於今天東南亞與東協已是同義詞的事實，本書以東協為討論主軸自然順理成章。值得注意的是，歸根究底，東協的整體成就仍然取決於個別成員國的成就。基於這個理由，在必要與適當情況下，書中會挑出個別成員國單獨討論。本書聚焦於外交關係與一般安全問題。東協成員國的國內政治，只有在對國際關係與區域安全構成影響時——例如與美國以及中國的關係、南中國海爭議、恐怖主義等等，這類事件不在少數——才會納入本書討論。

本書描述了東協堅持掌握主導權的決心，這通常被稱為「東協的核心性」，即保持對東南亞地區發展的控制，並且不讓區域外大國塑造該地區的命運。但要讓東協十國同心同德，說來容易做來難。直到二〇一七年東協成立五十周年時，東協雖已下了不少工夫，但仍然遲遲未能完成它建立區域團結的第一個目標（這是東協核心性的先決條件）。對東南亞諸國而言，迅速建立區域團結、將一種亞洲安全設計置於它的外交行動中心至關重要，若做不到這一點，新區域秩序也將無法建立。

本書英文原版於二〇一九年出版，被稱為「簡明易讀」，對東南亞國際關係感興趣的人來說是「必讀之作」。

洪清源 二〇二三年六月

引言

對歷史的理解有其極限。歷史不能完全解釋過去，也不能預知未來。但它可以將我們目前所處位置、以及我們如何來到這個位置可靠地告訴我們。若少了這種歷史認識，或缺少對這種認識的興趣，我們會茫然若失，不知走向何方，以及如何前進。[001]

本書宗旨

這本書追溯了從冷戰結束到二〇一七年至二〇一八年期間，東南亞國際關係的發展。書中檢討、評估了東南亞地區自一九九〇年起的國際關係傳承、演變與可能的走向。這本書回顧自冷戰結束迄今近三十年歷史，試圖答覆以下幾個問題：在冷戰結束時，或在後冷戰時代開始時，這個地區的國際政治景觀如何？東南亞諸國與這個地區整體的目標與抱負又是什麼？這些目標與抱負實現、完成了嗎？如果沒有，為什麼沒有？

外交關係是本書主要探討焦點，內政問題則只有在影響到東南亞諸國與地區整體外交政策遂行的情況下才會加以討論。也因此，「東南亞國家協會」（Association of Southeast Asian Nations，ASEAN，簡稱東協，中國稱為「東盟」）這個名詞充斥於本書字裡行間自屬難免。在柬埔寨於一九九九年四月三〇日加入東協之後，「東協」才成為今天所謂「東南亞」的同義詞；在此之前，東協不過是個次區域組織罷了。雖說東協是十個成員國的總和，本書行文過程中會適時分別對個別成員國進行討論。

這本書是早先一項有關冷戰期間東南亞國際政治研究的後續。寫這本書的靈感也來自英國史學者愛德華・哈雷・卡爾（Edward Hallett Carr）所著《二十年危機：一九一九至一九三九年》（*The Twenty Years' Crisis, 1919–1939*）。《二十年危機》追蹤、分析歐洲在第一次世界大戰結束後到第二次世界大戰爆發前夕的國際關係。當二戰於一九三九年九月三日爆發時，卡爾這本書也來到付印前最後階段。根據卡爾的說法，這本書寫成於「當戰雲已經籠罩世界，但扭轉情勢的希望生機一息尚存之際」。[002] 卡爾為他的書取了一個「一項國際關係研究導讀」（An Introduction to the Study of International Relations）的副標題。卡爾寫這本書時，國際關係正開始脫離國際法與政治研究領域，自成一門學術。一九三九年首次發行的這本書，至今仍是國際關係理論經典之作。《後冷戰時代的東南亞：一本當代史》這本書，從一九九〇年冷戰結束談到二〇一七至二〇一八年這段仍在風口浪尖、不斷變化的新歲月，遠不如《二十年危機》那麼恢宏，既提不出什麼開疆拓土的史書理論，也不能為東南亞國家面對的問題帶來什麼解決辦法。與卡爾不同的是，我既不是政治學者，也不是公共知識份子倡導人。

不過我想用我這本書建立一個當代東南亞國際史的寫作先例，希望是個好先例。國際史寫作在冷戰結束後蔚為風潮，許多人一直說它是一種新領域（儘管今天看來已經沒那麼新了），但它無疑有一種老而悠久的譜系。[003] 也因此沒有必要在這裡對它的方法論追根究底。就另一方面來說，「當代史」始終是有爭議的歷史子領域，根據喬納森・哈斯蘭（Jonathan Haslam）的說法，是「最有爭議性、問題最多的歷史」。[004] 這話是哈斯蘭在撰寫冷戰史時的有感而發，但用這話描述迄仍進行中的後冷戰時代甚至還更中肯。

事實上，有人或許認為現在就將後冷戰時代視為「歷史」為時過早。但誠如已故的羅夫・史密斯——史密斯在一九八〇年代寫過多本受到高度重視的越戰國際史——所說，「學者從歷史角度觀察事件的企圖永遠不會展開得過早；歷史這門學術本身也不必非得藉助檔案才能進行」。更何況，「無論怎麼說，這場戰史已經開始寫了」。[005]

文獻回顧

事實上，有關冷戰過後東南亞國際關係的學術著作很多，這些著作幾乎由政治學者與國際關係專家包辦。這些著作可以區分為兩大類：一類聚焦時事議題，另一類論及東南亞地區國際關係。大多數著作屬於第一類型。屬於第二類型的作品不多，它們大多已經成為幾乎一切東南亞國際關係課程的標準教材。唐納德・威瑟比（Donald E. Weatherbee）的《東南亞國際關係》（*International Relations in Southeast Asia*）就是這樣一本書。威瑟比一直享有「美國東南亞國際關係學者元老」的美譽。二〇〇五年問世的《東南亞國際關係》今天已經發行到第三版。它的初版有多名作者，再版（二〇〇九年）與最近（二〇一五年）發行的三版則由威瑟比一人執筆。[006]這本書採用一種著眼時事的主題切入作法。也因此，套用作者的話，再版「比較不強調反恐戰爭」，「將人道安全作為東南亞國際關係主題，作更有結構性的討論」。再版強調新的東南亞國家協會憲章，對中國—東協—美國三角關係也有「更加延伸的考慮」。這兩個議題都是第二版在撰稿期間的時興話題。

克拉克・尼赫（Clark D. Neher）的《國際關係新紀元的東南亞》（*Southeast Asia in the New International Era*）是第二本這樣的書。這本書於一九九一年問世，到二〇〇一年已經發行四版。第五版（二〇一〇年）與第六版（二〇一三年）由尼赫與羅伯・戴里（Robert Dayley）共同執筆。[007]現行的七版（二〇一七年）的作者為戴里。這本書採用逐國討論作法，而且外交關係僅是四個討論主題中的一個；另三個主題是「建制與社會團體」、「國家—社會關係與民主」、以及「經濟與發展」。

威瑟比與尼赫儘管都是政治學者，卻並不偏執於「理論」。反之，阿米塔夫・阿察雅（Amitav Acharya）的《認同的追逐》（*The Quest for Identity*，二〇〇〇年）與其續篇《東南亞的成形》（*The Making of Southeast Asia*，二〇一二年），則在極大程度上是一種理論架構的產物。[008]冷戰的結束重燃國際關係學界相互競爭的各理論傳統之間的辯論。阿察雅透過建構主義切入東南亞研究，特別在東南亞區域認同創造的議題上，是公認的國際關係領先學者。最後要提的是吳翠玲（Evelyn Goh）的《秩序的鬥爭》（*The Struggle for Order*）。[009] 儘管這本書並不以東南亞為特定議題，但吳翠玲從一種「國際社會」角度（往往有人稱之為國際關係英國學派）對這個地區的發展賦予相當的關注。與阿察雅一樣，吳翠玲主要關切的也是國際關係學界內部的理論辯論——她關注的焦點是東亞。不過，與他們的許多同事相形之下，阿察雅與吳翠玲更重視歷史。

所有以上這些著作都廣獲佳評，當然也都各有千秋。不過依我之見，專注於特定主題或採取逐國討論作法的研究，無法顧及議題與事件的複雜性與互聯性。特別強調一種或另一種理論角度的作法，能讓人撇清與本身建構或世界觀不合、讓人感到不便的事實。更何況，誠如歷史學者派特・蓋爾（Pieter Geyl）所說，許多因素能決定歷史變化，因此將其中一項因素隔離就是違反歷史。[010]

著名東南亞史學者、已故的尼古拉斯・塔林，寫了兩本與我的研究有關的書，必須一提。第一本是《東南亞區域主義》（*Regionalism in Southeast Asia*，二〇〇六年）。這是塔林寫的一套三本套書的最後一本，這套書的另兩本是《東南亞的帝國主義》（*Imperialism in Southeast Asia*，二〇〇一年）與《東南亞的民族主義》（*Nationalism in Southeast Asia*，二〇〇四年）。[011]《東南亞區域主義》結束於一九九〇年代，而另一本《東南亞與強權》（*Southeast*

Asia and the Great Powers，二〇一〇年）則是這套書的後記。塔林覺得，自己在最先兩本書裡用了太多篇幅討論東南亞外來強權扮演的角色，在最後一本書投入的注意力卻嫌不足。他於是用《東南亞與強權》作一次平衡，「檢驗強權過去在這個地區的興趣，以及讓強權捲入這個地區的原因是什麼」。[012]每一章聚焦於一個外來強權。塔林這兩本書雖說俱皆博大精深，發人深省，但切入作法難免將外來強權與東南亞精英之間複雜的互動過於簡化。此外，這兩本書主要的對象是專家，而非一般讀者。

東南亞歷史的研究者鮮少闖入明顯由政治學者與國際關係專家主導的領域，有鑒於此，或許首先讓讀者了解「當代史」的概念與方法會有些幫助。

當代史

根據一般說法，「當代史」是一種不精確，讓人難以了解的概念。有關當代史的意義以及它的年代限制說法不一。布魯斯．馬茲利（Bruce M）說得好，隨時間不同，所謂「當代」的意義也不一樣。[013]有人說，「當代史」本身就是個相互矛盾的名詞。[014]更重要的是，特別是在一九五〇與一九六〇年代的許多歷史學者眼中，當代史的寫作（與教授）都不夠水準，或者如史圖華・休斯（H. Stuart Hughes）在《把歷史當成藝術、當成科學》（*History as Art and as Science*）一書中所說，「不很值得尊重」。史圖華・休斯在這本書中以專章討論當代史，而專章的標題就是「當代史是真的歷史嗎？」當時普遍的觀點是，一件事至少得在事隔百年之後，才算得準備妥當，可以接受歷史分析。[015] 小亞瑟・史勒辛格（Arthur Schlesinger Jr.）就說，當代史「在史學年鑒中據有一種不牢靠的地位」。[016] 直到一九九七年，參與《當代史雜誌》（*Journal of Contemporary History*）編輯團隊的亞瑟・馬威克（Arthur Marwick），[017] 仍能注意到這門歷史子領域遭到的某種偏見。[018] 不過在今天，撰寫現代史已經不像過去那樣古怪。馬丁・瓊斯（Martin Johnes）就在二〇一一年年底指出，「如果有人對研究不久前的往事有任何偏見或遲疑，那是因為它的難度，而不是因為他們認為當代史不重要或不具效力，不值得他們研究。」[019] 抱持這種觀點的歷史學者越來越多。[020]

「當代史」有一項簡單但有用的定義，就是「發生在歷史研究者成人時代的歷史」。[021] 這個定義或許直白，但學者都同意撰寫當代史並不簡單，儘管並非只有撰寫當代史的人才會碰上這類問題。他們往往遇到三個相互有關的議題或挑戰：（a）來源，（b）主觀性，與（c）看法角度。[022]

就來源——沒有它就寫不出歷史的原材料——來說，當代歷史的研究者可以取用的來源是太多還是太少的問題，學者們意見分歧。但無論太多還是太少都是問題。認為來源太多的學者認為，可以取用的當代紀錄過於龐大，讓人極難選擇與決定哪些重要、哪些不重要。也因此，歷史學者在這種選擇與決定過程中很容易受到外力影響。誠如瓊斯所說，當代史「筆下的人可以反饋」。[023] 簡言之，歷史學者想保持客觀、想不受進行中事件發展的影響很難。使問題更加棘手的是，與寫古早歷史的人不同的是，寫當代史的人「不知道他描述的事件的後續發展」，這使他難以全面評估歷史事件或趨勢，提出他的看法。[024]

安東尼・達馬托（Anthony D'Amato）另有不同觀點。根據他的觀點，撰寫近年來的事件確實有「若干相關資訊因為還沒公開，無法取得」的劣勢，但也有「合理化危險性較低」的優勢：

> 如果十年後，一名學者翻閱一九六六年臺灣海峽事件的政府檔案，找到許多涉及國際法層面的臺海事件備忘錄，這位學者或許因此相信有關國際法的顧慮在這次事件中扮演重要角色。但這些文件檔案或許在歷史思考中不當地自我誇大；真實狀況是，沒有留下紀錄的幕後秘密談判在決策過程中扮演了更大角色。[025]

另一方面，也有學者——特別是蘭金（Rankean）學派——認定，由於（檔案）文件證據不足，因此當代史無法撰寫。基於這一切理由，歷史學者應該避免為當代事件寫史，這類工作最好交由政治學者或記者處理。事實上，經常聽到的一句對當代史的批判就是「那只能是記者的事」。[026]

反對以上觀點的人說，對歷史學者而言，近在手邊的大量當代紀錄其實是一種優勢。黎偉林・伍華德（Llewellyn Woodward）在《當代史雜誌》創刊號中，就引用英國史學大家路易斯・納米爾（Lewis Namier）的話說，只要你找對了地方，大多數秘密都藏在印刷紀錄裡。[027]納米爾這話或許不無誇大之嫌，但也有一絲真理。這事讓人想到「維基解密檔案」（WikiLeaks Files，二〇一五年）事件。[028]事實上，赫伯・巴菲德（Herbert Butterfield）頗以自己不能取用機密文件、因此不受「官方機密法」（Official Secrets Act）、不必將自己的作品送交外交部官員審批為榮。[029]劍橋大學欽定現代史教授休・崔佛—羅波（Hugh Trevor-Roper）回憶說，他的許多頗享盛譽的歷史論述大體上以當代證據為基礎，根據他的觀點，正因為具有「當代性」，這些論述「就若干方面而言，比之後重整的作品更精確」。[030]著名印度—斐濟史學者布里吉・拉爾（Brij V. Lal）也有同感。拉爾指出，「由於有證據，而且有更多各式各樣加以檢驗的機會」，撰寫不久前發生的事享有一種「獨特優勢」。他強調以口述證據為引據來源的重要性，認為口述證據「如果能妥善運用……能以檔案文件無法辦到的方式，使一項研究更豐富，更有深度」。[031]

王賡武對這個議題的見解耐人尋味。根據他的看法，「必須找出每一項相關文件以確保相對客觀……的巨大挑戰」——王賡武認為，這是十九世紀專業史家養成訓練的要求——「大體上是自找的」。他說，它儘管是一種必要技巧與責任，但無論選定的歷史主題是事件、是人物、還是趨勢，它「未必能掌握（這主題）的精髓」。[032]艾瑞克．霍布斯邦（Eric Hobsbawm）也承認，「為二十世紀寫史的學者由於距現今越來越近，他或她越來越仰賴兩類型資源：日報或期刊，以及國家政府與國際機構發表的經濟與其他性質的調查與統計資料」。[033]

喬治．歐威爾（George Orwell）說得好，「誰控制過去，誰就能控制未來；誰控制現在，誰就能控制過去。」也因此，歷史學者不能罔顧唐納德．瓦特（Donald C. Watt）的警告，放棄他們的專業責任，讓那些「有偏見與未經訓練的人」執筆撰寫當代史。[034]早在一九六七年，大衛．湯姆森（David Thomson）就說，「以更具綜合性、更一貫、更全面的方式說明我們這個時代的長程走勢」是世人的需求，這話直到今天仍然正確。像瓦特一樣，湯姆森也提出警告說，如果有專業素養的歷史學者不能滿足這項需求，「一些言之泛泛的急就章或宣傳文件，就會濫竽充數，冒充史實」。[035]

也因此，在寫這本書時，我時刻不忘撰寫當代史面對的這些挑戰與陷阱，與幾位著名史家的有關指導原則。首先我要提的是費爾南．布勞岱爾（Fernand Braudel，儘管他不是當代史的研究者）的一句名言。布勞岱爾警告說，研究當代史的人無時不刻處於一種「被迅速移動的東西或幻覺困住的風險」，也因此「絕對必須認清自己見證的是一個新運動的崛起，一個老運動的尾聲，一種來自遙遠過去的回音，還是一種單調乏味、反覆出現的現象」。[036]第二項指導原則是，必須隨時「保有專業客觀性、不忘專業責任」。[037]就這一點而言，特別是當代歷史學者必須認清自我的政治立場。[038]第三，當代歷史學者應該擁有彼得．卡特洛（Peter Catterall）所謂「腹地」（hinterland）、也就是遠遠超越不久前過去的知識。這種知識就算不能完全消除、也能降低布勞岱爾強調的風險，還能使歷史學者有別於記者或專欄作者。[039]套用卡特洛的話，「……我們對當代史的了解需要加以塑造，但僅僅用標題，或用對社會、政治、或經濟結構的研究來塑造還不夠，我們還必須知道這些結構如何因時變化，如何為過去淬鍊成型」。[040]

總之，當代史或許不是能幫我們了解今日世界的唯一一類歷史，但用馬威克的話來說，「當代歷史的重要性在於嚴謹的研究和具有說服力的呈現」，這一點不言可喻。[041]隨著網際網路問世，社交媒體擴散，資訊——包括假訊息與真新聞——爆炸，對當代事件進行負責任、平衡、仔細的紀錄確實已經成為今日世界迫在眉睫的重大需求。我要向讀者描述我如何運用（以上談到的這些）當代史撰寫準則寫這本書，作為這一段的結尾。寫這本書的發想始於一九九〇年代，距冷戰結束沒有多久。我原本計畫寫兩本書，以冷戰在東南亞重啟為開端，[042]再將故事從冷戰結束拉到當下（我大體上以卡爾在《二十年危機：一九一九至一九三九年》一書的時間架構為準）。抱定這項計畫之後，我開始日復一日、全力追蹤這個地區自冷戰結束幾近三十年來的各項發展。所以，如果說寫這本書花了我三十年時間也不為過。在寫這本書之初，我還做了兩個重要決定。我決定採取「整批派」與「切分派」的方式來理解這個地區。所謂「整批派」是指那些從「企業戰略的角度」來寫作關於該地區（在本書中是指東南亞／東協）的人，而「切分派」則指那些（如已故的麥克．雷佛）認為「東協各國的戰略願景差異更有趣且更為重要」的人。[043]再者，在撰寫這本敘述性作品時，我也採用了國際史的觀點。由於撰寫國際史既要對同一時間發生的每一個事件做情勢分析，又要對一個地方或組織在一段期間內先後發生的事件進行分析，如何在這兩者之間取得平衡，就成為撰寫國際史最具挑戰性的難題。（國際史偏重前者。）

為構築這本後冷戰時代東南亞史，像所有歷史學者一樣，我依賴各種資料來源：（a）新聞報導，（b）官方刊物，（c）調查報告，（d）備忘錄，（e）口述歷史，（f）檔案，與（g）秘密。誠如霍布斯邦（一九九六年）所說，歷史學者的研究對象距現今越來越近，他或她難免越來越仰賴（a）與（b），（f）與（g）最是難求，其餘則在難易之間。拜任職國防和戰略研究所（之後改名為拉惹勒南國際研究學院）之賜，在過去二十來年間，我有無數聽取學者、政治分析家、官員（包括現職與退休）意見，與他們互動的機會。約翰·圖希（John Tosh）提醒我們，「每一類型資料來源都有某種長項與短處；要整合在一起加以考慮，一一進行對比，這麼做至少能讓你有可能從中找出事實真相——或找出非常接近真相的東西。」[044]

最後，我接受布勞岱爾與卡特洛提出的警告與建議：想成為專業的當代歷史研究者，就得建立一種深厚的歷史意識，並對地緣政治現實有著敏銳的理解，能夠兼顧整體和細節。當然，只有在對該地區投入多年研究之後，才能具備這些品質。

我們現在可以回到手邊主題了：冷戰結束三十年之後的東南亞國際政治。這本書的主題連貫性，透過兩個理念結合在一起：秩序與區域主義。[045]在從二戰結束起直到冷戰的這些年間，核心歷史議題雖是去殖民化與冷戰，一九九〇年後的歷史重心卻是區域整合，與搜尋一種新的政治架構以取代冷戰結構。[046]所謂「秩序」是一種狀況，在這種狀況中，各國「透過對話與協議，建立處理彼此關係的共同規則與制度，並且承認維護這些安排的共同利益」。[047]「區域主義」是「在區域基礎上組建的國與國的協會或團體」，它能引領「相關國家、社會與經濟體走向更緊密的互動。透過這種互動，一個特定國家群體的成員能擁有一種對彼此的獨特導向，從而構建一個區域」。[048]直到今天，秩序與區域主義仍是正在進行中的未竟之功。

基於我個人的觀點，本書選擇採用敘事形式，因為它是最有效、最真實的方法，並且具有最強的解釋力，以應對本介紹開頭提出的問題。這是因為「敘事能為自我理解與新世界的探索提供豐富的可能性」。[049]而且，誠如約翰．艾利斯（John Ellis）所說，「敘事不僅是將一堆事件進行結構整理、推向結論而已，還是一種評斷的結構整理」。[050]事實上，大多數歷史作品所採用的敘述形式，本身就構成了一種獨特的解釋形式。

各章簡介

第一章試圖捕捉冷戰結束後的東南亞政治氛圍。在這段時間裡，該地區的地緣政治處於一種可塑、易變且流動的狀態，被形容為「地緣政治併發症潛在期」。[051]本章描述東南亞為何在某些方面與一九八〇年代的情況不同，但在另一些方面仍然持續舊觀。例如柬埔寨議題的結束，讓許多人對東南亞國家協會的未來與它的存在理由存疑。本章提出美國式微、中國威脅、關於南海的早年爭議、人道安全（東南亞各國政府較喜歡使用「非傳統安全」〔non-traditional security〕一詞）等議題的相關辯論，並且這些議題隨著敘事進程也將會在之後幾章重現。人道安全的相關議題包括環境議題、海盜、販毒與販賣人口、傳染病、天然災害與恐怖主義等。[052]

從第一章起，兩個相關主題就貫穿全書。第一個主題是區域主義的追求。這個過程以東協從次區域組織轉型為一個全區域組織為開端。東協為這項轉型付出一些代價。除了內部團結遭到稀釋以外，緬甸議題多年來也始終是東協芒刺在背之苦。在冷戰結束後最初二十餘年間，首要工作是經濟與安全整合。第一個主題是，在這個區域建立一種不同於冷戰期間的新秩序——有人稱它「安全結構」——這個新秩序的名稱就叫「東南亞」，在一九九九年後叫做「東協十國」（ASEAN－10）。第一章回顧「東協區域論壇」（ASEAN Regional Forum，ARF）的組建。根據特沙克．夏勒帕拉努巴（Termsak Chalermpalanupap）的說法，東協區域論壇是「在一個涉及非東協會員國的多邊場合使用東協模式的第一個例子」。[053]

「安全藏在貿易關係中」已經是眾所皆知的智慧。第二章描述「亞太經濟合作組織」（Asia-Pacific Economic Cooperation，APEC）的組建，以及東協成為全規模區域組織之夢的實現。本章還強調後冷戰時代影響這個地區的第一場大危機，以及這場危機對東南亞諸國與東協的衝擊：一九九七年展開的亞洲金融危機。在這段期間，「東協死了嗎？」成為人們掛在嘴邊的問題。在這場金融危機期間，一方面由於對美國與西方的失望，再者也因為中國影響力——無論正面與負面——舉足輕重的現實，東南亞開始調整與中國（以及東亞）的關係。亞洲金融危機也導致東南亞地區出現一個新國家——東帝汶（Timor-Leste）。東帝汶會不會成為東協第十一個會員國仍是問號。馬蒂·納塔里加瓦（Marty Natalegawa，譯注：印尼外長）的話言猶在耳：「……東協十國當年並未料到前印尼東帝汶省會於二〇〇二年脫離，成為主權國」。[054]

第三章探討兩個主要議題：東協在亞洲金融危機過後的復甦努力，以及恐怖威脅在東南亞現身。本章描述東協如何重建「東協自由貿易區」（ASEAN Free Trade Area，AFTA），如何建議成立「東協經濟共同體」（ASEAN Economic Community）與「東亞高峰會」（East Asia Summit），力圖重振。本章主要聚焦於經濟問題。

接下來第四章討論的時間點為二〇〇七到二〇一〇年。本章盤點這段期間東南亞現狀，描述東協諸國造成地緣政治衝擊的內政。本章檢討作為東南亞地區安全事務討論平台的東協區域論壇，並且介紹「東協國防部長會議」（ASEAN Defence Ministers Meeting，ADMM）與「東協國防部長會議Plus」（ASEAN Defence Ministers Meeting Plus, ADMM-Plus，即東協國防部長外加東協的八個對話夥伴會議）。東協從這段期間起，逐漸不再只重經濟問題（不過經濟問題始終牽動著東協領導人的腦子），開始強調區域認同與覺醒，開始鼓吹東協公民權。建立「東協共同體」（ASEAN Community）與《東協憲章》（*ASEAN Charter*）的建議就此問世，「以改善它的決策程序與結構」。[055]幾經波折與反覆思考，東協於二〇〇三年決定建立由政治安全、經濟與社會文化三大支柱組成的東協共同體，原本以二〇二〇年為完成目標，之後提前為二〇一五年。在二〇〇七年東協成立四十周年會議期間，十個會員國簽署了《東協憲章》，承諾要將東協建成一個「以規則為基礎的法律組織」。《東協憲章》於二〇〇八年生效。東協共同體與《東協憲章》目前都還在打造過程中；有一位外交官給的評語很有趣：「你不能在一夕之間把青蛙變成王子。」[056]

第五章主要討論第一章與第二章談到的南海爭議。本章為這項爭議提供一種概述，從第二次美濟礁（Mischief Reef）事件（一九九八年）談起，之後討論《南海行為準則》（*Code of Conduct for the South China Sea*，COC）的起草。這項起草工作直到今天仍在進行中。隨著時間不斷逝去，南海爭議也成為越來越重要的議題。一開始以旁觀者身份自居的美國，已經捲入這場衝突。比拉哈里．考斯甘（Bilahari Kausikan，譯注：新加坡外交政策顧問）說：

> 南海議題不是美中關係的唯一議題；甚至或許還不是兩國關係最重要的議題。但南海議

題是最能明確界定今天美中關係與兩國利益的範疇所在。無論是福是禍，東南亞地區將根據這個議題得出有關美國決心與中國意圖的結論，東協的觀點也將根據這個議題而塑造。[057]

由於涉及東協會員國彼此之間的多項爭議，也涉及與中國的主權議題，南海爭議是後冷戰時代影響東南亞最敏感、也最可能成為引爆點的議題。直到目前為止，東南亞還能想方設法不讓情勢失控、升高。在一九九六與二〇一〇年間，東南亞確實遭遇一些更直接的惱人事件（打頭陣的是亞洲金融危機）。第七章以「南海爭議成為核心劇碼」為題，描述這場爭議演變到今天的狀況。而夾在第五章與第七章之間的第六章，描述東南亞各國，連帶談到在第一章便談到的東協與美國與中國的緊張關係。南海爭議出現在第六章與第八章，也在所難免。

最後的第八章，以二〇一七年作為這本書結尾，這一年同時也是東協成立五十周年，是個回顧與前瞻的好時機。值得一提的是，我們今天所知的東協始於一九九九年，如果從一九九九年算起，這個新東協（或東協十國）事實上還不滿二十歲。儘管如此，這個組織（自一九六七年以來）歷經各種劫難，仍然存活至今。東南亞諸國的目標，始終就是確保東協仍坐在「駕駛席」上（這是東協愛用的術語）或「處於區域建構的核心」。在追求一種後冷戰時代以東協為核心的區域秩序的過程中，東協—特別是在一九九七年後——認清它的當務之急就是健全自己，「保持團結完整」，自我振作，跟上時代腳步。[058] 直到目前為止，東協在所有冷戰過後建立的區域性機制（包括東協加三，東協區域論壇，東亞高峰會，東協國防部長會議Plus）中都能成功坐上「駕駛席」，再加上近年來各種升級，它有望在區域安全中扮演關鍵性角色。不過，這個組織現在來到一個或許比過去更凶險的新岔路口，面對兩大挑戰：既要保住組織團結，又要在美國與中國之間逐漸升高的競爭中維持平衡。除此而外，東南亞已經出現恐怖主義死灰復燃之勢。當然，以上這一切的基本要件是國家安定，沒有國家安定，所謂區域主義只是侈談。沒有區域團結，東南亞諸國渴望建立的秩序也不可能出現。

第一章

一九九〇到九六年：凝視一片空白的招牌

一九九〇年代會是世上充滿令人興奮變革的十年。[001]

……隨著冷戰結束，區域安全秩序有望成形。[002]

新紀元的風口浪尖

沒有人預測到冷戰將於一九八九年落幕。套用巴索洛姆．史帕洛（Bartholomew Sparrow）教授的話，「羅伯．蓋茨（Robert Gates）後來說，如果有個人在一九八九年一月二十日那天預測，僅僅一年以後，不只整個東歐都將解放，《華沙公約》（*Warsaw Pact*）也將走入歷史，『那人一定會被關進瘋人院』。」[003] 但隨著柏林圍牆於一九八九年十一月九日倒塌，所謂「冷戰」時代結束。如果想找一個更「官方」的結束日期，這個日期應該就是一九八九年十二月三日，美國總統喬治．布希（George H.W. Bush）與蘇聯領導人戈巴契夫（Gorbachev）這一天在馬爾他宣布冷戰結束。蘇聯於一九九一年解體也讓每個人都跌破眼鏡。如同彼得．杜伊南（Peter Duignan）與賈恩（L.H. Gann）所說，戈巴契夫並不想讓蘇聯解體。他只「希望修補共產主義，讓國家更有效率，更有人性，更能為民眾接受，並不想結束它」。[004] 然而，蘇聯解體是結束冷戰的「最後棺材釘」。

一方面，美國與蘇聯（一九九一年後，與俄羅斯）的對抗結束了，另一方面，華府與北京的關係卻每況愈下。自一九七二年尼克森（Richard Nixon）訪問北京，特別是在一九七八年越南入侵柬埔寨之後，美中關係一直朝正面發展。一九八九年二月，美國總統布希在北京會晤中共總書記趙紫陽，兩人同意，儘管兩國存有歧見，但中美關係已經「來到一種意義重大的相互了解的水平」，而且兩人「英雄所見略同」。[005]幾個月以後，天安門事件（一九八九年四月到六月）爆發，華府（與幾個美國盟邦）對中國實施若干經濟與外交制裁，中美關係隨即惡化。

在東南亞，冷戰在悄無聲息的情況下落幕。[006]早自一九八九年十一月九日之前幾近十年起，分隔共產黨與反共陣營的「牆」已經開始一塊塊拆卸，只不過隨國家不同，拆卸步幅也不同罷了。確實，到一九八九年，東協會員國國內所有的共產黨以及緬甸共產黨或被毀，或已形同虛設。只有菲律賓共產黨直到今天仍然存在，但菲共對政府已經不具任何重大威脅。它的全盛期在一九八〇年代馬可仕（Ferdinand Marcos）總統戒嚴法統治期間。東南亞的冷戰有自己一套節奏。[007]如果一定要選一個日子或事件，以標示舊的結束、新的開始來作為這本書的論述起點，可以選一九九一年十月二十三日在巴黎簽署的《柬埔寨衝突全面政治解決架構》（*Framework for a Comprehensive Political Settlement of the Cambodia Conflict*）。

柬埔寨衝突在一九九一年「正式」結束，是冷戰終於在東南亞落幕的第一個具體標示。若沒有一九八〇年代末期出現的以下兩項修好行動，結束柬埔寨衝突的決議也產生不了：一是美蘇修好，另一是中蘇修好。在延宕十年的柬埔寨議題解決之後，東南亞各國可以邁步向前，完成一九六七年展開的東協方案。到一九九九年，原本始終侷限於次區域組織的東協，終於達成東協創始憲章第十八條所訂組織目標，將所有東南亞國家團結在一個實體內。

在一九七〇年代中美修好後不久，馬來西亞、泰國與菲律賓與中國建立外交關係。在一九八〇年代，東協諸國（基於權宜之計）還曾與中國合作，對抗越南對柬埔寨的佔領。但特別對越南、印尼與新加坡而言，導致東南亞諸國與中國關係正常化的奠基事件是中蘇修好與柬埔寨議題的解決。中國由於與蘇聯角逐共產運動領導權，一直不願放棄對東南亞各國國內共產黨的支持，中蘇修好使北京有可能放棄這種支持。北京拒絕切斷與東南亞共產黨的聯繫，是中國無法改善與東協諸國關係的主要障礙。印尼終於在一九九〇年八月恢復與中國的正式關係（兩國於一九六七年斷交）。沒隔多久，在一九九〇年十月，新加坡與中國建立正式外交關係——成為最後一個與中國建交的東南亞國家。

美中關係的緊張終究會對東南亞諸國帶來影響。在柏林圍牆倒塌的僅僅兩個月前，新加坡總理李光耀在一篇演說中提出警告說，這場共產陣營與非共陣營自二戰結束以來的對抗雖說已經過去，「大國之間的影響力與權力角逐」將在一個「多極世界」繼續。李光耀指出，「無論是在中國歷史上的三國時代，或是在日本歷史上的戰國時代，情況總是如此。大國想更加壯大，以確保它的優勢；小國會彼此結盟，以封鎖、削弱大國……」。[008] 一九九〇年代初期變化多端的國際環境，確實極有可塑性。[009] 許多人預料「一種新的國際環境即將出現」，[010] 不過沒有人知道這種新環境會像什麼樣。布希說得好，「我們面對的這個新世界——但願我像你們一樣年輕——是一個美妙的發現世界，一個可以無拘無束探索、充滿無限可能性的世界。它像一場夢一樣夢幻，像發明家爆發的靈感一樣難以捉摸。」[011]就連警告世人不要因冷戰結束而對世局過度樂觀的李光耀，也相信前景光明可期。一九八九年十月，在柏林圍牆倒塌一個月前，李光耀在第十一屆「英國協政府首長會議」（Commonwealth Heads of Government Meeting）發表演說指出，「一旦大國間的均勢轉變，世上其他國家除了調適以外別無選擇。但並非所有這些發展都是不利的。」李光耀發現，「在東方與西方，從北方到南方，世人渴望集中精力與資源投入經濟發展，抑制武器開支。」根據他的觀點，這種變化「可能透過多邊建制開啟一個全球國際合作新紀元」。李光耀鼓吹從聯合國與聯合國各機構著手，加強多邊建制。[012]首先由澳洲總理鮑伯．霍克（Bob Hawke）於一九八九年一月倡議組建的「亞太經濟合作組織」（APEC），一開始是一個非正式的十二國部長級對話團體，它的組建反映，在冷戰結束的風口浪尖上，「區域性經濟體不斷升高的相互依存性」。亞太經合組織在一九九三年正式建立。[013]安德烈．馬提尼茲（Andres Martinez，譯注：美國記者）在回顧一九九〇年代十年時指出，「事實證明，我們不再困在一個分裂、零和世界的意識中，這對跨國合作太有利了」。[014]美國總統比爾．柯林頓（Bill Clinton）在美國主辦的亞太經合組織首屆峰會中說得好，「我們同意，亞太地區應該結合在一起，不應該分裂。」[015]

單極時刻

冷戰後期出現一場有關美國式微的辯論，保羅．甘迺迪（Paul Kennedy）的暢銷書《霸權興衰史》（*The Rise and Fall of the Great Powers*，一九八七年）對這場辯論有淋漓盡致地描繪。[016] 冷戰突如其來的結束，以及一九九〇年八月，為對抗伊拉克入侵、兼併科威特，聯合國——特別是聯合國安理會——在美國領導下採取集體反制行動的能力，都讓世人對後冷戰時代與美國復甦寄予厚望。這場波斯灣戰爭是後冷戰時代第一場重大衝突（也是直到今天，唯一一場遭致美國領導的迅速而統一的國際反制的衝突）。

這場戰爭導致美國人宣布一種由美國扮演特別角色的「新世界秩序」。喬治．布希說：

> 這種新世界秩序其實是一種處理新世界可能性的工具。這種新秩序的使命與形式不僅源出於共享的利益，也源出於共享的理念。這些在世界各地衍生新自由的理念，在我們偉大的美國有最大膽、最明確的表現。世人從來沒有像現在這樣如此仰望美國，向美國取經。

> 數以百萬計的世人從美國理念汲取希望，也前所未見……[017]

簡言之，基於世人都想向美國學樣的假定，華府認為，它的後冷戰使命是根據美國的形象改變世界。

美國簡短的後冷戰勝利，與之後為東南亞帶來苦難的「單極時刻」（unipolar moment）就此展開（後文會回頭加以討論）。[018]提出「單極時刻」概念的查爾斯・克勞塞莫（Charles Krauthammer）認為這是一種暫時狀況：「毫無疑問，多極時代終將到來。」不過克勞塞莫認為，這種，領先大國與所有其他國家之間史無前例的國力差距，得經過「幾十年」甚至「又一世代」之後才有望拉近。[019]李光耀與其他東南亞領導人也贊同克勞塞莫的看法。在評估後冷戰世界面對的戰略問題時，李光耀認為，一九九〇年代會出現對亞洲國家構成新挑戰的地緣政治新世局。他預料，隨著中國經濟崛起（以及隨後的印度經濟崛起），全球均勢將移往亞太地區。也因此，美國必須保有在亞太的存在，發揮制衡力。[020]

行文至此，我們不妨暫停一下，回顧美國國防部於一九九〇年代先後向國會提交的三份名為「亞洲環太平洋地區戰略架構：展望二十一世紀」（A Strategic Framework for the Asia Pacific Rim: Looking Toward the 21st Century），一般簡稱「東亞戰略倡議」（East Asia

Strategic Initiative，EASI）的政策研究報告，這三份報告分別是「東亞戰略倡議Ⅰ」（一九九○年四月）、「東亞戰略倡議Ⅱ」（一九九二年年中）與「東亞戰略倡議Ⅲ」（一九九五年二月）。第一份報告說，美國在亞太地區的利益與冷戰結束以前狀況並無不同。因此，美國在亞太地區的軍事存在應該（或多或少）維持不變。報告中特別強調東北亞情勢，說儘管冷戰已經結束，東北亞情勢仍然動盪多變。「東亞戰略倡議Ⅰ」撰寫於所謂「新世界秩序」問世之初。在這段期間，蘇聯從阿富汗撤軍，東歐共產主義崩潰，歷經十年的柬埔寨議題也還沒有完全解決。「東亞戰略倡議Ⅰ」說，但有鑒於整體國際氣氛改善以及美國預算赤字，美國應該分三階段在東亞實施裁軍，特別是地面部隊裁軍。第一階段訂於一九九○至九三年實施，計畫從駐太平洋的十三萬五千名美軍撤出一萬四千到一萬五千人。第二與第三階段分別訂於一九九三到九五年與一九九五到二○○○年實施，撤軍人數將「視當時國際氣氛」進行調整。根據「東亞戰略倡議Ⅰ」，美國將經由三方面扮演一種區域性平衡器與「誠實中間人」的角色：要在東亞地區保有一支強有力的前進部署軍力，要透過雙邊與多邊管道與其他亞洲國家協調政策，要以一種中立仲裁者的身份協助亞洲國家解決它們本身之間的問題。一九九一年二月，美國國防部向國會提出報告說，亞洲國家支持「東亞戰略倡議Ⅰ」，這項倡議正按照計畫實施中。這個說法雖或有一些事實，但毫無疑問，亞洲國家內部有人擔心華府要將重心撤出東亞與東南亞，聚焦剛解放的東歐，驗證保羅．甘迺迪在《霸權興衰史》書中所謂「帝國過度擴張」（imperial overstretch）的觀點。在蘇聯於一九九一年年底解體，美國關閉在菲律賓的美軍基地後，國防部於一九九二年年中提出「東亞戰略倡議II」。或許考慮到美軍在「東亞戰略倡議I」的撤軍引起的區域性不安，戰略倡議II的計畫做了一些調整。在「東亞戰略倡議II」，過去在美國戰略評估中一直居於次要地位的亞洲，現在成為美國戰略考量的重中之重。「東亞戰略倡議II」指出，美國必須「營造一種對正在成形的後冷戰國際系統至關重要的亞太共同體意識」，而保有可靠的安全力量是美國這項營造作業的重要一環。「東亞戰略倡議II」沒有指明美國在亞洲利益遭到的任何特定威脅，但指出以下幾個動盪不安的源頭：北韓、後鄧小平的中國、臺灣、柬埔寨、南沙群島、緬甸、以及東北亞的核子擴散。報告中指出，在失去菲律賓境內基地後，美國必須將亞太地區美軍結構從大規模長駐，轉為透過與澳洲、新加坡等國的駐軍協議建立前沿的軍事存在。報告中也強調駐日美軍的戰略重要性。

保羅．甘迺迪認為「軍事與外交史學者似乎一直過於低估了經濟重要性」，[021]像他一樣，李光耀也強調必須建立一種以經濟力、而不以軍力為基礎的新權力均勢。[022]根據李光耀的分析，美國在歐洲與太平洋的軍事存在仍然非常重要，但他警告說，「除非美國經濟變得更有活力，負債情況改善，這個十年（一九九〇年代）結束時，這種存在將大打折扣」。就算美國赤字減少，生產力與出口增加，美國無法、也不願意一肩挑起全球安全的重擔。在這種情況下，其他國家——特別是德國與日本——必須在國際安全中扮演更積極的角色。[023]美國能不能在二〇〇〇年以後繼續在亞太地區扮演關鍵性安全與經濟角色，於是成為一個大哉問。李光耀希望華府能辦到、會辦到這一點。他說：

與其他所有代用選項相形之下，目前以美國為國際安全主角的權力均勢最讓人安心。不過如果美國經濟無法負擔美國這樣的角色，新的均勢必然出現……不過，不再以美國為主導的地緣政治均勢，會與目前現狀，會與如果美國仍是核心的未來狀況非常不同。

根據李光耀的看法，他這一代亞洲人經歷過上一場世界大戰，嚐過戰火恐怖與痛苦，也記得戰後日本如何在美國協助下像鳳凰一樣浴火重生。如果這個世界因美國在新的均勢中不能像過去一樣扮演主角，而變得面目全非，他們會感到遺憾。[024]

李光耀相信，「有思想的美國人了解權力與他們的關係，了解權力與美國經濟福祉之間的對等狀況」，這樣的美國人自然希望繼續留在亞太地區。[025]

與其他東南亞國家相比，新加坡更需要美國留在亞洲。當菲律賓國會於一九九一年投票、關閉菲境美軍基地時，新加坡提議將本國海軍基地升級，供美軍艦隊使用，並做為美國海軍在亞太地區作業的中繼點。這項提議獲得當時所有東南亞諸國暗中支持，或許馬來西亞是唯一例外。馬來西亞首相馬哈地．穆罕默德（Mahathir Mohamad）反對過度依賴美國。據報導，他說，他不想見到「美國在這個地區的大規模軍事存在」。[026]賈森．史維高（Jason Swergold）指出，在曾經大力抨擊過許多美國政策的馬哈地退休以前，「很難指望吉隆坡能與美國進行多少合作」。[027]李光耀則解釋說：

自然不喜歡出現真空。一旦出現真空，我們可以打包票一定有人填補。日本覺得它的貿易路線與波斯灣石油運補管道受到威脅，但我不認為日本特別想填補這個真空。如果沒有美國人在場，他們（日本人）無法確定誰能保護他們的油輪。他們會自己來。這就會招來害怕日本人的韓國人，然後是中國人。印度之後會不會也派出兩艘航空母艦來到我們的海域呢？情勢會因此亂到不可開交。既然如此，為什麼不遵循現在這套模式？自一九四五年以來，由於美國軍事的存在，太平洋始終能太平無事。依我之見，美國軍事存在至關國際法與東亞秩序的存續重要。[028]

在柯林頓擔任總統期間（一九九三到二〇〇一年），美國政府的接敵政策與「堅定多邊主義」（assertive multilateralism），目的就在確保美國不在這個地區打仗，即使非打不可，美國也不能像打越戰一樣，一肩挑起大多重擔。美國官員不止一次說，東南亞可以、也必須負起更多的安全擔子。早在一九六九年，尼克森總統就提出這個論點，即一般通稱的「尼克森主義」或「關島主義」（Guam Doctrine）。也因此，美國會不會在亞洲維持十萬兵力（東亞戰略倡議III在一九九五年二月提出的數字）的軍事存在或許不是關鍵問題。關鍵問題在於，華府是否擁有保有軍事存在（無論規模與性質）的國家意志，一旦情勢要求，是否能決定性地運用它的軍力。至於美國的關鍵利益是什麼，是只有美國人才能回答的問題。

中國威脅

基於歷史原因，經常成為人們口中「中國後院」的東南亞諸國，一直對中國提心吊膽。麥克・雅胡達（Michael Yahuda）在一篇題為「中國威脅」（The China Threat）的論文中指出，在東南亞地區，太多人相信，「儘管程度或有不同，但中國對這個地區構成若干（實際或潛在）威脅……也因此，中國對東南亞是否構成這樣一種威脅，基本上屬於認知與誤解的主觀範疇」。[029]雅胡達這篇論文發表於一九八六年，幾年以後，「中國威脅」成為學術圈與政壇的慣用詞。中國總理趙紫陽於一九八九年告訴布希：

> 中國發起改革迄今已經十年。我們採取的步驟不能算小。但我們只不過走到半途而已……將中國經濟從一種高度中央集權化系統轉型為一種計畫式商品系統著實很難。這是一種不能在短期間完成的漫長過程，特別對中國這樣一個大國來說尤其如此。[030]

在軍事上，中國仍然不具備越過邊界投射軍力的能力。但中國自一九八九年起實質國防開支逐年增加的事引起關注。[031]不過沒有人料到中國經濟竟會如此飛速成長，形成對美國「與」（或）日本的挑戰，也沒有人料到中國崛起帶來的衝擊。事實上，中國的經濟轉型碰到許多障礙，一九九二年二月，鄧小平歷史性的華南之行（即所謂「南巡」）為的就是解決這些問題。麥克・奧森伯格（Michel Oksenberg）指出，鄧小平儘管年邁體衰，精神仍然抖擻，而且「決心要讓中國走在他與他的部屬在一九八〇年代制定的道路上」。[032]為緩解出現在華南的種種問題，中國領導人不斷強調他們需要一種和平穩定的國際環境，以便達到預定經濟目標。一九八九年二月，鄧小平在會晤布希時說，「談到中國面對的問題，容我告訴你，維持穩定是最重要的需求。沒有穩定，不只一切免談，就連一些既有成就也會泡湯。我希望我們的海外友人能了解這一點。」[033]

儘管「一九九〇年代早期的中國，政治與經濟極度動盪……有一個烏煙瘴氣、半改革的經濟」，[034]規模雖小、但有影響力的「家庭工業」更讓中國領導班子惱火不堪，但就在這段期間，「區域動盪加劇，特別是中國成為大國威脅的跡象已經顯現」。[035]對中國人而言，為了一些不可告人的動機——華府想將F-16戰鬥機賣給臺灣，東京想讓日本自衛隊參與聯合國維和作業——華府與東京憑空揑造了中國的軍事威脅。[036]準此，中國威脅論的起源可以回溯自一九九二年年底。這個理論導因於幾個因素：（a）在天安門廣場事件之後的鄧小平南巡，套用鄧勇（Yong Deng）的話說，「重新振興了中國的市場改革，促使一個統一中國的經濟崛起，這加深了人們對中國實力的擔憂，並取代了普遍預測的即將到來的『中國崩潰』的觀點」；（b）中國對南沙群島的領土主張，南沙群島直到今天仍是若干東南亞國家主權爭議的焦點；以及（c）前文提到的華府與東京的計畫。

保羅．甘迺迪的《霸權興衰史》引發美國是否式微的辯論。這項辯論持續多年，還不時重現（例如二〇〇七至〇八年全球經濟危機期間，以及二〇一六至一七年間）。同樣，視中國崛起為威脅的人與對此抱持樂觀態度的人之間，也有類似而激烈的辯論。這項辯論一直持續到今天。

中國人的行動徒然讓這項辯論更加火熱。在眾多議題中，最令東南亞諸國憂心的是南海爭議。儘管多年來南海一直是一處潛在引爆點，儘管海域內發生過幾次不友善、甚至敵對的事件，但在一九七〇與一九八〇年代它還不構成安全議題。雖說中國一直宣稱擁有南沙群島與附近水域不可爭議的主權，但從一九七〇年代中期起直到一九八〇年代，南海爭議大體上是中越事件。[037] 從一九九二年起，這種情況開始轉變。一九九二年七月，越南（與寮國）邁出成為東協會員國的第一步，成為東協觀察員。

一九九二年二月，北京通過領海法，基本上宣稱中國擁有整個南海主權。同年五月，中國海洋石油公司與克雷斯頓能源公司（Crestone Energy Corporation）在南海開採石油的合約，由於開採地點位於越南宣稱的領海內，引發越南與中國一場國際矚目的爭論。北京無力反駁中國威脅論，因為中國在南海的行動只能讓主張中國威脅的人更加振振有詞。北京決策過程的不透明，加以言行相互矛盾，讓問題更加複雜。總理李鵬在一九九〇年八月訪問新加坡，在同年十二月訪問馬來西亞時說，中國願意擱置主權問題，與其他國家合作開發南沙群島。中國主席楊尚昆在一九九二年年初訪問泰國與印尼時也表達同樣訊息。但沒隔多久，北京於一九九二年二月二十五日通過頗具爭議的領海法。幾乎就在中國代表前往雅加達，出席印尼主辦的第三屆「管理南海潛在爭議」（Managing Potential Conflicts in the South China Sea）研討會之後，中國佔領越南主張擁有主權的牛軛礁（Da Lac Reef）。[038] 同時，對於東協發表的五點「南海宣言」（於一九九二年七月在第二十五屆東協部長會議中通過，要求自我節制、共同合作、將主權之爭擱在一邊），北京也表示興趣缺缺。一名東協官員透漏，在馬尼拉舉行的東協部長會議中，中國堅持擁有南沙群島主權的官方立場，完全不肯退讓。[039] 時任新加坡外長的黃根成說，南海宣言「引起所有國家有關南海與其潛在問題的政治覺悟」。[040] 我們將在第二章再回到南海議題。

二十五歲的東協以及東協區域論壇的組建

在冷戰尾聲組成東南亞國家協會的五個國家，直到冷戰宣告結束後都站在勝利者這一邊。但東協最大、最重要的會員國，自一九六六年起就在蘇哈托（Suharto）治下的印尼，「顯現出若干衰落敗象」。[041] 印尼的式微是一個漸進的下坡過程，但最後在一九九七年驟然墜落，對東協造成嚴重影響。不過我們不要討論得過頭。艾爾森（R.E. Elson）指出，直到一九九六年，「頗具影響力的《亞洲週刊》（*Asiaweek*）仍視蘇哈托為亞洲最有權力的人」。[042]

儘管站在勝利一方，東協「在政治與國際事務議題的處理上仍然不敢大意」。一般同意，拖延十年的柬埔寨議題的解決是東協「最偉大的外交成功」。從一九六七年八月草創之初，東協歷經漫漫長路——有人將這段期間視為停滯期。冷戰的結束，以及柬埔寨衝突的隨而落幕，確實堪稱東協勝利的巔峰。在一九九〇年代初期，人們經常掛在嘴邊的問題是，「它的後冷戰時代存在理由是什麼」。[043]

東協在一九九二年慶祝成立二十五周年。一九九二年一月二十七至二十八日在新加坡舉行的第四屆東協峰會，是開年第一個重頭戲。這次峰會是東協成立二十五年以來僅僅第四次峰會，也是一九九一年十月二十三日《巴黎協定》（*Paris Agreement*）簽字、結束東南亞冷戰以來的第一次東協峰會。許通美（Tommy Koh，譯注：新加坡律師、外交官）說，「這次峰會告訴世人，東協不需要用柬埔寨來證明它存在的價值……」。在「歷史轉捩點」召開的這次峰會所以重要的另一個理由是，它讓東協領導人得以評估冷戰結束對東亞與東南亞的衝擊。[044]

有鑒於前文所提、世界經濟聚焦全球化與區域化的新走勢，第四屆東協峰會的一個關鍵性決定就是建立東協「自由貿易區」（Free Trade Area）。這次峰會還提出建立安全論壇的構想，供日後討論。在一九九一年七月舉行的東協「擴大外長會議」（Post-Ministerial Conference）中，日本外相中山太郎建議，用東協擴大外長會議為論壇，討論區域安全。[045]這項建議最後演變成一九九三年的東協區域論壇（ARF）。[046] 但在第四屆峰會期間，由於缺乏共識，與會者以東協典型的方式，巧妙推遲了重新詮釋後冷戰時代「和平、自由與中立區」（ZOPFAN，Zone of Peace, Freedom and Neutrality）意義，以及正式認可「東亞經濟共策會」（East Asia Economic Caucus，將在本書第三章討論）兩案。不過，誠如許通美所說，在馬尼拉舉行的東協擴大外長會議（一九九二年七月）中，東協與它的對話夥伴第一次討論了區域安全，顯示「東協認識到經濟與安全息息相關」，「東南亞安全不能孤立於更大的亞太地區安全」。[047]

公認最傑出東南亞問題學者之一的麥克·雷佛，在東協成立二十五周年之際發表的一篇論文中說，東協的「合作紀錄比後殖民時代任何其他區域組織都好」。雷佛並且指出，「像失去一個帝國，還沒有找到一個角色的英國一樣」，成立二十五年的東協「也失去一場衝突，而且或許也還沒有找到一個區域安全角色」。[048] 依他看來，「儘管東協顯然重視經濟合作，但這樣一種區域安全角色一直就是它最主要的抱負」。[049] 根據雷佛的觀點，東協正「苦於一種對安全角色的漂移感」。這種苦惱因「區域權力均勢的惱人變化」——包括蘇聯的解體、有氣無力的日本、以及「似乎對中國在南海南沙群島的巧取豪奪視而不見的美國」——而加劇。[050]

在一九九〇年代，屆滿成立二十五年之際，東協有兩項同時並進的重大計畫，其中一項與它的版圖擴展有關。根據馬來西亞外長阿布杜拉．阿麥．巴達維（Abdullah Ahmad Badawi）的說法，儘管邁向全面區域整合的步幅絕不能強求，但這樣的整合「勢所難免」。[051]幾近十年後，東協的版圖擴展終於在一九九九年完成。本書會在行文過程適當時機一一討論東協擴展的每一階段。從一九六七年八月成立起，東協一直就有長程目標，要將東南亞地區所有國家聚在一起，組成一個有凝聚力的政治、經濟與社會論壇，讓它成為一個真正區域性組織。在冷戰期間這是一項不可能的任務。所以，東協儘管號稱「東南亞國家協會」，實際上直到一九九九年都只是一個次區域性協會或組織。汶萊在一九八四年獲得獨立當天加入東協的五個創始會員國。又隔了十年，在世局經過一場劇變之後，越南於一九九五年入會，接著緬甸與寮國於一九九七年在東協成立三十年時加盟；最後，幾經延宕，柬埔寨也於一九九九年加入東協。阮武東（Nguyen Vu Tung）說：

> 東協渴望擴大組織，讓它能代表整個東南亞發聲，對之後寮國、緬甸與柬埔寨的入會，越南是一個很好的發起點……由於冷戰結束，以及柬埔寨問題解決，越南的加入東協似乎順理成章。[052]

與緬甸以及柬埔寨的入會相形之下，越南（與寮國）的加入東協確實沒有爭議。

一九七三年，在巴黎和平協定簽字後不久，北越接獲出席東協在芭達雅（Pattaya）舉辦的外長會議（一九七三年四月十六至十八日）的邀請。但河內拒絕了這項（由泰國政府經由印尼駐河內大使館發出）的邀請，理由是「泰國捲入越戰，泰國政府願意讓美國在泰國境內保有軍事基地」。[053]之後，由於在一九八〇年代與蘇聯以及中國打交道的經驗並不愉快，河內的心態逐漸轉變。在戈巴契夫於一九八五年掌權後不久，越南發現在經濟上完全仰賴蘇聯不是個好辦法。為謀掙脫這種依賴，越南採取一種雙管齊下的戰略。首先是由外長阮基石領銜的「多方導向」——與特別是美國等西方國家打交道。但華府這時還不準備理睬河內的示好，阮基石吃了閉門羹，越南領導層也決定不再重視這種作法。第二種作法是以總書記阮文靈為首，與社會主義／共產主義僅存的支柱——中國——打交道。阮文靈的優先工作是保衛社會主義越南——特別是在天安門事件（一九八九年六月）之後——以及發展與東歐的關係。儘管關係正常化，越南在後冷戰時代與外國的關係中，與中國的關係仍然最難纏。越南共產黨第七屆全國代表大會（一九九一年）要求越南多樣化，多邊經營與世界各國、各經濟組織的經濟關係，自此走上成功坦途。這項多邊化、多樣經營對外關係的戰略包括加入東協。[054]越南（與寮國）加入《東南亞友好合作條約》（*Treaty of Amity and Cooperation in Southeast Asia*），獲許以「觀察國」

身份加入一九九二年在馬尼拉舉行的第二十五屆東協部長會議。之後，越南與寮國外長以觀察員身份出席一九九三年七月在新加坡舉行的第二十六屆東協部長會議，[055]並先後於一九九五與一九九七年成為完全會員國。[056]在一九九五年七月入會不到半年，河內自告奮勇要求主辦一九九八年第六屆東協峰會，讓越南的東協夥伴們驚喜不已。[057]

與東協版圖擴展齊頭並進的另一件事是組建「東協區域論壇」（ARF）。東協區域論壇於一九九三年發起於新加坡，一九九四年七月於曼谷正式啟動。儘管ARF是日本人提出的構想，從一開始它的推手就是東協。東協以促進「有關安全問題的多邊對話」為目標，在組建ARF的過程中扮演領頭角色。[058]新加坡就ARF的結構、角色與會員資格問題，起草兩份關鍵性文件的初稿，扮演「悄悄推動」的角色。這兩份稿件之後於一九九五與一九九六年經ARF會議採納。[059]雖說如此，若不是日本與美國先後在一九九〇年代初期改變對區域安全多邊主義的態度，ARF也成不了氣候。東京原本一直反對多邊安全架構，直到第一次波斯灣戰爭爆發，日本不得不重新評估它的國際安全角色時才出現變化。[060]華府也對這種多邊架構興趣缺缺，寧可採用自己那套對亞太安全問題的「軸輻式」（hub-and-spoke）作法。保羅．米德福（Paul Midford）說，中山太郎的建議迫使布希政府重新評估東亞的安全多邊主義；一九九二年七月，馬尼拉舉行的東協擴大外長會議在討論區域安全問題時（顯然這是東協擴大外長會議第一次正式討論區域安全問題），美國國務卿詹姆斯·貝克（James Baker）支持這項倡議。[061]直到一九九三年，柯林頓政府（於一九九三年一月繼布希政府主政）「才克服長久以來對亞太多邊安全體制的嫌惡，轉而支持多邊主義與ARF」。[062]至於中國，套用雷佛的話，北京儘管有所保留，「但就算疑心這樣的組織會被用來『聯手對付』中國，卻也不願意被擋在這樣一個廣大的區域國家組織門外」。[063]

ARF第一次會議於一九九四年七月在曼谷舉行，同時舉行的還有第二十七屆東協部長會議。何彼得（Peter Ho，譯音，新加坡外交部常務秘書）回憶說，ARF的創建「並非理所當然」，而且「若在冷戰期間，會是匪夷所思」。[064]如前文所述，冷戰的結束導致安全景觀的重大轉型。

冷戰的結束也加速了全球化進程。全球化帶來更大的經濟相互依存，以及從毒品與人口走私到環保等各種新議題。學者將這類議題稱為「非傳統安全議題」，因為有別於傳統安全議題，這類議題不能以軍事手段解決。對東南亞而言，非傳統安全議題在一九九七年後變得更加突出，本書第二章會進一步詳述。同時，南海爭議、兩韓與臺灣等傳統安全議題仍繼續困擾著東南亞。沒有架構能管理這些複雜而且相互關聯的議題。

何彼得認為，這種不安意識「引發對亞太地區政治和安全框架的一些嚴肅思考」。何彼得透露，在後冷戰初期，澳大利亞、加拿大和日本等國提出的想法遭遇了阻力，因為大國——特別是美國與中國——不願見到任何其他大國或其他大國的盟友建立任何架構。東協也覺得，區域外的國家不夠中立，不適合領導這項安全架構方案。就這樣，幾乎像經過默認一樣，東協（東協會員國也認為，「有必要加強亞太地區內部聯繫網路，建立一種可以預測的建設性關係模式」）由於在人們心目中多少比較中立，可以擔負領導角色。何彼得說，「東協區域論壇可以說是東協幾近二十年不斷外交努力的結晶」，東協於一九七〇年代與地區外國家結成「對話夥伴」，展開這項外交努力。[065]到一九九三年，中國與俄羅斯已經成為東協年度部長會議的座上常客；寮國與柬埔寨也在東協區域論壇成立同時成為東協觀察員。

東協區域論壇的原始成員（共十八個），包括六個東協會員國；東協對話夥伴——美國、日本、南韓、歐盟、加拿大、澳洲與紐西蘭；兩個東協來賓——中國與俄羅斯——以及東協的三個觀察員——越南、寮國與巴布亞新幾內亞。今天的東協區域論壇有二十七個成員——包括十個東協會員國，十個東協對話夥伴，一個東協觀察員（巴布亞新幾內亞），還有孟加拉、蒙古、北韓、巴基斯坦、東帝汶、以及二〇〇七年入會的斯里蘭卡。

一般認為，東協為ARF訂定的兩個目標（不過沒有明確指明）是：在這個多邊組織「包圍」崛起的中國，[066]以及讓一國獨大的美國（忙著處理東歐與其他地區事務）在一個多邊架構內參與東南亞事務。如馬凱碩（Kishore Mahbubani，譯注：新加坡外交官與學者）所說，就算是在一九九〇年代早期亞太地區「祥和與相對友善的安全環境」，既要「克制」美國與中國，「同時還要讓兩國熱心參與ARF，從本質上來說就是艱鉅的苦差事」。新加坡總理吳作棟警告說，如果中美關係不能保持穩定，將引爆第二次冷戰，影響整個地區。[067]

美濟礁與南海爭議

就在ARF成立的大約同時，中國從一九九四年年中起開始佔領菲律賓宣稱擁有主權的美濟礁（Mischief Reef）。這是中國佔領東協會員國宣稱擁有主權的島礁的頭一遭。過去中國在南海的爭議對象一直是越南（越南直到一九九五年才成為東協會員國）。據消息人士透漏，美濟礁建設工程在一九九四年六月與十二月間進行。馬尼拉直到一九九五年二月才發現這件事。中國人民解放軍海軍人員顯然在未經最高領導層批准的情況下進行這項施工。據報導，中國官員告訴菲律賓政府，中方對此事並不知情。此外，解放軍海軍人員還在南海參與走私與海盜勾當。但懷疑中方的人認為，佔領美濟礁的決定就算真的並非來自政府最高層，也一定獲有中國高階軍事領導人撐腰。[068]

情況似乎是，北京已經將重心從越南轉到菲律賓。自一九九一年十一月關係正常化以來，中國與越南兩國關係大幅改善。在中國主席江澤民一九九四年十一月訪問河內期間，雙方同意成立聯合工作組討論南沙議題。這個工作組在一九九五年七月兩國舉行第三次副部長會議期間成立。第一次副部長會議於一九九五年十一月十三到十五日在河內舉行，第二次副部長會議在一九九六年七月二到七日在北京舉行。

直到一九九五年，東協一直沒有針對南海議題採取公開立場。前文提到的中國自一九九二年起一連串片面行動，再加上一九九五年一月佔領美濟礁事件，導致東協改變立場。一九九五年三月十八日，在菲律賓與中國在北京舉行雙邊會談前兩天，東協發表聲明，呼籲所有有關各造遵守《馬尼拉南海宣言》（*Manila Declaration on the South China Sea*）條文與精神，第一次採取統一立場。[069]當時擔任菲律賓羅慕斯（Ramos）政府國家安全顧問的荷西．奧蒙蒂（Jose Almonte）回憶說，外交部長羅伯特．羅穆洛（Roberto Romulo）與次長羅道夫．希維里諾（Rodolfo Severino）建議，東協採取具體步驟，起草一份關於南海的行為準則，以「實際有效地限制中國，不讓中國耀武揚威、侵入他國領土」。菲國當局還提出一項計畫，在等候菲律賓基線法通過期間，先在黃岩島（Scarborough Shoal）建燈塔，以合法而且成本最低的方式在南沙建立菲律賓的存在，但這項計畫遭菲律賓總統羅慕斯否決，因為羅慕斯擔心這樣做可能激怒中國，讓中國將勢力伸入黃岩島。[070]一九九五年三月，羅慕斯建議南海非軍事化，與聯合開發南海資源以加惠鄰近國家。[071]中國與菲律賓隨後簽署《中華人民共和國—菲律賓共和國南海與其他合作領域磋商聯合聲明》（*Joint Statement on PRC-RP Consultations on the South China Sea and on Other Areas of Cooperation*）。一九九六年，東協外長在聯合公報中呼籲訂定《南海行為準則》，為該地區長期安定奠基，並促進各主權聲索國之間的了解。一九九八年十二月，第六屆東協峰會在河內召開時，菲律賓奉派起草這項準則。[072]

東協區域論壇的頭三年

同時，東協區域論壇也在一九九五年採取一種三階段行動方案：信心營造措施、預防性外交、以及衝突解決——三個階段要依序進行，但不設從一個階段進入另一階段的限期。經過二十多年，ＡＲＦ仍在第二階段徘徊，有鑒於ＡＲＦ「打從一開始就因為會員國對ＡＲＦ成長步幅的意見分歧而受盡折磨」，這種停滯也不足為奇。[073]馬凱碩透露，一九九四年七月二十四日在曼谷的第一次晚餐會上，中國外長錢其琛與澳洲外長賈雷・伊凡斯（Gareth Evans）就有一場激辯。錢其琛主張ＡＲＦ應該聚焦於一般問題，伊凡斯則堅持ＡＲＦ必須有特定成果。

ＡＲＦ內部於是出現快步（西方派）運作與慢步（亞洲派）運作兩派陣營。[074]ＡＲＦ的西方國家，特別是澳洲與美國，認為東協對中國的讓步過多，這讓西方國家對東協在ＡＲＦ扮演的核心角色感到不快。但無論怎麼說，當第二次ＡＲＦ會議一九九五年八月在汶萊舉行時，會中同意，ＡＲＦ應該以一種所有成員都樂意的步幅運作。新加坡與其他東協會員國在一九九五年忙著想方設法，不讓南海情勢發展成為ＡＲＦ討論焦點，因為他們擔心ＡＲＦ討論這個議題會讓中國孤立，使北京對ＡＲＦ採取敵對態度。在一九九五年五月舉行的ＡＲＦ高級官員會議中，東協認為不在南海議題上對中國採取強硬立場符合更大戰略利益，西方國家也同意這個觀點。

從一開始，學術界就對ＡＲＦ有兩大派觀點。一派是以雷佛為代表的「現實派」，認為ＡＲＦ在亞太區域秩序的管理中，充其量只能扮演一種配角。ＡＲＦ想存活，必須「有一種穩定的權力均勢先行存在」，ＡＲＦ「其實並不能創造」這種種穩定的權力均勢。也因此，ＡＲＦ是一種值得讚揚的「輔助性外交活動」，但就像東協一樣，它「先天上就無法掙脫同樣本質性侷限」。[075]

另一派是新加坡大學政治學教授鄺雲峰代表的所謂「自由派」，認為ＡＲＦ是一種化解權力均勢作法帶來的衝突副產品的機制，也因此扮演一種關鍵性（而不是輔助性）角色。這是因為「亞太地區有過多大大小小的領土爭議，一個軍事同盟系統已經建立；而且一場軍備競賽正在展開」，現在這個地區需要的是「緩解這些動盪不安因素的方法與手段，不是用更多平衡戰術追求難以捉摸的平衡」。[076] 如今回顧起來，就短程而言，鄺雲峰說得沒錯。但從更加長遠的角度看來，雷佛的觀點才正確。

東協區域論壇成立頭三年是它的草創期。到一九九六年在雅加達舉行第三屆ARF會議時，ARF開始討論新會員入會標準問題。ARF當時達成協議要「謹慎小心地」擴大版圖，要「集中全力謀求東南亞和平，只有能直接影響這個地區和平與安全的國家才能入會」。[077] 印度與緬甸於一九九六年加入ARF，成為ARF在十九個原始會員國之外的最初兩個生力軍。緬甸於一九九六年成為東協觀察員（可望不久後加入東協），因此它的加入ARF只是一種過場罷了。

印度的加入ARF需要做一些解釋。印度所以不是ARF創始會員國的原因之一是，在冷戰期間，特別是在一九七與一九八〇年代，東協與印度的關係頗為緊張。新德里支持蘇聯與越南佔領柬埔寨。前新加坡駐印度高級專員施夏文（See Chak Mun，譯音）回憶說，東協諸國認為，英地拉．甘地（Indira Gandhi）政府在一九八〇年七月承認韓桑林（Heng Samrin，另譯為「橫山林」）政權是「一項有助於蘇聯與其代理人越南利益之舉」，會「損及東協為長期性解決柬埔寨衝突而提出的倡議」。[078] 不過，新德里對柬埔寨議題的立場在一九八七年開始變化，轉而支持東協為解決柬埔寨衝突而提出的非正式倡議。自李光耀於一九八八年三月向甘地的兒子與接班人拉吉夫．甘地（Rajiv Gandhi）示好開始，同屬英國協會員國的新加坡與印度兩國之間的關係也緩緩改善。一九九二年九月，新加坡總理吳作棟（接替李光耀）與印度總理納拉希哈．拉奧（Narasimha Rao，接替拉吉夫．甘地）在「不結盟運動峰會」（Non-Aligned Movement Summit）會面，兩國關係進一步強化。一九九四年九月，拉奧訪問新加坡，在公開演說中首次說明印度的新「向東看政策」（Look East Policy），之後拉奧的幾位接班人也繼續推動這項政策。新加坡原本就主張、並且積極支持印度參與——或許應該說重新參與——東南亞事務。一直渴望加入ARF的印度，在一九九五年十二月成為東協對話夥伴。早先對於印度入會的另一顧慮是，新德里如果入會，會把喀什米爾（Kashmir）問題帶進處於襁褓階段的ARF。根據菲律賓外交事務官員杜明戈．賽亞森（Domingo Siazon）的說法，「現在對ARF而言，印度與巴基斯坦因喀什米爾問題而起的衝突……『太大』也『太高深』了」。[079]巴基斯坦最後於二〇〇四年加入ARF，成為第二十四個會員國。

一九九六年的觀點是，在緬甸與印度加盟以後，ARF應該將接收新會員的作業暫停，以便加強其信心營造活動。[080]第四屆ARF會議在一九九六年閉幕時發表的主席聲明指出，與會者在彼此互動中展現「高度安適」，ARF「正以很好的步幅向前邁進」。ARF希望這種走勢能持續，以便「為今後出現實質性議題時達成協議鋪路」。[081]

第二章
一九九七到九九年：亞洲金融危機的漣漪

……在今天，沒有人能辯稱安全議題——無論是國家、區域、或全球性安全議題，可以與經濟發展區隔，分別處理，尤其在亞太地區就更加不可能了。繁榮與安全越來越交織在一起。[001]

亞太經濟合作論壇的成立

我們在第一章談到，在冷戰結束時，許多人對於東協在柬埔寨衝突解決以後的前途表示懷疑。納楊．昌達（Nayan Chanda）說，對於忙著尋找存在理由的東協來說，越南入侵柬埔寨是一份「禮物」。他預測，柬埔寨問題的解決會讓東協不斷衰落，就連東協領導人也擔心「柬埔寨事件過後的日子怎麼過」。[002] 事實上，誠如比拉哈里．考希甘（Bilahari Kausikan，譯注：新加坡外交官）回憶所說，柬埔寨是「東協成立第一個二十五年來最偉大的外交勝利……東協在曼谷宣言中昭示的目標雖說毫無進展，但這項勝利掩蓋了進度的停滯」。[003] 直到一九九七年七月亞洲金融危機爆發時，東協的發展似乎還算順利。也因此，一九九七年七月於泰國爆發，並且於一九九八年五月隨著蘇哈托政權在印尼垮台而達到頂峰的亞洲金融危機，便成為我們必須討論的重點事件。

羅夫．史密斯（Ralph Smith）說得不錯：與二戰結束後那幾年相比，東亞在後冷戰時代初期「最可圈可點的特性」，就是「迅速工業化與經濟成長」，這些特性「對該地區的政治安定新局面貢獻良多」。這項工業化與經濟成長進程由日本打頭陣，於一九六〇年代展開、西方世界稱之為「亞洲四小虎」（Four Asian Tigers）的臺灣、南韓、香港與新加坡緊追在後。

到一九九〇年代初期，其他東協經濟體——特別是泰國、馬來西亞與印尼（還有中國）——也開始吸引「全世界的商界人士關注」。[004] 到一九九七年，所有以上這些國家都成為眾人口中的「經濟奇蹟」。[005] 這些國家數十年來的飛速經濟成長，是構成東亞地區基本凝聚與安定的主因。[006] 李光耀在一九九〇年五月的一篇演說中預測，在後冷戰的世界，工業化國家未來的競爭「基本上是經濟競爭，而且這種競爭會全球化」。[007] 李光耀在後冷戰時代發表的許多演說中反覆提到經濟主題。在一九九〇年代早期的演說中，除臺灣海峽、朝鮮半島與中美關係的緊張情勢外，他對東亞與東南亞前途大體表示樂觀。[008] 李光耀指出，越來越多人相信安定與安全是「經濟成長的先決條件」。[009]

的確，早在一九八〇年代後半段，許多人已經發現經濟在世界事務的重要性。一九八九年一月三十一日，澳洲總理鮑伯．霍克在首爾發表演說，強調亞太地區各國「基本上相互依存，各國的經濟前途相互關聯」。[010] 霍克相信，亞太地區各國的經濟所以能強勁成長，主要原因是「基於《關稅與貿易總協定》（*General Agreement on Tariffs and Trade*，GATT）規則所運作的多邊貿易系統」，而這個系統現在遭到威脅。[011] 霍克因此建議亞太地區各國部長集會，「評估各國對於建立一個更具政府間互通特性的經濟合作論壇的態度」。這次演說過後九個月，亞太經濟合作組織（APEC）第一次部長會議於十一月七到八日在坎培拉召開。APEC在一篇演說結束後僅僅九個月就建立的事實，證明當時亞太各國領導人對經濟的重視。

在澳洲提出組建APEC的動議之後，時任澳洲外交事務與貿易部部長的理查・伍考特（Richard Woolcott）往訪亞太地區，說明這項構想，爭取各方支持。他在一九八九年四月二十六日提出報告說，日本、南韓與東協各國都表贊同，不過若干東協國家擔心這項倡議「可能經由一些方式，把東協逐出有關區域經濟議題的駕駛席」。在經過協議，達成APEC會議每隔一屆會在一個東協城市舉行的安排之後，東協的這項顧慮多少（不過沒有完全）得到緩解。如同法蘭克・福洛斯特（Frank Frost）所說，這項安排為的是承認東協「在區域合作的中心角色」。[012]

伍考特進一步指出，在將美國、加拿大、中國、香港、可能還有臺灣納入APEC的共識上已經取得「相當進展」，「尚待擬訂可以接受的安排」。伍考特於一九八九年五月會晤中國總理李鵬。中國雖然支持這項倡議，但反對將香港（當時仍是英國殖民地）與臺灣納入APEC。伍考特解釋說，霍克的構想是區域內主要經濟體——而非區域內國家——的部長級會議。中國最後同意加入，但提出「中國的正式立場不妥協」的但書。一九九一年，第三屆APEC會議在首爾舉行時，香港與臺灣入會。

華府在一開始頗感惱怒，認為這樣一項大規模區域性倡議事先竟未經與它磋商。伍考特解釋說：

在這個階段，如果美國過度熱衷，特別是如果美國企圖在這項建議的經濟性質上添加一層政治或安全色彩，對這項建議的前景都會不利。如果由美國這樣一個超級強國，或由亞洲最大經濟體日本推動APEC論壇，這事可能以失敗收場。但如果由澳洲這樣的國家來推動，由於澳洲既不是大國，又不是經濟霸主，這事更可望成功。[013]

這個說法讓美國人感到滿意，布希政府隨即宣布支持。APEC經濟體第一次領袖會議於一九九三年十一月二十日在西雅圖（Seattle）的布雷克島（Blake Island）舉行。在這次「亞太經濟合作論壇經濟領導人史無前例的會議」結束時發表的《一九九三年領袖宣言》（*1993Leaders' Declaration*），強調「為亞洲太平洋構築一種新的經濟基礎，以強化合作，促進後冷戰時代的繁榮」。[014]原本一直極端不信任APEC的馬來西亞首相馬哈地刻意缺席這次會議，馬來西亞—澳洲關係因此不愉快了好一陣子。[015]之後幾年，儘管東協內部對有關APEC的議題有一些歧見，但東協「能維持一個有效的聯合陣線，讓東協在APEC扮演一種核心要角」（直到亞洲金融危機爆發）。第二次APEC會議選在印尼茂物（Bogor）舉行並非偶然。在這次由印尼總統蘇哈托主持的會議中，與會領導人訂定時間表，要在二〇一〇年成為已開發國家的自由市場，在二〇二〇年成為開發中國家的自由市場。[016]

李光耀讚揚APEC訂定的這些目標，也為柯林頓總統在西雅圖主持的APEC領袖非正式峰會喝采，稱它們是「意義重大的倡議」，讓美國與亞洲領導人專心思考亞太的未來，讓他們將「促進區域內經濟體更和諧、更協調的構想具體化」。[017]但事隔不久，李光耀指出，美國在二戰結束後在對待日本、印尼、馬來西亞與中國時展現的大度精神，由於本國經濟問題與國內政局動盪，已經為「某種吝嗇精神」取代。在一九九四年五月十九日向「亞洲協會」發表的演說中，李光耀對美國的批判尤其猛烈，說「美國為了短期利益，就如此輕易放棄了長期利益與道德高地，讓東亞失望」。[018]李光耀在這篇演說中指責美國不應在勞工政策上向印尼與馬來西亞施壓，不應指控日本貿易作法不公平，不應揚言撤銷中國的最惠國待遇等等。根據李光耀的說法，華府所以注意亞太地區，只因為中國與臺灣之間因臺灣將於一九九六年三月選舉而緊張對峙。李光耀說，美國重視亞太地區，「並不是因為美國基於安全利益而採取有計畫的行動。它是意外的產物」。李光耀說，美國的亞太政策在應該深思熟慮時「往往未經思考與計畫」，這種情況太多了。[019]

到一九九八年，APEC已經從一開始的十二個經濟體擴大到二十一個。中國、香港與臺灣於一九九一年入會；墨西哥與巴布亞新幾內亞於一九九二年入會；智利於一九九四年；祕魯、俄羅斯與越南於一九九八年入會。在亞洲金融危機期間，APEC於溫哥華（一九九七年十一月）、吉隆坡（一九九八年十一月）與奧克蘭（一九九九年九月）集會。奧克蘭會議是APEC第十屆會議。據李光耀指出，在一九九〇年上半年，東協唯有透過APEC與ARF兩個場合才能在亞太和平與安全議題上與中國打交道。[020]

亞洲金融危機

一九九〇年代第一個五年期間大體上有一種樂觀意識。在亞洲金融危機於泰國爆發前一個月的一九九七年七月，時任新加坡副總理兼國防部長的陳慶炎（Tony Tan），在「亞洲太平洋安全合作理事會」（Council for Security Cooperation in the Asia Pacific）第一屆大會召開時發表的以下演說，頗能說明當時的情境：

> 人們常說二十一世紀是亞太世紀……亞太各國的經濟在這段期間都有迅速成長。根據預測，到二〇一〇年，單是東亞就佔有全球生產成長的三分之一。預期東亞各國產值將佔有

全球新購買力與進口需求的百分之四十。亞太地區在經濟成長上將超越世界其他地區。遠景光明……[021]

陳慶炎這篇演說的關鍵訊息是，「除非享有和平與安定，國家不能集中力量發展經濟」。一個月以後，亞洲金融危機爆發，迅速將（經濟）奇蹟轉為泡影，或套用（危機爆發期間新加坡總理）吳作棟的說法，將「亞洲老虎變成亞洲小貓」，[022]迫使有關當局對區域政治與安全環境，甚至對東協本身進行重估。在這以前，「繁榮與安定攜手並進」始終是人們心目中的金科玉律。保羅・迪布（Paul Dibb）、大衛・海爾（David Hale）與彼得・普林斯（Peter Prince）形容這場危機是「後冷戰時代國際秩序的指標事件」，並且進一步指出，「自一九三〇年代以來，全世界從來沒有見過如此大規模的一場經濟動亂」。[023]有鑒於一九九〇年代經濟在國際政治中扮演的越來越重要的角色，一度是世人心目中創造東亞經濟奇蹟要件的「以國家為核心的東亞經濟模式」，現在成為這場危機的導因，東協的信譽與地位也因此受到重創。[024]

在一九九七年八月以前，大多數人會同意大衛・迪能（David B.H. Denoon）與艾芙蘭・考伯特（Evelyn Colbert）的看法，認為「隨著一九九七年與它的第三十周年將屆，東南亞國家協會似乎完全有理由可以大肆慶祝……」[025]但儘管在那年的七到八月，仍有人認為可以堵住剛爆發的金融危機，這種喜悅很快化為憂愁。一九九七年八月四日，新加坡外交事務與法部部長賈亞庫馬（Jayakumar）教授在東協圓桌會議發表主題演說時，甚至說，「今天，東協已經在大家都不看好的情況下取得成功。東協各國都有迅速的經濟成長。東協成為區域合作最佳模範，是開發中國家最成功的類似組織。」[026]

亞洲金融危機爆發的技術性原因，本文無須贅述。根據事後觀察達成的共識，這場危機是過多的短期外資，與受害國的不當金融監管等因素加總在一起造成的結果。用桑賈維魯（S.M. Thangavelu）與楊義偉（Yong Yik Wei，譯音）的說法，造成這場危機的主因是「宏觀經濟與體制性軟弱」。[027] 用馬克・伯格（Mark Berger）的說法，這場危機的導火線是「一場金融恐慌引發投資人信心與市場期待的一波急遽而且沒有必要的轉移，從而導致資金從這個地區迅速出走，造成貨幣崩盤」。[028] 在經過一番沉澱之後，到一九九八年的年底，人們將這場金融危機的原因歸納於三點：貪腐、任用親信與裙帶關係。這樣的說法簡單明瞭，就連外行人也一看就懂。姑且不論對錯如何，這是一般人記憶中造成一九九七到九八年亞洲金融危機的起因。

本文的討論偏重於這場危機的戰略後果，以及危機對東南亞造成的衝擊。引起我們注意的是，這些理論上屬於國內事件的問題對亞太、東協、以及東協的對外關係造成的衝擊。如前文所述，這場危機於一九九七年七月二日於泰國爆發。一開始一般認為不過是泰國的一次貨幣危機。但沒有人料到這場危機之火迅速蔓延，燒到泰國境外。到七月八日，馬來西亞中央銀行被迫干預，以保護「令吉」（ringgit，馬國貨幣）。到七月十一日，菲律賓將「披索」（peso，菲律賓貨幣）貶值，並向「國際貨幣基金」（International Monetary Fund）求助，印尼也忙著對抗有關「盧比」（rupiah，印尼貨幣）的投機買賣。到同年十月，危機已經漫燒到香港與南韓。

這場危機導致泰國與馬來西亞等兩個東南亞國家的領導層易主。在泰國，乃川（Chuan Leekpai）於一九九七年十二月取代差瓦立・永猜裕（Chavalit Yongchaiyut）成為首相；在馬來西亞，首相馬哈地・穆罕默德雖保住了首相大位，但由於在如何解決這場危機的問題上看法分歧，將他的副手、財政部長安華・易卜拉欣（Anwar Ibrahim）免職，並逐出「巫統」（UMNO，馬國執政黨）。安華是馬哈地的多年政治盟友，一般認為是馬哈地的接班人。但這場危機造成的最劇烈的政治事件，是印尼總統蘇哈托於一九九八年五月下台。蘇哈托早自一九六七年起就在印尼掌權。印尼是東協的主要台柱。一九九七年七月十一日起，印尼加大盧比的匯率波動區間，以對抗投機炒作，印尼經濟也隨之下滑。八月，印尼政府放棄盧比兌美元固定匯率。此舉導致盧比重挫，以及國際貨幣基金於一九九七年十月、一九九八年一月與二月的出手干預，造成國內動亂，終於迫使蘇哈托於一九九八年五月二十一日下台。事後回顧，後蘇哈托時代的印尼政治轉型雖說相當成功，楊榮文（George Yeo，當時擔任新加坡內閣部長）回顧說，在亞洲金融危機期間，「印尼舉國陷於分裂險境」，「能夠相對順暢的轉型邁入現代民主純屬意外」。[029]印尼與馬來西亞的政治動亂，也影響到雅加達與吉隆坡與新加坡的關係。這場金融危機對富有的新加坡影響不大，有人認為——不論對或不對——新加坡沒有向它的陷於財政困境的鄰國伸出援手。也因此，賈亞庫馬在一九九七年八月四日說的那番話遭到打臉：亞洲金融危機顯示東協不是區域合作的真正範例。這場危機證明，東協會員國不僅不能在危機期間彼此互助，在極度緊繃情況下，潛伏會員國之間的緊張關係還會浮現。東協三個軸心成員——印尼、馬來西亞與新加坡——在危機期間的表現說明，「東協的貢獻主要在於避免會員國之間的衝突，而不在解決衝突」。[030]東協的團結或許比實際狀況膚淺得多。

美國作為「獨強」的政策優先，是後冷戰時代經濟掛帥作法的最佳寫照。大衛・羅斯可夫（David Rothkopf）在有關美國「國家安全會議」（National Security Council，NSC）的記述中指出，「美國的外交政策利益似乎正轉向經濟考慮」。這不僅因為美國關心自己的成長，或因為「全球化」（globalization，這個名詞之後與一九九三到二〇〇一年之間主政的柯林頓政府結下不解之緣），最重要的是，因為在每一個案例中，「外交政策工具箱的最佳工具都是經濟」。新成立的「國家經濟會議」（National Economic Council），重要性超越冷戰期間成立的國家安全會議。[031]第一章提到的「東亞戰略倡議III」（一九九五年二月），強調促進海外民主是美國國家安全政策的三大目標之一。柯林頓政府堅信，民主國家彼此之間不會打仗。也因此，如果區域內能有更多民主國家，亞太地區與美國會更安全。不過亞太地區其他國家未必都抱持這種觀點。

如第一章所述，東協一直努力讓美國全面投入東南亞。但美國國家安全會議的亞洲事務處，只有兩名專業官員負責東亞與東南亞事務。蘇葆立（Robert Suettinger，一九九四到一九九七年間擔任國家安全會議亞洲事務處主任）回憶說，「在國家安全會議高層，找不出一個有能力與經驗、能以全面與戰略性方式處理亞洲問題的人」。[032]美國國務院的情況也一樣。當東南亞更需要美國介入之際，亞洲金融危機卻讓美國投入的難度更高。裙帶資本主義造成這場金融危機的論點，再加上後冷戰時代的焦點轉入人權問題——特別是美國尤其如此——更使美國對東南亞興趣缺缺。更何況就在東南亞陷於困境這段期間，柯林頓總統本人也因蒙妮卡．呂茵斯基（Monica Lewinsky）性醜聞事件而焦頭爛額。這件醜聞幾乎讓他在一九九八年年底遭到彈劾。據說，一名亞洲政界領導人當時對一名美國高級外交官說，「……在這一刻，最讓我們難以承受的，就是一個喪失行為能力的總統，與對這裡不屑一顧的華府」。[033]

亞洲金融危機讓東協對美國的態度產生一種矛盾：一種既憂心又憤怒的複雜之情。一方面，有鑒於在一九九三到九四年墨西哥經濟危機，以及一九九八年巴西與俄羅斯經濟危機期間，華府都曾迅速出手馳援，許多亞洲人重燃「遭到美國拋棄的舊恐懼」，認為東協國家——（除越南以外）都是美國的老盟友——對美國已經不再具有（經濟）重要性。[034] 另一方面，誠如柏格所說，在一九九七年下半年，「美國透過國際貨幣基金在東亞建立霸權的論點再次出現」。但到一九九八年，國際貨幣基金「看起來越來越不行，原本不佳的情勢更加惡化」。[035] 迪布等人指出，東協國家出現「反西方，反國際貨幣基金情緒」，「至少對美國如此」。[036] 東協諸國認為，華府只知一味強推它的新自由派作法，強調「以自由化與解除規範推動經濟進步」，對東南亞國家的命運大體並不同情。[037] 還有人認為，美國是亞洲金融危機的最大受益者，因為這場危機使大批國際資金湧入美國。傑夫瑞．巴索雷（Jeffrey Bartholet）一九九八年二月二日在《新聞週刊》（*Newsweek*）撰文提出警告說，「美國越是想將本身意志強加在這個地區，引起反美情緒的可能性也越大……現在，美國、歐洲與其他外國公司能以跳樓大拍賣價買進亞洲資產；讓這些外來客更像投機商。」[038]

反之，中國在這場危機期間的行動，縱非全部，至少讓一部分人減輕了對中國崛起的恐懼。在一九九〇年代，中國也像東南亞各國經濟體一樣經濟不斷成長，而且年均成長率高達百分之十，比絕大多數東南亞國家都快得多。但由於經濟不完全自由開放，中國得以避開危機。

中國的經濟所以成長，主要依靠龐大外資，特別是來自臺灣與東南亞華僑的資金，一九八九年六四天安門事件過後，西方國家與日本減少對中國的投資，但拜臺灣與東南亞資金繼續大量湧入之賜，中國得到的外資不降反升。[039]在這個充滿挑戰的緊要關頭，北京做了三件事讓東南亞國家對中國人產生好感：（a）中國不像西方人那樣不斷指控東南亞國家「貪腐」、「任用親信」與「裙帶關係」；（b）在危機期間，若干東南亞國家被迫將貨幣貶值，但北京沒有這麼做；[040]（c）一九九八年五月，當印尼發生排華暴力事件時，中國沒有進行干預。北京若是做了以上三件事中任何一件，都會重燃冷戰期間的回憶。新加坡外交官孫合記與皮普拉派．比沙普特拉（Pimpraphai Bisalputra）說：

隨著東南亞商業團體在中國境內作業的重要性越來越高，特別是海外華人在各居住國控有的該國國家財富往往高得不成比例，因此東南亞各國政府的顧慮自然也有增無減。針對海外華人忠誠度的古老疑慮再次抬頭，也促使地主國政府再一次產生華人究竟向誰效忠的問題。[041]

這場金融危機為東南亞與中國的關係，開啟了一段幾近長達十年的蜜月期。王景榮（Ong

Keng Yong，譯注：曾任東協秘書長）回憶說，「……直到二〇〇九年，中國決策人士以一種不同的眼光看待東協，以一種西方人眼中粗俗的方式與東協打交道」。[042] 一般認為，由於這場金融危機，東協「在與外在世界打交道時——特別是在與中國談判南海群島爭議時——立場軟弱得多」。[043] 但中國對這場金融危機的反應，為孱弱的東協諸國帶來一線希望，認為崛起的中國有助於區域和平。

緬甸加入東協

在一九九七年八月，之後所謂「亞洲金融危機」才剛出現不久。在這場危機以前，人們關注的重點是東協版圖的擴大，將寮國、緬甸與柬埔寨納為正式會員國，慶祝東協成立三十周年。越南在一九九五年加入東協一事沒有引發爭議，不過由於越南是過去的敵人，而且表面上仍是一個共產國家，它的入會引來許多關注。越南也是自一九八四年以來第一個加入東協的國家。寮國的入會平靜無波。緬甸與柬埔寨的情況就十分複雜：特別在後冷戰時代，由於涉及東協不干預內政的主要原則，兩國的入會問題也引起許多討論與辯論。[044]

根據奧蒙蒂（Jose T. Almonte，當時擔任菲律賓羅慕斯政府國家安全顧問）的回憶，由於美國與歐盟反對，緬甸加入東協的旅程「最艱難」。美國與歐盟當時的立場是，「將它納入東協，會讓一個高壓與不民主政權『合法化』」。[045] 東協納入緬甸的決定，引發東協與主要西方／自由派政府之間的激辯，這場激辯一直持續到二〇〇〇年代，辯論主題是國家應該如何與其他違反人權、忽視民主規範的國家打交道。這不是一個新議題，而且如果緬甸入會事件發生在冷戰期間，可能不會引起如此軒然大波。還有一個相關爭議是：什麼事屬於國家內政，什麼事構成國際關切議題。在一九九五年與一九九七年七月二十三日緬甸正式成為東協會員國之間那段時間，這項辯論特別激烈。辯論一方是東協的「建設性互動」（constructive engagement）政策；另一方是孤立政策與懲罰行動，特別是美國與歐盟——東協對話夥伴——主張、實施的制裁。

如同迪帕·奈爾（Deepak Nair）所說，越南、寮國與柬埔寨急著想加入東協，是因為它們認為東協是「一個國際整合的墊腳石」。另一方面，緬甸則將東協的會員國身份視為「後冷戰時代抵擋地緣政治的一面盾」，一處介於中國影響力與西方自由主義壓力之間的緩衝。[046] 一些東協官員雖說私下也批判緬甸惡劣的人權紀錄，但這些態度並不影響政策，因為就算緬甸這壺水很髒，幾個東協國家的水也乾淨不了多少。在一九九七年七月以前，東協或許還有能力影響所謂「國家法律與秩序重建委員會」（State Law and Order Restoration Council，SLORC）

的緬甸軍政府進行改革。但東協當時沒有這麼做的打算。人權與安全不是東協的優先要務。東協政府沒有採納「東協戰略研究所」（ASEAN-ISIS）提出的一項促使緬甸社會與政治改革的方案，就是例證。[047] 一旦緬甸成為東協會員國，促使緬甸改革的窗口也隨之關閉，因為不干預會員國內政是東協奉行的首要政策。儘管曼谷、馬尼拉都曾帶頭改革，安華．易卜拉欣擔任副首相時的吉隆坡也曾短暫做過同樣嘗試，但東協始終遵行這項政策。在一九九七年亞洲金融危機爆發以前，東協內部——特別是雅加達——有人認為，緬甸一旦加入東協，曾表示有意模仿印尼政治模式的緬甸軍事執政團，可以向印尼取經，學習「印尼共和國軍」（ABRI，現在叫做TNI）管理印尼的教訓。但一九九七年以後，印尼軍方不再能為緬甸軍政府提供任何指導。

為了讓緬甸入會，東協表示不會向美國與歐盟的壓力屈服。東協也因此付出相當代價。特沙克．夏勒帕拉努巴（當時擔任東協秘書處計畫協調與對外關係組助理主任）回憶說，西方國家拒發簽證給緬甸領導層與官員，為東協與它的若干對話夥伴之間的互動「造成不便」。美國因為拒發簽證給緬甸代表團，不能在一九九八年主持第十四屆東協與美國對話會議。一九九九年的柏林東協與歐盟部長會議也因波昂拒發簽證給緬甸外長而取消。這只是其中兩個例子。還有許多會議也因為美國與歐盟不肯接受緬甸，或流產，或在幾經談判後更改議程。[048]

在一九九九與二〇〇〇年，緬甸外長就連想來美國參加學術論壇也遭華府拒絕。在喬治・布希政府主政期間（二〇〇一到二〇〇九年），對緬甸的制裁繼續並擴大。[049]

由於不斷遭到美國與歐洲國家孤立與制裁，緬甸想重振經濟縱非絕無可能，也極端困難。根據一篇報導，黑市在緬甸全國無所不在。[050] 由於對緬甸的孤立並不全面，制裁效果也未充分發揮，緬甸也未能如預期實現改革。美國與其他志同道合的國家繼續向緬甸施壓，相信制裁終有一天奏效。而仰光的緬甸當局也察覺，來自中國與東協諸國的投資，不能完全取代來自西方國家的投資。更何況，過度依賴任何一個國家——以緬甸的例子來說，就是中國——都有風險。在一九九七年後，由於亞洲金融危機肆虐，其他東協國家本身想吸引外資都困難重重。如果西方國家不解除制裁，緬甸想在迅速變化、相互關聯度越來越高的全球經濟中據有一席之地根本不可能。緬甸議題會在第三章進一步討論。

柬埔寨加入東協

若不是因為當年兩個共同總理諾拉登・拉那烈（Norodom Ranariddh）與洪森（Hun Sen）之間的爭議，柬埔寨原本可以在一九九七年七月二十三日吉隆坡舉行的第三十屆東協部長會議中（與緬甸一起）加入東協。洪森於一九九七年七月初罷黜拉那烈，結束這場爭議，柬埔寨也因此喪失在聯合國的席位。有鑒於當時柬埔寨政局不明，東協於一九九七年七月十日決定無限期延後柬埔寨入會案。一年後，柬埔寨於一九九八年七月舉行大選，於十二月初成立新聯合政府，隨即重返聯合國，並再次申請加入東協。就這樣，在第六屆東協峰會於一九九八年十二月在河內舉行之前大約兩周，東協九國決策人士除了迫在眉睫的金融危機議題以外，還得考慮是否讓柬埔寨入會、成為東協第十個會員國的問題。我們不知道一九九八年十二月十二日舉行的東協外長會議，以及之後舉行的峰會的討論細節，但東協領導人坦承他們在柬埔寨入會時機的議題上有歧見。

在支持柬埔寨立即入會的東協會員國中，與金邊地緣與歷史關係最親密的越南最是熱心。舉例說，甚至當柬埔寨入會問題還未定案時，在越南主辦的東協峰會會場「巴亭會堂」（Ba Dinh Hall）外，柬埔寨國旗已經與東協會員國旗幟一同飄揚。儘管東協外長未能達成共識，越南人仍然全力支持柬埔寨。《越南新聞報》（*Vietnam News*）十二月十四日刊出一篇題為「洪森說，柬埔寨適合東協」的報導。[051]在一九九八年十二月十二日東協外長會結束後舉行的新聞簡報中，越南副總理兼外長阮孟琴（Nguyen Manh Cam）重申越南主張柬埔寨立即入會的立場。他指出，大多數與會外長支持這個立場。新加坡、泰國與菲律賓外長發表公開聲明，表示他們對柬埔寨入會問題有所保留。[052]由於東協以全員共識為運作原則，既然外長們不能達成一致共識，會中決定將柬埔寨入會問題留待峰會中由各國元首討論。[053]直到十二月十四日下午，給人的印象是仍然沒有協議。[054]但在當天晚上舉行的一次非正式餐會中，與會元首們決定讓柬埔寨入會，不過要在峰會結束後才能宣布消息。與會領導人並且同意，兩周到一個月後在河內舉行柬埔寨入會正式儀式。印尼總統哈比比（Habibie，一九九八年五月繼蘇哈托出任總統）獲得授權，在非正式餐會結束後會晤柬埔寨總理洪森時，將這個消息告訴洪森。[055]在第二天舉行的峰會開幕演說中，馬來西亞首相馬哈地讚揚越南總理潘文凱（Phan Van Khai），說拜潘文凱的「巧妙安排之賜，柬埔寨將在即將於河內舉行的一次特別儀式中加盟」。[056]柬埔寨電台於十二月十五日報導東協這項決定。根據這篇報導，洪森對東協這項決定表示歡迎。報導中還說，泰國、新加坡與菲律賓原本反對讓柬埔寨迅速入會，其他六國則對這項決定感到高興。[057]十二月十六日，越南外交部發表聲明，證實柬埔寨入會。[058]柬埔寨於一九九九年四月三十日成為東協第十個會員國，開啟了我們今天所謂「東協十國」的紀元。

東協所以這麼急著讓緬甸與柬埔寨入會，中國是一個考量因素。儘管從未公開表示，許多東協官員承認，他們所以在一九九七年決定讓緬甸加盟，最主要的原因是擔心中國影響力不斷增加。當時擔任菲律賓外長的小杜明戈・賽亞森（Domingo L. Siazon Jr）指出，緬甸加入東協的問題不單純，還有其他戰略現實的考量。[059] 奧蒙蒂回憶說，「緬甸由於地緣關係，加入東協事關緊急……因為遭到西方制裁而孤立的緬甸，自然與中國走得非常近……如果這種情況繼續下去，想讓緬甸脫離中國控制可能很難。」[060] 在一九九〇年代初期，儘管不無誇大之嫌，但有人認為緬甸第二大城曼德勒（Mandalay）正變成一個中國城。[061]

這麼說，緬甸加入東協是一項戰略必要的考量，目的在讓仰光掙脫北京越來越緊的控制。也因此，頗具反諷意味的是，因這項持續的政策分歧而暗中獲益的國家是中國。現實情況是，一九九七年七月以後，緬甸與中國關係不斷加強，而緬甸與泰國的關係仍然滿是荊棘。東協不但沒能讓仰光與中國漸行漸遠，近年來，幾乎所有東協國家——特別是印尼、馬來西亞與泰國——為因應所謂不斷高漲的中國勢力，都在相當程度上改善了與北京的關係。[062]

在一九九〇年代初期，相較於緬甸，柬埔寨入會問題或許沒那麼緊迫。但值得注意的是，中國對柬埔寨政治的影響力越來越大。一九九六年四月，中國解放軍總參謀長張萬年訪問柬埔寨。據說，中國同意為柬埔寨提供一百萬美元非殺傷性援助，並考慮為緬甸聯合政府提供訓練援助。[063] 洪森領導的「柬埔寨人民黨」（Cambodian People's Party），以及拉那烈領導的「獨立、中立、和平與合作柬埔寨民族聯合陣線」（National United Front for an Independent, Neutral, Peaceful and Cooperative Cambodia，FUNCINPEC）都向北京示好。一九九六年六月中旬，FUNCINPEC秘書長羅伊・希克漢（Loy Simchheang）在北京會晤中國總理李鵬。[064]一九九六年七月一日，在越南共黨第八屆黨大會舉行期間，溫家寶（當時為中共政治局候補委員，中央書記處書記，中共中央委員會代表團代理團長）在河內分別與謝辛（Chea Sim，柬埔寨人民黨主席與柬埔寨國會議長）與欽謝倫（Chhim Seakleng，FUNCINPEC代表團團長）舉行會談。[065]約兩周後，官方於七月十二日宣布，洪森將應邀於七月十八到二十二日訪問中國。聲明中沒有詳述此行目的，只說這次訪問是兩國友好項目的一部分。根據洪森的說法，這次中國之行經過周密策畫。[066]中方在施亞努（Sihanouk，譯注：拉那烈的父親，原柬埔寨國王）離開北京前往柬埔寨後不久宣布這項訪問。當這項消息宣布時，洪森與拉那烈正在東京出席有關一九九六與一九九七年金援柬埔寨議題的一次顧問團體會議。[067]洪森在這次訪問中國期間，會晤中國主席江澤民與總理李鵬，還訪問廣東省經濟特區內的珠海與深圳。[068]北京的這些安排，很可能是因為考慮到施亞努年老體衰，要培養洪森。

根據一九九七年十二月《遠東經濟評論》（*Far Eastern Economic Review*）的一篇報導，中國是對柬埔寨的第二大捐助國，僅次於日本。金邊最著名的投資人許多來自中國大陸。在洪森對抗「紅色高棉」（Khmer Rouge，又譯「赤柬」）的戰鬥中，中國還為洪森提供軍援。[069]據說，北京邀洪森往訪中國的邀請是由張萬年交給洪森的。北京顯然討厭拉那烈，因為拉那烈向臺北示好，曾與臺北討論金邊與臺北直航，以及臺灣在金邊開設領事處的問題。[070]

像過去的施亞努一樣，洪森也將與中國的關係耕耘得很好。一九六二年五月，在與馬爾康．麥唐納（Malcolm MacDonald，英國政治家、外交家）的一次談話中，施亞努說，他最關心的是南越與泰國的態度，但如果必須做決定，他會向中國求助，這就意味柬埔寨的不結盟政策的結束。[071]洪森在這段期間與中國官員多次會晤，由於沒有會議紀錄資料，我們無從得知他們談些什麼，不過有一個議題值得一提，就是臺灣在施亞努市（Sihanoukville）傾倒有毒廢棄物。洪森在北京會晤中國官員時，根據臺灣是中國一省的邏輯，曾要求中國協助用船隻將這些有毒廢棄物運回臺灣。[072]很難想像中國能在這件事上幫柬埔寨什麼忙，不過對中國官員來說，洪森這番話不過是耳邊風罷了。在一九九〇年代末期，中國與柬埔寨關係仍不斷迅速改善。洪森於一九九九年二月訪問北京，取得低利商業貸款與其他補助。一九九九年三月底，兩國國防部長在北京會面，中國對外貿易經濟合作部副部長領導的一個大型中國貿易代表團於一九九九年四月訪問柬埔寨。在協助柬埔寨發展經濟的問題上，中國也表現得非常積極。[073]值得注意的是，拉那烈起步雖遲，但也開始更積極投入與北京的關係。[074]一九九九年六月十六日，在訪問中國前接受「新華社」訪問時，他極力讚揚中國，強調中國對柬埔寨的重要性。[075]根據柬埔寨報紙《高棉良知報》（*Moneakseka Khmer*）的一篇評論，中國與日本都設法運用援助以加強對柬埔寨的影響力，中國已經發現，想重建它在柬埔寨的戰略地位與影響力，這是一個機會。[076]

隨著在緬甸、柬埔寨與寮國的勢力日增，北京在東南亞的影響力不斷壯大。萊夫・艾莫斯（Ralf Emmers，國際關係學者）指出，金融危機減少了泰國在寮國的投資，使北京得以趁虛而入，擴大在寮國的影響力。中國還在一九九九年協助寮國穩定貨幣，逐漸成為寮國境內的首要外國投資人。[077]

河內的行動計畫

與一九九七年八月籌備東協成立三十周年慶典期間相形之下，東協領導人在第六屆東協峰會的心緒變化甚大。在一九九八年十二月十五到十六日在河內舉行的第六屆東協峰會中，新加坡總理吳作棟指出，東協「近在眼前的當務之急」就是「讓大家都相信我們會認真處理我們當前的經濟問題」，其他八個東協會員國也同意這個觀點。[078]這次峰會的宗旨，就是要向全世界展示東協的團結，以及東協以個別國家與整體克服當前危機的決心。「河內行動計畫」（Hanoi Plan of Action，HPA）[079]就是東協的一項展示這種決心的證言。誠如吳作棟所說，「如果河內峰會不能滿足國際期望，我們也不必再對我們的地位有任何幻想了。」[080]不幸的是，是否接納柬埔寨入會，以及（前文所述）越南為了讓柬埔寨入會用盡各種手段的爭議成為峰會主軸，讓「河內行動計畫」蒙上一層陰影。一九九九年四月，吳作棟嘆道，「作為一個團體，東協顯得無可救藥，而更糟的是，顯得不團結……在我們一九九七與一九九八年的峰會中，我們沒能讓外在世界相信東協有決心與毅力因應這場危機，再次高速成長。」[081]

粗略審視一九九八年到二〇〇一年期間的東協領導人與政治分析家評論，就會發現這種失望之情，但儘管有「東協死了嗎？」這類標題，但東協未必真的已經病入膏肓、無可救藥。[082]認為東協未來的成長不可知的鄺雲峰說，「……目前一般認為，就大體而言，東協在這場經濟危機中的表現令人失望，我同意這種觀點。但我不認為它是決定性或至命性的。這種對東協前途悲觀的看法所以有偏差，是因為它過度以經濟標準評估東協。」鄺雲峰指出，根據東協的成績紀錄，「東協偏於被動，對未來的期盼不很積極——它有自己的步伐——有人說它過於慢條斯理，但它存活下來，而且茁壯」。簡言之，「東協減弱了，但沒有出局」。[083]泰國外長素林．比素萬（Surin Pitsuwan）也在《遠東經濟評論》撰文說，「自這場經濟危機降在我們身上幾近三年來，我們已經弄清楚一件事：東協若能謹守它的創辦人的智慧，它的日後繁榮與更大影響力會更有保障……」。比素萬所謂「創辦人智慧」，指東協創始會員國在一九六七年強調的「在一個相互依存度越來越高的世界，東協需要提升區域內各國之間的合作」。[084]如沙卡利亞·阿麥德（Zakaria Ahmad）與巴拉達·高夏爾（Baladas Ghoshal）所說，一九九七年金融危機是「一場震撼與一個催化劑」[085]——是催化劑是因為它迫使東協改革，以「因應全球化新挑戰」。[086]根據林綿基（Jusuf Wanandi，譯注：印尼政治家）的說法，東協「必須明訂未來遠景，就是要在東南亞建立共同體」。[087]

或許對東協最嚴厲的批判來自「國際戰略研究所」（International Institute for Strategic Studies）。國際戰略研究所在二〇〇一年的報告中說，東南亞已經陷於「建制性癱瘓」。它說，東協「與過去相比，現在更處於共識管理最低潮」，而且已經淪為一個「缺乏政治實質，越來越無法統一口徑發聲的團體」。[088]

新加坡資政李光耀說，亞洲金融危機對東協「原本極其美好，更加成長與安定，更合作，貿易更自由、國際協調也更佳的前景是一大挫敗」。李光耀認為，為應付本國的經濟與社會問題，東協各國會把注意力轉向內政。但李光耀對東協前景仍表樂觀，他相信東協終將復甦，但並非所有各國都能同步復甦，[089]在度過這場危機後——或許還需要兩、三年時間——東協將再次整合，成為一股維護東南亞地緣政治安定的力量。[090]在詢及所謂「太平洋復興」或「太平洋時代」是否將因這場金融危機而胎死腹中時，李光耀答道，「沒這回事，哪有這種可能？你碰到颱風，你會看著它過去。颱風非常惱人，但它帶來豐富雨水，清洗河川。颱風會消逝，新作物會孳生。」[091]在另一場合，李光耀將亞洲金融危機喻為「長程走勢上的一個小變化」。[092]更重要的是，這場金融危機使東南亞國家更難與中國經濟競爭。李光耀解釋說，東協別無選擇：

……必須團結，因為在過去，我們需要這種加總的份量才能與美國、歐洲、以及日本這些大國平起平坐。現在我們要應對中國。一個接著一個上陣，我們十個國家在與中國這樣的大國抗衡的天平上都只是羽量級。就算我們十個國家加在一起，也不能與中國抗衡，但至少我們有較大份量。[093]

李光耀認為，在經歷這場金融與經濟重挫之後，沒有一個東協國家有「時間搞意識形態或擴張主義議題」。[094]他說得沒錯。東協確實復甦，速度還比大多數人預期的都快；而且印尼也沒有像許多人擔心的那樣解體。事實上，在一九九九年年底與二〇〇〇年年初之間，東南亞經濟出現成「V」型強勁反彈的跡象，讓許多觀察家跌破眼鏡。到二〇〇七年，亞洲金融危機十周年時，經濟專家一般認為，東南亞經濟復甦得比大多數人預期的都好。桑賈維魯與楊義偉認為，在「強勁的出口帶動下，區域內諸國的產出成長率已經回復到危機前水準」。[095]艾琳娜·

歐克羅琴科（Elena Okorotchenko）寫道，「亞洲已經穩穩走上重拾危機前信用度的坦途」，「它們的一些信用因素還比危機前更好……」[096]

東帝汶

一九九七年七月以前的東南亞景觀與一九九七年以後大不相同。或許其中最明顯的差異，就在於東南亞出現一個新國家：東帝汶。若不是因為金融危機迫使蘇哈托下台，由哈比比繼任總統，雅加達不會就這樣輕易放棄它的第二十七個省——通稱東帝汶（East Timor），印尼於一九七五年以剷除當地共產黨潛在威脅為由，入侵東帝汶——讓它脫離印尼建國。自佔領東帝汶後，儘管冷戰結束，東帝汶分裂派——特別是「東帝汶獨立革命陣線」（Revolutionary Front for an Independent East Timor）——與印尼軍隊之間就一直衝突不斷。一九九九年一月，哈比比建議舉行東帝汶公民投票，讓東帝汶人自行決定選擇自治還是獨立。同年八月，在聯合國組織的一次公民投票中，東帝汶人（在印尼統治二十三年來，大部分東帝汶人從未接受印尼的殘暴統治）選擇了後者。一九九九年九月，涉及印尼軍方的血腥殺戮與人權破壞暴力事件在東帝汶大舉爆發。以澳洲為首的一支聯合國維和部隊「東帝汶國際軍」（International Force

East Timor，InterFET）隨後進駐東帝汶，直到公民投票結果通過為止。[097]

東帝汶就這樣於二〇〇二年五月二十日正式成為獨立主權國。境外殺戮與人權迫害事件使印尼槓上澳洲與美國。雅加達認為，坎培拉為東帝汶撐腰，形同「將帝汶車擺在印尼馬前」，是本末倒置。根據印尼外交官哈山．維拉尤達（Hasan Wirayuda）的說法，包括日本、中國、印度、東協諸國在內的其他國家，並不贊同澳洲如此關注東帝汶問題，就連美國也「認為，如今東南亞最重要的議題是印尼成功轉型，建立較穩定的代議制政府，重振印尼經濟」。[098]前後持續幾年，印尼與澳洲關係——以及影響所及，東協與澳洲關係——因東帝汶議題而受到影響。

當時擔任東帝汶首席外交事務發言人的荷西．羅慕斯—郝塔（Jose Ramos-Horta，後來成為東帝汶首任外長）說，東帝汶正式獨立後，應該以加入東協為優先要務，因為「就我們的安全需求、貿易、經濟關係與投資而言，東帝汶加入東協（遠比加入南太平洋論壇）更加重要得多」。[099]當時是一九九九年。套用麥克．理查森（Michael Richardson）的話，羅慕斯—郝塔這番話是「一次立場大反轉」，因為羅慕斯—郝塔過去一直抨擊東協，說東協站在印尼一邊，支持印尼入侵、佔領東帝汶，對印尼軍方犯下的人權暴行視若無睹。[100]的確，東帝汶領導人基於同樣理由，原本一直反對由任何東南亞國家參與聯合國維和部隊。[101]澳洲領導這支聯合國維和部隊的原因也在這裡。二〇〇二年，這時已經擔任外長的羅慕斯—郝塔預測，東帝汶需要用十年時間為加入東協的事做準備。我們會在第四章繼續討論這件事。

從東亞經濟共策會到東協加三

亞洲金融危機讓吉隆坡有機會重提馬來西亞首相馬哈地一九九〇年提出的「東亞經濟團體」（East Asian Economic Group）——隨於一九九一年改名為「東亞經濟共策會」（East Asian Economic Caucus，EAEC）。[102]根據希里．拉菲達．阿濟茲（Seri Rafidah Aziz，當時擔任馬來西亞貿易與工業部長）的解釋，東亞經濟團體／東亞經濟共策會的主旨，在於「針對今後幾年主宰世界事務的貿易與經濟議題」為東亞諸國提供一個「不嚴謹的諮商論壇」。[103]在一開始，其他東協會員國對這項構想並不熱衷。舉例說，（一直在東協享有最重要話語權的）印尼就對此表示擔心，認為有人會將「東亞經濟團體」視為東協為分化日本與美國而採取的行動（日本與美國在一九八〇年代發生一些有關經濟議題的歧見）。在人們眼中，無論取名「團體」或「共策會」，建立這個新實體的目的，即使不為了破壞，也為了複製草創之初的亞太經濟合作組織，以及其他東協與對話夥伴的擴大部長會議。此外，用一名印尼官員的話說，將美國排斥在東亞經濟共策會之外，既「沒有幫助」也「不現實」。在新加坡支持下，華府極力反對這項建議，據說還向日本與南韓施壓，要日本與南韓也反對。[104]

一九九七年過後，東協有關「東亞經濟共策會」的立場似乎轉變，不過「東亞經濟共策會」一詞沒有再現，而由「東協加三」（加中國、日本與南韓）的形式取而代之。有鑒於金融危機的情勢發展，前文所述反對「東亞經濟共策會」的論點不再有意義。特沙克說：

> 為了降低我們對傳統西方市場與來自西方投資的高度依賴，東協嘗試開發與世界其他地區的合作，以便將它的對外關係多元化。蓬勃發展的東協加三架構，是算計得很好的一項行動。當東亞因國際金融結構缺失造成的問題而受苦、而且至今仍因類似問題而受苦之際，它適時出現……[105]

東協加三也不會複製亞太經合組織，因為根據一般共識，亞太經合組織軟弱無力，不能緩解這場金融危機。有些分析家甚至認為亞太經合組織「沒能在任何區域性或全球性關鍵議題上採取領導立場，已經邊緣化」。[106]特沙克在一九九九年說：

在亞太經合組織，東協縱想挽救情勢或許為時已晚。若干東協會員國寧可以個別身份參加亞太經合組織。就這樣，在這個原本是東協自己創辦的組織裡，東協放棄了領導。美國主宰亞太經合組織進程也因此在所難免。亞太經合組織的前途極度仰賴美國……[107]

中國政治學者唐世平指出，亞洲金融危機並沒有製造「東協加三」（ASEAN Plus Three，APT），但為「東協加三」的問世提供了催化劑。[108]東協加三是不是在東南亞與東亞經濟體「越來越獨立自主的情況下，自然而然產生的必然成果」仍有待辯論。值得注意的是，東協外長已經在「東協區域論壇」與東北亞外長非正式會晤。[109]第一次東協區域論壇非正式會議於一九九七年十二月在吉隆坡舉行，之後於一九九九年在馬尼拉常規化與體制化。東協區域論壇將成為「東亞十三國的主要論壇」，但誠如哈迪·蘇沙斯楚（Hadi Soesastro，譯注：印尼智庫戰略與國際研究中心〔Center for Strategic and International Studies〕創辦人）所說，在二〇〇〇年，東協區域論壇「仍是一項進程，或許仍處於有一天成為一項體制性安排的最初階段。這項進程有很大象徵性意義，但它欠缺實質，仍是一項空的進程」。[110]

非傳統安全

亞洲金融危機影響到區域內國家與社會所有的層面。它迫使東南亞各國政府第一次集中力量，以集體與有系統的方式應對我們今天通稱為「非傳統安全」（non-traditional security，NTS）的議題。安德魯・陳（Andrew Tan，譯音）與肯尼斯・布亭（Kenneth Boutin）說得好：

> 對於那些具有跨國性質，而且就社會與經濟條件而言越來越國際化的社區與個人，全球化已經帶來新的安全威脅。東南亞因全球化而造成的軟肋在這場金融危機中曝露無遺……過去一般對全球化都有正面評價，認為全球化帶來「亞洲經濟奇蹟」，並透過所謂「政績合法性」（performance legitimacy）提升政權合法性，這種評價現在已經為一種更精微的看法取代，新看法認為全球化既是一項機會，也是一種威脅。[111]

氣候變化再加上印尼管理不當，導致一般稱為「霾」的嚴重環境議題。在印尼的婆羅洲（Borneo）與蘇門答臘（Sumatra）部分地區，人們放火燒林，為種植油棕櫚清地，結果造成

「霾」害。這種森林大火不僅影響印尼，還波及馬來西亞、新加坡與汶萊，從而影響到印尼與它的兩個緊鄰鄰國的關係。這種「霾」害始於一九九七年，儘管東協於一九九七年十二月擬就行動計畫，之後每年為害。

自冷戰結束以來，「重新思考、創新安全概念」成為「世人關注的重大議題」。[112]一九九〇年代的主流觀念是，冷戰期間的安全議題過於狹隘地偏重國家，疏忽了對人民及公民的考量。因此，「人類安全」（human security）這個將重心從領土或政府轉移到人的新名詞於是應運而生。（東南亞國家與中國愛用的）「非傳統安全」一詞，事實上是「人類安全」的另一個名字。批判「非傳統安全」一詞的人，認為這個名詞過於籠統。小淵惠三首相主政期間的日本，與乃川總理與外長素林主政的泰國，主張使用「人類安全」。另一方面，馬來西亞則認為「人類安全」會給人一種「個人比國家，比社會整體更重要」的印象。[113]誠如阿米塔夫·阿察雅所說，在東南亞，國家仍主宰一切，仍是任何安全化或非安全化進程的決策者，因為公民社會仍然軟弱無力且開發不足，甚至受到政府的壓制。[114]

一九九八年七月，美國國務卿馬德琳·歐布萊特（Madeleine Albright）在馬尼拉舉行的第五屆東協區域論壇會議發表的演說中，以相當篇幅討論愛滋病、HIV感染、人權、貪腐、環保、以及對抗毒品之戰等議題。歐布萊特「想不出任何我們不應該聯手處理它們，它們不構成對我們人民的議題的合理理由」。她指出，「我們今天面對的許多挑戰，需要我們談到一般視為他國內政的事務……特別是在一個相互依存的時代，我們必須問一個問題，所謂干預指的是什麼。」[115]歐布萊特特別提到柬埔寨、緬甸、以及印尼情勢。她提出的這些議題並不新鮮，不過都是東協領導人不慣於公開討論的議題。有人問李光耀，東協是否應該拋棄不干預政策，或將它的尺度放寬，李光耀答道，（拋棄不干預政策的作法）「就邏輯與知識而言毋庸置疑，但就情緒而言，它不可接受，因為它仍是一個敏感議題」。[116]第五屆東協區域論壇會議發表的主席聲明指出，「東協區域論壇以一種全方位方式考量面對的安全問題」，與會部長們「對東協區域論壇在聚焦核心軍事與國防相關議題的同時，還能關注對區域安全構成重大衝擊的非軍事議題的事實表示歡迎」。[117]在一九九九年七月舉行的新加坡東協外長會中，與會外長顯然利用一次非正式場合討論了東協版圖擴大、人權、治理與環保等議題。[118]

為提升亞洲境內非傳統安全議題的辯論與了解，「福特基金會」（Ford Foundation）在一九九八年辦了一項有關亞洲這類議題的研究。安德魯・華森（Andrew Watson，福特基金會中國問題代表）說，世上其他地方已經在討論「非傳統安全」或「人類安全」概念，但「亞洲還沒有動靜」。[119]儘管面對從衛生到環境、到跨國犯罪等各式各樣新挑戰，東南亞國家仍然只重「有關主權、政治與軍事相互依存與國防等傳統問題」。[120]更何況，有關非傳統安全議題的既有知識，特別是「哥本哈根學派」（Copenhagen School）提出的相關議題管理的主導模式，「在作法上過於以歐洲為中心……以歐洲歷史與文化為基礎」。如前文所述，在人權與民主議題上，東南亞諸國與歐美諸國的看法不一。東南亞諸國的看法是，東南亞需要根據亞洲時空背景另建一套不同的模式。從一九九九到二〇〇五年，新加坡新成立的「國防和戰略研究所」（Institute of Defence and Strategic Studies，IDSS，現改名為拉惹勒南國際研究學院）是這項研究的主要推手。[121] 非傳統安全議題的範圍包括衛生、食品、水、自然災害、內部衝突、強迫移民、能源、跨國犯罪、網路安全，以及其他「基本上屬於非軍事性的跨國威脅，但也包括國家對本國人民施暴，以及非國家武裝團體的崛起等威脅」。[122]

第二次美濟礁事件

再回到南海爭議。在一九九五年美濟礁事件過後，東協諸國在菲律賓施壓的情況下，採取對付中國的一致立場。經過短暫喘息，當東協諸國因發生金融危機而無暇分神之際，中國抓住下一個機會重申它對南海的主權。在一九九八年十二月於河內舉行的第六屆東協峰會中，菲律賓奉派起草一項行為準則，以管理南海爭議。沒隔多久，在一九九九年一月，第二次美濟礁事件爆發。儘管這是中國第二次犯行，這一次東協顯然不願與北京強勢對抗。

馬尼拉也沒能從美方取得任何在這場爭議中支援菲律賓的承諾。據報導，一九九九年二月十二日，在眾議院國際關係委員會（東亞小組委員會）的一次聽證中，主管東亞事務助理國務卿史坦利．羅斯（Stanley Roth）告訴眾議員們，中國派在南沙群島的軍隊「不是一項重大安全威脅」。根據羅斯的說法，「惱人的不是表面上的情勢，而是中國宣稱整個南海都是它領土的這種走勢與事實。」美國的評估認為，根據現場情勢，中國不會在南海大舉加強軍力。美國希望與東協合作，或者透過印尼領導的「南海研討會」（South China Sea Workshops），或者透過東協區域論壇，解決南沙群島爭議。菲律賓參謀長安吉洛．雷耶斯（Angelo Reyes）公開表示，儘管有共同防衛條約，菲律賓的國防不能靠美國。

根據菲律賓外交部次長小勞洛．巴賈（Lauro Baja Jr）的說法，在抗議中國持續佔領美濟礁的過程中，馬尼拉沒有獲得國際社會援助：「在美濟礁爭議上，我們孤軍奮戰。其他國家說，他們雖說同情、也了解我們的情勢，但這是一個『菲律賓—中國』問題。」[123]一九九九年四月十五日，在一次對扶輪社（Rotary Club）的演說中，巴賈形容菲律賓在將南海議題國際化的運動中「形同孤兒」。巴賈指出，對馬尼拉「在國際社會的所謂友人」而言，南沙群島沒有直接意義。他又說，「就連我們的東協友人，或裝聾作啞，或不敢聲張，充其量只會說一些和平解決爭議的泛泛原則，或在會場或走廊上講一些了解我們的客套話，如此而已。」

在東協與中國的昆明會議（一九九九年四月四到八日）中，在東協不斷勸說下，北京僅僅同意認真考慮菲律賓提出的新南海區域行為準則建議。據巴賈說，這項新建議將包括禁止使用武力、維護現狀與促進合作等規定。不過，我們不清楚這項擬議中的新行為準則，與經由北京明示同意的《東協南海宣言》（一九九二年七月二十二日簽署），或與中菲《南海與其他合作領域磋商聯合聲明》（一九九五年八月十日簽署），以及東協與中國在一九九七年十二月東協峰會中簽訂的聯合聲明有什麼不同。據菲律賓外長杜明戈·賽亞森與東協秘書長羅道夫·希維里諾表示，行為準則的效力比宣言強，因為宣言在性質上是片面的。當一九九九年七月東協部長會議舉行時，這項擬議中的新行為準則尚未起草完成。它終於在一九九九年十一月馬尼拉舉行的第三屆東協非正式峰會中提出，但馬尼拉沒能在會中取得將它正式通過的共識。與會領導人僅同意將繼續討論這項草案。

儘管美濟礁爭議成為一九九〇年代後半段的世人矚目焦點，我們很容易忘了一件事：除了中國、越南與菲律賓外，還有其他國家也對南海海域內島礁宣示主權。在一九九九年十一月峰會舉行前數月，菲律賓、馬來西亞與越南彼此之間也為一些南海島礁的主權爭執不下。馬來西亞在「探險灘」（Investigator Shoal）與「簸箕礁」（Erica Reef）上建立結構，而菲律賓與越南也宣稱擁有這兩處島礁的主權。而越南人則在菲律賓宣稱擁有的「南華礁」（Cornwallis South Reef）與「六門礁」（Allison Reef）建立結構。據報導，越南軍曾向飛越「無乜礁」（Pigeon Reef）的一架菲律賓偵察機開火，菲律賓與馬來西亞戰鬥機也曾在探險灘上空短暫對峙。在這次馬尼拉峰會舉行前，中國曾揚言，如果菲律賓不把它擱淺在「仁愛礁」（Second Thomas Shoal）左近的海軍補給艦撤走，中國將採取行動。

的確，誠如史坦利・羅斯所說，中國不是唯一在南海駐軍、也不是在南海擁有最多據點的國家。在南海控有最多島礁的是越南。一九九八年九月，越南在北京宣稱擁有的「奧南暗沙」（Orleana Shoals）與「金盾暗沙」（Kingston Shoal）建立結構。馬來西亞宣稱擁有十二個島礁，佔領了其中六個。汶萊稱擁有兩個島礁，不過沒有在上面駐軍或建立設施。臺灣佔有南沙群島最大島「太平島」（Itu Aba）。（在南海議題上，臺灣與中國態度一致，駐守太平島的臺灣軍隊還為中國在南沙的駐軍提供淡水補給。）東協內部也為南海主權議題爭執不下，隨便舉幾個突出的例子：越南與菲律賓分別佔有「安波沙洲」（Amboyna Cay）與「司令礁」（Commodore Reef），而馬來西亞宣稱擁有這兩個島礁。越南還佔領馬來西亞宣稱擁有的「柏礁」（Barque Canada Reef）。馬來西亞佔領汶萊宣稱擁有的「露易莎礁」（Louisa Reef）。在所有宣稱主權的國家中，汶萊最不積極。南海議題非常複雜。誠如李光耀所說，中國以強勢姿態進入南海宣示主權，「讓東協諸國之間的領土爭議紛紛噤聲」。東協諸國現在發現，它們必須團結陣線，統一談判口徑，這是「一種自然防衛行動」。[124] 進入二十一世紀的東協與東南亞，面對多項遠比冷戰期間與冷戰結束初期更加複雜、晦澀得多的挑戰。

第三章

二〇〇〇到〇六年：攜手共進二十一世紀

東協必須整合才能生存……亞洲已經成為國際關係大博弈的新焦點……但我們不能將這種有利事態的持續視為理所當然。如果東協不能團結，不能有效，我們會喪失這種為各方爭相羅致的優越地位。[001]

東協必須共榮共辱，否則將遭各個擊破。[002]

金融危機過後的省思

進入二十一世紀的東協雖有些折損，但大體仍然完好。套用新加坡外交官許通美的話說，自冷戰結束以來，東協一直就是「東亞諸國合作與對話新理念背後的推手。」[003] 東協所以能做到這一點，原因之一是它在整個一九九〇年代始終團結（儘管遭遇亞洲金融危機），而或許更重要的原因是，兩個東亞大國——中國與日本——不能合作。東協能不能繼續保有駕駛席，能保有多久，仍是未知之數。何彼得（Peter Ho，譯音）對「駕駛席」一詞的解釋或許最是言簡意賅：「這是東協圈內的慣用詞，意指東協必須位居區域建構核心，負責領導塑造區域議程，為區域議程的進度定調。」[004] 每個人都看清一件事：如果東協想在與其他國家不斷擴大的關係、想在區域內繼續保有駕駛席，就得維護它作為一個組織的信譽。[005] 在進入二十一世紀之初，東協的信譽指數相當低。這時的東協面目一新，剛成為一個全規模區域組織，不再是冷戰期間那個東協。鑒於原始會員國與新會員國之間戰略文化與發展層次的差距，以及其他種種因素，政治觀察家與分析家一般認為東協將面對整合挑戰。

另一個問題是，荷西．羅慕斯——郝塔所謂「基本上位於東南亞與太平洋交界處」的東帝汶，[006] 會不會成為東協第十一個會員國。如本書第二章所述，東帝汶已於正式獨立後表示希望加入東協。在二十一世紀之始，東帝汶是聯合國保護國。負責協助東帝汶建國的「聯合國東帝汶過渡政府」（United Nations Transitional Administration in East Timor）任期於二〇〇二年五月屆滿。但當東協舉行進入新世紀後第一次外長會議時，東帝汶並非首要議題。

當時東協領導人的當務之急是，如何確保組成東協的東南亞十國的團結，以及如何在區域國際政治中保有它的核心地位，簡言之，就是如何重拾它因為亞洲金融危機而失去的影響力與光彩。新加坡外長賈亞庫馬（S. Jayakumar）說，東南亞雖能從這場危機中迅速復甦，卻不能將這種復甦轉化為「國際對東協信心的重建」，令他不解。[007] 東協秘書長希維里諾的說法更加嚴厲無比。他說，東南亞已經淪為一處「經濟削弱，政治不安，人心惶惶，群龍無首」的地區，面對這樣的自我批判，東協部長們都皆啞口無言。[008]

如前文所述，金融危機以及組織版圖的擴大，迫使會員國自我反思，幾個會員國之間的關係因此緊繃，從而出現一種雙層東協結構。會員國不願、不能放棄不干預原則的事實，導致二〇〇〇年七月舉行的第三十三屆東協部長會議推出「東協三頭馬車」（ASEAN Troika）方案，作為一種妥協。泰國總理乃川在一九九九年十一月二十八日在馬尼拉舉行的第三屆東協非正式峰會中提出這項構想。在一開始，部長級三頭馬車（由當時在東協常務委員會擔任輪值主席的會員國主持）必須經過所有東協會員國一致共識才能啟動，但沒隔多久就修改規則，授權主席啟動三頭馬車，並召開東協十國外長緊急會議。[009]泰國外長素林（素林大力主張以彈性參與方式取代不干預原則——其實就是干預會員國內政的委婉用語）說，「不干預仍是東協關係的主要原則。今後會繼續如此，但若干議題必須重新界定……無論是純內部事務，或是可能影響到鄰國的內政」。[010]賈亞庫馬以東帝汶維和部隊的案子為例。他說，如果當時就有三頭馬車機制，東協可以啟動它，立即「讓我們一起行動，與聯合國秘書長柯菲．安南（Kofi Annan）協調」，避免一切混亂。[011]總之，三頭馬車機制加上「全面熱線通訊」，以及越來越頻繁的東協領導人會面，就是東協在進入新世紀之後，為確保它在國際舞台的地位而採取的第一套戰略或措施。東協外長的第一次非正式會議，沒有配合二〇〇一年四月仰光舉行的年度外長會一起舉行。[012]並非每個人都認為東協已經「不僅讓自己，也讓外在世界」重拾對東協的信心。[013]賈亞庫馬就形容，三頭馬車機制只是「最起碼的一步」。[014]

東協加三

經濟始終是東南亞各國領導人念念不忘的議題。從一九八〇年代直到一九九七年，東協各經濟體的實力與潛能一直是影響東協國際形象的關鍵要素。印支諸國所以在冷戰結束後選擇加入東協，這也是一個重要理由。儘管歷經亞洲金融危機肆虐的東協各國經濟能相當迅速、強力反彈，東協秘書長希維里諾提出的年報卻透露，「外國直接投資」在一九九八到九九年間重挫，沒有回到危機前水準。有人擔心，這份報告的統計數字「可能誇大東協諸國經濟復甦有問題的印象」，而且如果東協繼續給人一種欠缺效率的感覺，它的重要貿易夥伴地位可能「邊緣化」。[015]儘管經濟整合不是二〇〇〇年七月東協會議議程的主要議題，但與會領導人承認他們「必須加速經濟整合，因應投資下挫問題」。新加坡總理吳作棟說，「……在真實到不行的意義上，形象就是現實……規模不是命運，但外國直接投資是，東協諸國別無選擇，必須克盡一己全力」。[016]希維里諾呼籲東協各國，「維護並加強」他們在一九九一年第二十四屆東協部長會議中提出、經一九九二年第四屆東協峰會背書的「東協自由貿易區」（ASEAN Free Trade Area，AFTA）的承諾。東協自由貿易區計畫原本預定二〇〇八年達標。一九九五年將達標日期提前到二〇〇三年，之後由於金融危機爆發，再將日期提前到二〇〇二年年初。新入會的國家得在二〇〇六與二〇一〇年間達標。

經濟權勢逐漸移往東北亞。投資人的眼光逐漸從東南亞轉到日本、南韓、特別是預期將加入「世界貿易組織」（World Trade Organization，WTO）的中國——套用李光耀的話說，中國在不久的將來加入世貿，將是一場「分水嶺式的改變」。[017]的確，早在一九九九年，流入中國的外國直接投資已經超越進入東協的外國直接投資總額。有人預測，一旦中國在二〇〇一年底或二〇〇二年初加入世貿，這種外資流入趨勢還會加遽。[018]在二〇〇〇年，香港（已於一九九七年回歸中國）吸引的外資為東協十國引入外資總額的四倍。[019]一名記者說，「東北亞充滿激情，熱鬧滾滾，危機過後的東南亞仍然滿目瘡痍。」[020]在二〇〇〇年七月，最引人矚目的是「東協加三」（ASEAN Plus Three，APT）會議——「東南亞政策圈最熱的話題」。[021]這次會議是東協加三於一九九七年十二月成立、舉行非正式會議以來，「討論經濟合作與改善東亞政治安定途徑」的第一次正式會議。[022]有人將「東協加三」描述為「垂死東協的新生命線」，認為東協可以「依賴『加三』解決它最棘手的問題」。[023]麥克．雷佛的分析指出，「東協加三」創建之初的意義似乎是一種經濟運作，目的在於因應「亞太經濟合作組織與美國未能有效反應，處理區域經濟危機」（如本書第二章所述）。

二〇〇〇年七月的「東協加三」會議似乎顯示，東協「意在納入東亞以擴大版圖，讓它擁有一種更大的實質意識與信譽，特別是讓它能以一種集體聲音發聲」。這是就正面意義而言。「東協加三」創議的負面意義是，它顯示「東協能力有限，必須拉攏東南亞地區以外的國家加盟，東協加三的例子就是證明」。[024]根據二〇〇〇年十一月的一篇報導，有關方面將進行一項研究，探討擴展東協加三程序，發展為「一種東亞峰會……以建立一種東亞共同體」的可能性。新加坡總理吳作棟說，「東北亞正在討論建立一個東亞共同體的構想，東協會員國也開始重視這樣的構想……」。[025] 吳作棟預測，「想加強彼此互信，為日後成長建立穩定的平台」，可能還需要十到二十年工夫。[026]

東協擔心自己將因東北亞與東南亞之間差距不斷擴大而淪為「亞洲內的邊緣團體」，這樣的恐懼並非空穴來風。一旦邊緣化，東南亞將淪為「亞洲的一灘死水」。[027] 為防阻這件事，東協首先必須整合所有會員國經濟體——就這樣，「整合」成為二〇〇〇年代東協各角落叫得最響亮的名詞。東協領導人將整合視為最高優先目標；然後設法與日本、中國與南韓建立「東亞共同體」（East Asian Community），最後建一個「東亞自由貿易區」（East Asia Free Trade Area）。如果不能建「東亞自由貿易區」，東協至少得加強與這三個東北亞國家的經濟合作，讓東協「共享東北亞成長之利」。從新加坡的角度來看，這就是東協的行動計畫。吳作棟透露，他在一九九九年十二月向日本故首相小淵惠三提出組建日本與新加坡自由貿易區的構想，「作為一種改變日本經濟的催化劑」。[028]

東協在放眼「東協加三」與中國的同時，也盯著美國。自冷戰結束以來，東南亞一直不是華府優先考量的戰略重心，在亞洲金融危機期間，東南亞的地位更加江河日下。儘管如此，值得注意的是，華府與馬尼拉在一九九八年一月談成一項《菲美訪問部隊協定》（*Philippines-*

United States Visiting Forces Agreement）；泰國仍是一處「重要的加油與轉運點」；而「東南亞國家中最支持美軍繼續進駐」的新加坡在一九九八年年初宣布，樟宜海軍基地在二〇〇〇年就可以啟用。[029] 撇開軍事及防衛事務不談，套用庫爾特．坎貝爾（Kurt M. Campbell，二〇〇九到一三年間擔任美國東亞與太平洋事務助理國務卿）的話，一般認為——包括美國人的觀點——「冷戰結束後，隨著蘇聯在亞洲霸權威脅的消逝，美國的亞洲政策也開始隨風逐流」。「美國今後何去何從」，以及「美國與其盟國得為他們在一個與冷戰大不相同、充滿不確定的時代的戰略合作找出理由」，成為許多人關切的議題。[030]

吳作棟呼籲華府「與東協一起工作，以確保美國的利益納入大東亞合作進程」。他提出警告說，「雙方都得小心謹慎，不能將既有關係視為理所當然，因為一旦如此，雙方關係將因為躊躇滿志與疏忽而削弱」。[031] 儘管中國外長唐家璇保證（之後幾任中國外長也作了同樣保證）北京準備與各方合作以促進「亞太繁榮與發展」，推動「人類和平與進步」，但東協對中國始終充滿戒心，這是東協一直希望美國介入東南亞事務的一個原因。[032] 楊．拉薩里．卡辛（Yang Razali Kassim，譯注：拉惹勒南國際研究學院高級研究員）指出，東協基於經濟理由，直到目前為止「一直壓抑著他們內心對北京作為經濟強國崛起造成的安全與軍事衝擊的不安……東協的兩難困境是，它不能一方面在貿易與經濟上將中國視為友人，另一方面又在外交與安全關係上將中國視為敵人」。[033]面對這個問題，東協秘書長希維里諾強作鎮定地說，他不認為這是一種兩難困境：「中國在經濟上與政治上勢力不斷坐大已經在所難免。面對這個問題，東協只能與中國建立強有力的關係，這是唯一可行之道。」[034]

二〇〇一年八月，印尼、菲律賓與泰國等三個東協創始會員國新上台的領導人頻頻出訪，給人一種金融危機已經過去，東協諸國終於不再只重國內政治，可以團結一致、重振東協信譽的印象與希望。或許其中意義最重大的，是繼阿布杜拉曼・瓦希德（Abdurrahman Wahid）之後出任印尼總統的梅嘉娃蒂・蘇卡諾普利（Megawati Sukarnoputri）的首次東協之行。瓦希德於那年七月遭「人民諮商大會」（People's Consultative Assembly）彈劾下台。印尼外長由於國內政治危機，沒有出席那年七月的東協年會。黛維・福圖娜・安華（Dewi Fortuna Anwar，一九九八到九九年哈比比政府執政期間擔任印尼助理外長）說，梅嘉娃蒂的訪問「釋出非常重要的訊號，說明印尼已經重回正軌。許多年來，東協一直就是印尼外交政策的基石，但在阿布杜拉曼・瓦希德執政期間，印尼的外交積弱不振」。[035]李光耀指出，「由於印尼重新聚焦於東協，東協的凝聚力與國際聲望有望改善。」[036]另兩位首次出訪的東協領導人，是繼約瑟夫・艾斯特拉達（Joseph Estrada）之後出任菲律賓總統的葛洛麗雅・雅羅育（Gloria Arroyo），與泰國總理戴克辛・欽那瓦（Thaksin Shinawatra）。艾斯特拉達於二〇〇一年一月在人稱「第二次人民力量」（EDSA II）的群眾暴動中遭罷黜；戴克辛於二〇〇一年二月繼乃川之後擔任泰國總理。像黛維．福圖娜．安華一樣，雅羅育與戴克辛也表示將聚焦於重振東協。[037]

儘管馬國與新加坡因金融危機而交惡，就連馬來西亞首相馬哈地．穆罕默德也於二〇〇一年九月十日訪問新加坡，與新加坡資政李光耀一起接受「東協商業論壇」（ASEAN Business Forum）頒發的「東協成就千禧年獎」（ASEAN Achievement Millennium Award）。馬哈地在受獎演說中談到東協的重要性。他回憶說，當年成立東協，「主要目的在管理新獨立、歷史背景大不相同的國家之間的關係」。他指出：

> 這些歧見仍然存在，但不能阻止我們在經濟事務，甚至在某些國際政治事務方面的合作。還有很多事要做，但東協是非常具有實質意義的結合，它讓會員國在與彼此之間，在與世界其他國家打交道時受惠，這一點毫無懸念。[038]

雖說李光耀與馬哈地在「大多數」議題上意見分歧已是眾所周知之實，[039]但兩人在各自演說中都強調東協的重要性以及東協「復甦的能量」。李光耀說：

近年來的發展令人鼓舞。印尼已經擁有一位穩當的總統，也建立了專業的內閣。泰國政局的動盪不安，因戴克辛總理獲得憲法法庭宣判無罪而畫下句點。雅羅育總統已經鞏固了地位，讓菲律賓情勢更加穩定。而在馬來西亞，馬哈地首相顯然穩控大局。040

九一一與後續

李光耀與馬哈地在二〇〇一年九月十日發表的演說中，都談到東協與東南亞面對的挑戰，但都隻字不提恐怖主義。在九月之前幾個月，報章雜誌有關恐怖主義的報導也幾乎付之闕如。二〇〇一年進行、同年五月與九月刊出的兩項全亞洲性的民調顯示，亞洲人擔心的是美中關係與經濟放緩。九月十一日前夕刊出的這篇報導指出，經濟放緩是對亞洲區域安全最大的威脅。041 當然，恐怖主義活動在東南亞並不新鮮，但這類活動主要出現在個別國家領域內，而且當局似乎也都認定自己能掌控情勢，認定恐怖主義不是立即威脅。舉例說，九月十一日以前，泰國軍方將在泰南地區鬧事的穆斯林稱為「搗亂份子」，而不是恐怖份子。042

二〇〇一年九月十一日，「基地組織」（Al Qaeda）成員劫持飛機撞毀紐約「世貿中心」（World Trade Center）雙塔，改變了一切。「基地」是奧薩馬．賓拉登（Osama bin Laden）於一九九八年建立的「遜尼派」(Sunni)跨國激進組織。[043] 這次事件勾起美國人一九四一年十二月日本偷襲珍珠港的慘痛回憶,但傷亡比珍珠港事件更加嚴重得多。特別在「九一一事件」過後,有關全球恐怖主義的論述多到滿坑滿谷,而且還在繼續增加,所以以下僅就東南亞觀點,針對事件對東南亞的衝擊進行探討。[044]

「九一一事件」過後不久,證據顯示基地組織在東南亞有一個分支團體,叫做「伊斯蘭祈禱團」(Jemaah Islamiyah,JI)。「伊斯蘭祈禱團」雖說具有「一個區域性意圖」,卻是「基地組織網路中重要的一環」。在二〇〇一年十二月與二〇〇二年八月之間,幾名伊斯蘭祈禱團成員因計劃在新加坡、馬來西亞與菲律賓境內與境外發動攻擊,而遭各該國當局逮捕。新加坡的祈禱團分部是「東南亞祈禱團網路的主要運作單位,負責計劃與協調攻擊」;菲律賓分部是後勤中樞;規模最大的馬來西亞分部兼具一切功能,同時還是「祈禱團與阿富汗基地組織之間的主要管道」。[045] 特別是在新加坡與吉隆坡採取迅速行動、成功切斷境內伊斯蘭祈禱團網路之後,由於印尼擁有全世界最多的穆斯林人口,基地組織對印尼的滲透程度成為眾人矚目焦點自也不足為奇。札夏里·阿布札(Zachary Abuza,譯注:國家安全戰略教授)指出,「許多祈禱團成員逃往印尼,因為祈禱團在印尼的聲勢頗為浩大。」[046] 儘管有人揭發,指印尼教士阿布·巴卡·巴希爾(Abu Bakar Bashir)即使不是伊斯蘭祈禱團大頭目,也是祈禱團的一名首腦，但印尼當局遲遲不肯承認境內有祈禱團網路，不肯承認印尼是東南亞恐怖份子威脅的源頭。這是祈禱團在印尼坐大的原因。印尼在清除恐怖份子網路上展現的不合作，讓新加坡與馬來西亞當局「極度沮喪」。[047] 舉例說，資政李光耀說，在新加坡被捕的伊斯蘭祈禱團份子的幕後主使人仍在印尼逍遙法外——這話激怒了印尼人，他們指控李光耀發表查無實據的聲明是干預印尼內政。[048]

大衛・瓊斯（David Jones）與麥克・史密斯（Mike Smith）等批判東協的人士指出，東協的「嚴厲奉行」不干預原則「似乎更讓組織精密的恐怖份子網路有機可乘」，「重要的是，東協竟然看不見存在內部的聖戰勢力」。[049] 不過，看不見的不僅是東南亞國家而已，布希政府也未能預見這場即將臨頭的大禍。大衛・羅斯可夫（David Rothkopf，譯注：美國外交政策專家）回憶說，在二〇〇一年一月美國國家安全會議交接簡報中，卸任國安顧問山迪・伯格（Sandy Berger）告訴他的接班人康杜莉莎・萊斯（Condoleezza Rice），布希政府應該在恐怖主義、特別是在基地組織上面多下工夫，並且「超越任何其他項目」。當時美國政府已經擬妥一份反恐怖主義計畫，但據理查・克拉克（Richard Clarke，柯林頓政府國安會議反恐首席顧問，之後在布希政府留任）說，布希的外交政策團隊開始接受有關基地組織的知識，探討它對美國外交政策的切入點，「推遲了這項反恐計畫進度」。的確，在冷戰結束後，美國對阿富汗以及它的塔利班（Taliban）領導層興趣缺缺。[050] 這種現象在「九一一恐攻事件」過後幾乎立即改變。美國在二〇〇一年十月攻擊阿富汗，隨於二〇〇三年為發動全球反恐戰爭而入侵伊拉克。這兩場戰爭是否師出有名以及有關爭議，不是本書探討主題。我們要探討的是東南亞對這兩場戰爭的反應，以及從而導致的美國與東南亞關係。

東協的幾個關鍵性會員國終於找到在新世紀邁步向前的政治意志。亞洲金融危機過後，東協力圖自我再造。二〇〇一年十一月，新加坡的「東南亞研究所」（Institute of Southeast Asian Studies）發表一本書，書名就叫《再造東協》（*Reinventing ASEAN*）。然而，受到「九一一恐攻」事件影響所及，與東南亞發現全球恐怖主義網路的事實，使這項再造努力幾乎功虧一簣。[051] 同樣在那個月，汶萊舉行的第七屆東協峰會在會後發表新聞聲明說，「在當前全球性動盪的緊張氛圍中，東南亞面對（一九六七年以來）最大的挑戰」。聲明中說，「東南亞既必須處理世界經濟嚴重放緩的難題，又要投入對抗恐怖主義的國際努力，這樣的雙層挑戰前所未有。更何況，就在我們許多人剛走出一九九七與一九九八年金融風暴陰霾，逐漸復甦時，這項新挑戰來襲。」[052]

在《再造東協》新書發表會上，幾位演說人異口同聲表示，擔心東協的反恐能力將因國內政治掣肘而受損，因為東協有「三個會員國是穆斯林國家，而另三個會員國，包括新加坡，境內有大量穆斯林人口」。[053] 儘管如此，這些相關國家都能管理好國內對美國在阿富汗軍事行動的反應。二〇〇一年十一月，在汶萊舉行的第七屆東協峰會中，東協發表「聯合行動反恐宣言」（Declaration on Joint Action to Counter Terrorism）指出，東協「以最強烈的用詞斷然譴責」九一一恐攻事件。宣言中說，恐怖主義是「對達成東協和平、進步與繁榮，以及實現東協二〇二〇遠景的直接挑戰」，誓言以「一切合作努力以打擊恐怖主義……」。宣言中並駁斥「任何將恐怖主義與任何宗教、任何種族掛勾的企圖」。[054] 儘管宣言說得如此斬釘截鐵，一般看法是，東協在九一一事件過後遲遲未能組建對付跨國界恐怖主義的集體行動，導致投資人撤離東南亞。[055] 新加坡駐馬來西亞高級官員說，「東協各國如果不能在對抗恐怖主義之戰中取勝，會面對災難性經濟前景……由於必須與中國競爭，已經捉襟見肘的東協，一但投資人撤離，尋找避險天堂，會十分悲慘。」[056]

對抗恐怖主義的問題不只是防堵恐攻而已。防堵恐攻當然是反恐作戰的重要一環，但反恐作戰還包括洗錢、毒品走私、網路犯罪、以及其他跨國犯罪等議題。馬來西亞外交官拉扎里．伊斯麥爾（Razali Ismail，二〇〇〇到〇五年間擔任聯合國秘書長駐緬甸特使）說，為了對抗恐怖主義，東協諸國在處理彼此的外交關係時還需要有「新作法」。拉扎里．伊斯麥爾指出，儘管建設性交往的政策在東協內部仍是敏感議題，東協內部在有關反恐的態度已經出現「一種知識性轉變」。[057]新加坡副總理李顯龍在第三屆東協跨國犯罪議題部長會議上說，「東協因應各種跨國犯罪形式的努力……將展示東協團結一致與國際社會一起促進東南亞與其他地區安定與安全的決心」。展示這種決心才能「加強國際對東協的信心，進而協助會員國從亞洲危機與當前的經濟頹勢中復甦，邁向更大的成長與繁榮」。[058]李顯龍承認東協目前處境困難，因為大多數東協會員國都有本國的嚴重問題，特別是印尼。東協版圖擴大到十國，使問題更加複雜。印支諸國與緬甸「得花好一陣才能重建共同的宗旨與遠見意識」。東協各國不僅在開發程度上不同，在「因應全球環境的作法」，以及在每一個會員國應如何「切入」與「邁步向前」的看法上也各不相同。根據李顯龍的觀察，「東協想重新振作得花一些時間」。[059]

從九一一起，直到二〇〇二年十月十二日巴里（Bali）炸彈恐攻事件這段期間，東協諸國雖說採取防範行動，一般而言也知道國際恐怖主義的威脅，但大體上仍然將恐怖主義視為「必須管理的一種持續性低度威脅」，但「不是決定性（甚至不是最重要的）安全意題」。[060]誠再怎麼說，畢竟直到目前為止，基地組織與它的同路人還沒有在東南亞發動過成功的攻擊。誠如吉姆．羅菲（Jim Roffe）所說，「東協諸國了解恐攻對美國造成的內部與情緒衝擊，而且準備在反恐戰爭中支援美國，但他們不了解這場戰爭目前的戰略必要性，對它的終極效應也很懷疑。」[061]這種態度在二〇〇二年十月十二日巴里炸彈恐攻事件發生過後改變了。發生在巴里的這場悲劇毀了兩家夜總會，讓兩百零二名澳洲觀光客喪生，「打碎了東亞相對平靜的時代」，[062]也讓「國際注意力盯上東南亞激進伊斯蘭恐怖主義的威脅」。[063]巴里炸彈恐攻事件過後，恐怖份子對印尼與菲律賓境內目標發動一連串攻擊，以二〇〇三年八月五日對雅加達「萬豪酒店」（JW Marriott Hotel）的炸彈攻擊事件——造成十一死，一百五十人傷——為最高峰。巴里與萬豪酒店兩起事件的元凶都是伊斯蘭祈禱團，東南亞很快就成為人們口中「恐怖份子的天堂」。[064]

或許九一一事件造成的最重要的發展，是它對美國與東南亞關係的影響。東南亞國家覺得，與冷戰期間相比，華府對東南亞的注意力每況愈下。東協也因此展開外交行動，希望說服、提醒美國，想克服後冷戰時代的挑戰，「美國與東協得在雙邊、區域、甚至在全球層面上更緊密的合作」。[065]新加坡總理吳作棟在發表以上談話時，並不知道九一一事件會發生，使美國重新聚焦東南亞，更不知道在巴里與二〇〇二年雅加達幾次爆炸事件過後，東南亞會逐漸成為全球反恐戰爭的第二戰線。誠如詹姆斯·凱利（James A. Kelly，當時擔任美國國務院東亞與太平洋事務助理國務卿）所說，美國國策的最高優先是「發動反恐戰爭，恐怖主義的威脅無國界，但東南亞最危險」。[066]

美國對馬來西亞與印尼態度的轉變——兩國都是人們眼中的溫和派穆斯林國家——最能說

明美國重新重視東南亞的利益。美國原本非常不滿馬哈地的人權紀錄，以及馬哈地對安華・易卜拉欣的態度。馬來西亞法庭判決安華犯下雞姦罪。支持安華的人（包括一些西方領導人）認為，這些指控不過是政治迫害。在一九九八年亞太經濟合作組織峰會中，美國副總統高爾（Al Gore）為表示支持安華，還刻意從馬哈地主持的一次晚宴中退席，鬧得風風雨雨。此外，在九一一以前，由於印尼軍方在東帝汶犯下的人權暴行，華府將印尼視為一個「賤民國家」（pariah state）。但在二〇〇二年五月，布希總統在華府會晤馬哈地，凱利形容馬來西亞是「一座穩定的燈塔」，在「全球反恐戰爭中扮演重要角色」。在「持久自由作戰」（Operation Enduring Freedom，美國在阿富汗的軍事行動）中，馬來西亞等幾個國家為美國提供「領空飛越、基地使用、護航、後勤與地面部隊支援」。[067]

據報導，美國國防部副部長保羅・沃佛維茨（Paul Wolfowitz）對一項印尼軍官訓練計畫的重啟特別熱衷。這項名為「國際教育與訓練」（International Education and Training）的計畫因印尼軍方在東帝汶的犯行而取消。[068] 計畫於二〇〇二年恢復。一名分析家說，馬哈地這次華府之行（馬哈地自一九九四年以來與美國總統在華府的首次會面）所以重要，不僅因為它顯示自九月十一日以來，吉隆坡與華府間的雙邊關係已逐漸回春。此行還說明在美國與其他國家決策人士心目中，東南亞的國際地位就整體而言比過去更加重要。在因為區域性金融危機肆虐而低迷多年之後，東南亞國家協會十國的股價又要漲了。[069]

就連仰光也准許飛往阿富汗的美國飛機取道緬甸領空。[070]在九一一過後，美國與菲律賓提升國防合作以對抗恐怖主義。根據美國與東協在二〇〇二年七月簽署的一項反恐協定——《東協—美國合作對抗國際恐怖主義宣言》（*ASEAN-US Declaration on Cooperation to Combat International Terrorism*）——華府要為東協提供包括後勤與訓練在內的技術與金融援助。雙方的情報合作與共享也擴大了。若干分析家認為，這項協定讓華府享有「情報軍事優勢」，獲利頗豐，對東協的好處則「有待商榷」。[071]

九一一事件顯然讓華府更注意東南亞。在二〇〇二年亞太經濟合作組織峰會中，布希總統宣布「東協企業方案」（Enterprise for ASEAN Initiative，EAI），以「創建雙邊自由貿易區網路」，加強美國與東協之間的貿易與投資。根據東協企業方案，美國與個別東協國家將共同決定進行自由貿易區談判的時機。沒有人認為東協與美國會在近期內簽訂自由貿易協定。美國貿易代表羅伯特．左里克（Robert Zoellick）說，簽訂自由貿易協定還「遙不可及」，「現在談計畫時猶過早」。[072]但無論如何，東協企業方案至少是向前跨出的一小步。

我們常聽人說「九一一改變了一切」。從美國人的省思角度而言，這話說得沒錯。理查．伍考特指出，在與東南亞以及與美國官員接觸的過程中，他發現兩方「對反恐戰看法的不同令人震驚」。伍考特說，在華府，反恐「毫無疑問是基於道義的主軸」。在東南亞，政府雖說「原則上支持反恐戰爭，但關注程度不及美國……他們的優先是如何因應中國勢力崛起，以及應付國內問題」。特別是吉隆坡與雅加達，甚至認為美國人在阿富汗與伊拉克發動的戰爭「比恐怖主義本身還危險」。美國人或許在軍事上取勝，但他們贏不了「區內輿論」，[073]而且最重要的是，他們無法打敗意識形態。吉隆坡與雅加達都反對美國於二〇〇三年三月展開的伊拉克戰爭。馬哈地對美軍這項入侵的批判尤其嚴厲。

九一一事件過後不久，約翰．齊普曼（John Chipman，倫敦國際戰略研究所所長）在二〇〇一年十月宣稱，一個「新戰略時代已經來到」。他預測，有一天「反恐戰爭會成為例行公事，成為國際關係內在筋骨的一部分」，而且「像冷戰一樣，這場戰爭也會在過程中出現特定危機與激烈衝突，但它的特性是長期作戰、必須取勝的決心」。最主要的差異在於「由於辨識敵人不易，這場新戰鬥比冷戰更難取勝」。[074]齊普曼的預言沒錯。我們會在第八章再次談到恐怖主義與恐怖份子威脅演化的議題。

加強東協整合

除了反恐以外，東協在之後五年（二〇〇三到〇八年）的重點工作是擴大區域整合。許多人認為這會是非常具有挑戰性的工作。[075]「東協自由貿易區」是區域整合的一個關鍵領域。日本著名金融分析家長谷川潔（《日本經濟新聞》新加坡分社社長）說，如果東協想在中國日益壯大的經濟力量下生存，東協自由貿易區「必須發揮功效」。[076]的確，新加坡貿易與工業部長楊榮文也說，東協會員國發現，投資中國與中國貿易，比會員國彼此之間投資、貿易更簡單，因為「我們在對內自由化程序上一直做得太懶散」。[077]在某些領域採用「十減X」（譯注：不必一定要十個會員國一致行動）原則，是對東協傳統的突破，目的在「加速市場開放，以便跟上腳步，與中國這樣的大國競爭」。即將卸任的東協秘書長希維里諾表示，東協經濟整合腳步仍然緩慢，而會員國也還搞不清應該以什麼形式為整合目標——有鑒於此，「十減X」是一個正向的開端。[078]在二〇〇二年十一月第八屆東協峰會中，新加坡總理吳作棟建議在二〇二〇年以前建立「東協經濟共同體」（ASEAN Economic Community，ＡＥＣ）。這項建議獲得泰國總理戴克辛·欽那瓦的大力支持，認為這個共同體是「東協自由貿易區的一種邏輯延伸」。[079]（會中達成協議，東協的五個創始會員國應以二〇一〇年為達標期限，努力削減進口關稅，新會員國則以二〇一五年為限）但是，希維里諾指責東協欠缺方向，只是不斷「忙著架構協議、工作計畫與總體規劃」。[080]批判人士指出，新加坡推動自由貿易協定與共同市場當然容易得多，因為新加坡是開放的小型經濟體，與其他東南亞國家相比，開放市場利大於弊。建立共同市場還有其他障礙，包括會員國之間的競爭（例如馬來西亞與新加坡）；會員國彼此間開發層次不同（如新加坡與寮國）；以及印尼疲軟的經濟與政治難題。

中國根據它於二〇〇一年在第八屆東協峰會中提出的建議，與東協簽署了一項架構協定，計畫於二〇一〇年前締結一項自由貿易公約。日本提議建立「東協—日本經濟夥伴關係」（ASEAN-Japan Economic Partnership）。印度也在與東協的第一次峰會中建議與東協談判自由貿易區。[081]澳洲與紐西蘭也表示希望與東協組建更緊密的正式經濟關係。現在一切要看東協怎麼做了。問題是，這些倡議以及美國提出的東協企業方案，能不能迫使東南亞克服障礙、振作精神採取行動。二〇〇三年繼希維里諾之後出任東協秘書長的王景榮，在就職演說中說，「鑒於東亞與南亞出現的非常強勁的經濟成長潛能，如果我們不能自我現身於投資人與商人的雷達螢幕上，他們必然只會湧向東北亞與南亞。」[082]情況很明顯，在王景榮的五年秘書長任期內，東協的工作重心將是「以一種整合，而不以一種有些國家快、其他國家落後的方式，加強東協內部經濟聯繫」。他說，「東協會員國需要將資源結合在一起，讓投資人前來東南亞，而不能只是相互競爭。」[083]

在新加坡於二〇〇二年十一月提出東協經濟共同體建議之後，在二〇〇三年六月金邊舉行的東協外長非正式峰會中，雅加達也提出在二〇二〇年建立「東協安全共同體」（ASEAN Security Community，ASC）的構想。印尼外長哈山・韋拉約達（Hassan Wirayuda）說，在印尼於十月間於巴里舉行的第九屆東協峰會中接任東協輪值主席之後，建立東協安全共同體將成為雅加達的「主要議程」。「東協安全共同體」將是一種防禦性協定，目的在防範區域性爭議升高為武裝衝突。當時在戰略與國際研究中心（Center for Strategic and International Studies，CSIS）擔任安全問題分析員的里札・蘇瑪（Rizal Sukma）說，「安全協定可以提升區域內的經濟夥伴關係與整合」。他補充說，「自一九九七年經濟危機以來，東協一直漂浮不定，沒有一種明確的宗旨意識」，因此努力達成建立安全共同體的「條件」能讓東協「更凝聚」。[084]

無論是東協經濟共同體或東協安全共同體，如能建立，自然能加惠東協。經濟學者拉胡爾・森（Rahul Sen）說，東協經濟共同體能「提供一個將五億人結合在一起的市場，為東協商務提供更大的市場准入與投資機會……對外國投資人而言，這個結合在一起的市場也更具吸引力」。[085]在談到東協安全共同體時，國防和戰略研究所（Institute of Defence and Strategic Studies）副所長阿米塔夫・阿察雅指出，經濟與安全兩種概念必須密切聯繫，辯論哪一種概念應該在先，就像辯論雞與蛋誰先一樣。沒有安全共同體就沒有經濟共同體：「如果國與國之間有衝突，處於戰爭一樣的情勢，就不可能有經濟合作。」[086]撇開邏輯不提，雅加達得不到東協其他會員國的熱衷支持。巴里·韋恩（Barry Wain，譯注：曾任《亞洲華爾街日報》編輯）說，東協其他會員國儘管接受一般性安全共同體原則，但在他們看來，雅加達如此「熱心鼓吹」安全共同體，「只為了讓自己凌駕東南亞其他國家之上，是一種明目張膽、不能接受的行徑」。[087]

在二〇〇三年十月於巴里舉行的第九屆東協峰會中，東協以一種典型討價還價的方式推動議程，不僅要在二〇二〇年建立東協經濟共同體，還要建立東協安全共同體與「東協社會文化共同體」（ASEAN Socio-Cultural Community，ASCC）。這三個共同體就是「東協共同體」（ASEAN Community）的三大支柱。[088]其中特別是東協安全共同體，引來政治觀察家與記者的相當注意與疑問。王景榮對這類問題的答覆是，「我們大多數人都同意，想進步就得靠兩條腿，不能只靠一條腿。沒有安全的東南亞，我們不可能做到經濟整合」。[089]二〇〇四年八月，東協五個創始會員國將自由貿易區的完成期限從二〇一〇年提前到二〇〇七年，新入會四個會員國的完成期限從二〇一五年提前到二〇一二年。在二〇〇五年十二月舉行的東協峰會中，東協經濟共同體的完成期限也從二〇二〇年提前到二〇一五年。

另一方面，雅加達提出的「東協維和部隊（ASEAN Peacekeeping Force，東協安全共同體的一部分）」建議——政治學者保羅．伊凡斯（Paul Evans）認為，這項建議「儘管在實際運作上令人費解」，但「是一項重要的抱負」——遭東協以時機尚未成熟為由而婉拒。[090]總之，特別是自一九九六年金融危機以後，東協的主要關注目標是東協整合。前東協秘書長希維里諾在二〇〇四年十二月寫道，「但就有形條件而言，東協今天的核心工作是區域經濟整合」。他回憶說，「東協的經濟整合之路，堆滿沒有實現的各種善意，到處都是沒有經過精煉、不具約束力、還不成其為有效承諾的一般性聲明。」他警告說，除非東協領導人確保他們的協議都能實現，「東協的經濟將繼續散亂，遭較大國家與團體的較為整合的經濟體拋在後面，東協在全球舞台扮演角色的效力與重要性也會每況愈下。」[091]

「緬甸問題」

如果不能解決「緬甸問題」，東協不可能完成它的目標，特別是不可能完成「東協社會文化共同體」，也不可能在國際社會締造它渴望建立的聲望。也因此，我們接下來要對這個問題進行討論。緬甸於一九九七年加入東協一事充滿爭議，立即為東協帶來與它的對話夥伴——特別是歐盟與美國——的問題。東協—歐盟部長會議因此停開，二〇〇〇年十二月一項重開會議的嘗試也沒有任何結果。在一九九七年以後，許多東協—歐盟合作項目無法推動。歐盟也不肯放寬對緬甸的政治限制，舉例說，除非仰光採取行動，走上「民主、國家和解與法治」之路，歐盟不會解除對緬甸官員的簽證禁令。仰光當局首先必須釋放所有政治犯，展開與「全國民主聯盟」（National League for Democracy，NLD）主席翁山蘇姬（Aung San Suu Kyi）的和解談判。一九九〇年，全國民主聯盟在緬甸大選中獲勝，但名為「國家法律與秩序重建委員會」（State Law and Order Restoration Council，SLORC）的緬甸軍政權宣布大選無效。緬甸獨立運動英雄翁山（Aung San）之女翁山蘇姬，於是成為揚名國際的緬甸民主抗爭偶像，以及「西方對緬甸政策的基石」。[092]歐盟主席路易斯・麥克（Louis Michel）說，歐盟「重視公民社會與法治，人權與民主是歐盟決策的優先」。另一方面，東協則認為，歐盟不能在處理東協—歐盟的關係上歧視緬甸。套用一句歐盟對外關係專員克里斯・帕坦（Chris Patten）的話，儘管雙方都了解，東協—歐盟關係不應該「淪為緬甸政治僵局的人質」，但雙方仍然無法在這個議題上達成任何進展。[093]歐盟對東協很重要。新加坡外交官張文喜（Eric Teo）說，「鮮為人知的一個事實」是，「雖說美國對東南亞的影響力超越歐盟」，但東協加三的十三個成員國與歐盟十五個成員國的貿易額，比與美國的貿易額多。[094]值此之際，由於對仰光的建設性交往政策顯然不能有效導致緬甸民主改革，在與歐盟打交道的過程中處於弱勢的東協必須採取更多行動。

在一九九一年獲頒諾貝爾和平獎，成為「和平抵抗的國際象徵」的翁山蘇姬，自一九八九年七月起就遭到緬甸軍政府斷斷續續的軟禁。二〇〇三年五月，在親軍事執政團份子與支持她的全國民聯份子爆發衝突後，翁山蘇姬再次淪為階下囚。緬甸外長溫昂（Win Aung）還說，她的釋放遙遙無期。[095]這件事引起國際震怒予譴責，美國與歐盟於是祭出更多經濟與政治制裁。就這樣，一個月後，當第三十六屆東協部長會議在金邊舉行時，她的被捕成為最主要議題自然不足為奇。誠如馬來西亞外長斯葉德．哈米．奧巴（Syed Hamid Albar）所說，「翁山蘇姬的名譽與形象盡人皆知，無須東協多做辯解。」[096]東協別無其他選擇，只得撇開長久以來遵行的不干預會員國內政的政策，告訴仰光，要仰光接受聯合國調停，解決這場政治僵局。新加坡外長賈亞庫馬指出，「十年以前，我們辦不到這一點。但現在，我們已經可以彼此坦然，討論敏感議題。」[097]

這次金邊部長會議發表聯合聲明，首開東協先例，要求仰光政權釋放翁山蘇姬。以肆言無忌著稱的馬來西亞首相馬哈地甚至說，如果仰光政權繼續抗拒釋放翁山蘇姬的國際壓力，東協可能將緬甸逐出會籍，「做為一種最後手段」。馬哈地進一步解釋說：

除非一個會員國讓我們蒙羞，為我們製造問題，否則我們不會批判會員國。我們以東協的身份自我思考，緬甸無論做什麼事，只要與我們無關，我們不會批判緬甸，但他們做的事已經影響我們，損及我們的信譽。基於這個理由，我們表達了我們的觀點。[098]

馬哈地會說這樣的話意義重大。緬甸能在一九九七年吉隆坡主持的東協峰會中加入東協，他出力最多。帕坦指出，東協近來對緬甸的批判，是一項獲得歐洲肯定的「令人印象深刻的表態」。[099]東協與歐洲雙方都已默認，無論東協的靜默外交，或歐洲的制裁政策都徒勞無功。一名歐盟外交官承認，「老實說，沒有人知道究竟應該採取什麼手段應付緬甸這些將領。」[100]二〇〇三年八月，仰光軍事執政團發表一項七階段行動計畫方案。同年九月，軍事執政團將翁山蘇姬從牢中釋放，但仍將她軟禁。歐盟繼續堅持，只要翁山蘇姬不能恢復自由，就不參與集團對集團會談。為解決緬甸參與即將舉行的「亞歐會議」（Asia-Europe Meeting，簡稱ASEM）議題，雙方於二〇〇四年七月開了一次會，結果失敗。東協堅持，歐盟若想參與這項即將舉行的、以二十五國擴大共同體方式舉行的峰會，就必須讓緬甸入會。[101]

歐盟外交與安全政策高級代表賈維爾．索拉納（Javier Solana）不以為歐盟會改變立場。緬甸政權必須改變。他說，「我們已經說了許多次，我們並不要求什麼先決條件，例如這個國家必須在二十四小時內出現天翻地覆的改變等等。沒有人那樣要求。我們要見到事情朝一定的方向改變，如此而已。」[102]歐盟最後同意一項妥協方案：緬甸可以參加在河內舉行的第五屆亞歐峰會，但代表的地位必須比國家元首等級低。歐盟之所以願意讓步，只因為歐盟官員認為，亞歐會議是保持與亞洲、特別是與中國政治與經濟聯繫的重要工具。[103]緬甸將於二〇〇六年繼馬來西亞之後接掌東協輪值主席，是接下來有待解決的議題。讓緬甸接掌輪值主席，可能造成美國、歐盟、以及其他國家拒絕出席二〇〇六年會議的後果。但如同印尼外長馬蒂·納塔里加瓦所說，東協不能只因「非東協國家揚言抵制」就改變行之有年的作法。[104]二〇〇五年上半年大部分時間就用來解決這個進退兩難的問題。最理想的解決之道是由緬甸「婉拒輪值主席，然後根據軍事執政團認為可行的腳步進行憲法程序」。[105]二〇〇五年七月，緬甸外長溫昂在東協部長會議中表示，為了「全副精神投入刻正進行的和解與民主化進程」，緬甸暫時不能接掌東協輪值主席。[106]憑藉這個決定，東協得以又一次脫困。前新外交官佛吉斯·馬修斯（Verghese Mathews）說，「緬甸所以放棄擔任東協輪值主席的權利，不是因為東協的勸說或歐盟的壓力。而是因為這麼做符合它本身的國家利益。」[107]

二〇〇三年過後，眼見緬甸遲遲不能民主化，又不肯釋放翁山蘇姬，東協的批判火力漸猛。[108]東協秘書長王景榮當時說的一番話，頗能代表東協的立場：緬甸的政治情勢已經讓國際社會對東協進行一種「令人不快的審查」，仰光必須採取行動讓東協「脫身」才行。[109]如前文所述，二〇〇三年八月，仰光軍事執政團發表一項七階段行動計畫方案。直到七年後，「國家和平與發展委員會」（State Peace and Development Council）才在二〇一〇年十一月舉行緬甸自一九九〇年以來最初幾次選舉；而且一般認為這幾次選舉「既不自由也不公平」。[110]果不出所料，軍方支持的、由前將領登盛（Thein Sein）領導的「聯邦鞏固與發展黨」（Union Solidarity and Development Party）贏得壓倒性勝利。登盛成為緬甸總理，選舉過後一周，翁山蘇姬終於從軟禁中獲釋。在這七年間，緬甸議題持續困擾東協，考驗東協的耐心，結果惹惱又一位敢說敢言的東南亞領導人，這一次是新加坡資政李光耀。李光耀稱這些緬甸將領是一群「笨蛋」，還說他們「氣數將盡」。[111]

東亞峰會

緬甸問題不僅惱人，還讓東協領導人分神。王景榮解釋說，在這個問題上，為維護「信譽」，東協需要採取一種「強硬立場」，但東協還有其他「緊要議題」必須解決。[112]應付一天天不斷壯大、越來越強勢的中國是一個關鍵議題。事實上，中國一直就是東協矚目的核心。二〇〇〇年年初，東北亞首先提出將「東協加三」發展成一種東亞峰會，以建立東亞共同體的構想，這個構想逐漸獲得東南亞領導人共鳴。新加坡總理吳作棟在二〇〇一年認為，得花十年或二十年才能實現這個構想。東協採取主動，於二〇〇四年跨出第一步，建議二〇〇五年在馬來西亞舉行東亞峰會。[113] 東亞峰會要「開放，向外看，要包容」，而且最重要的是要「以東協為推動力」。[114] 用新加坡外長楊榮文的話來說，「東亞峰會要創建一個和平與合作架構，加速亞洲經濟整合，而東協將是東亞峰會的聚焦點。」[115]

恐懼東協有一天遭更大的集團吞噬，一直是東協領導人揮之不去的夢魘。雅加達顯然寧可先鞏固東協，之後再辦東亞峰會。東亞峰會是否應該納入原本東北亞三國以外其他國家的議題，也在東協內部引起爭議。雅加達主張納入印度、澳洲與紐西蘭。在蘇西洛．班邦．尤多約諾（Susilo Bambang Yudhoyono）於二〇〇四年成為印尼總統以後，印尼與澳洲的關係迅速改善。吉隆坡對澳洲則有所保留。二〇〇三年繼馬哈地之後成為馬來西亞首相的阿布杜拉．巴達維（Abdullah Badawi），雖說訪問了坎培拉，成為自一九八四年以來第一位訪問澳洲的馬來西亞首相，馬來西亞與澳洲的關係也因此逐漸改善，不過改善的速度比印尼緩慢得多。澳洲在二〇〇二年明白宣示，要對亞洲各地恐怖份子組織發動先發制人的攻擊，但吉隆坡對這項政策有異議。[116] 澳洲所以有意參與東亞峰會，主要因為考慮到中國因素。與印度不一樣的是，澳洲一開始不願意簽署「友好合作條約」（Treaty of Amity and Cooperation），但這項條約是加入東亞峰會的三項標準之一。坎培拉最後簽了這項互不侵犯協定。[117] 澳洲外長亞歷山大・唐納（Alexander Downer）說，「我們達成結論，成為東亞峰會的關鍵一份子最能符合澳洲的長期利益。」[118]

東亞峰會的源起可以回溯到馬哈地在一九九〇年提出的「東亞經濟團體」（EAEG）構想，不過馬哈地反對澳洲與紐西蘭加入東亞峰會。根據馬哈地的看法，這兩個國家「既非亞洲國家，也不是東方國家」。[119] 馬哈地認為，就像歐盟與《北美自由貿易協定》（*North American Free Trade Agreement*）一樣，東亞國家也必須結合在一起，管理自己的事。如本書第二章所述，由於一些東協會員國與美國的反對，馬哈地未能實現這個構想。華府當時擔心的是，「東亞經濟團體」會影響到新成立的亞太經濟合作組織。從九一一事件發生，直到二〇〇五年釜山亞太經合組織會議這段期間，美國主要用亞太經合組織推動反恐，而不是用它來討論區域經濟議題。[120] 經由一種典型的東協手法，馬哈地的構想沒有被拋棄，只是改了名字，叫做「共策會」。東亞經濟共策會後來成為「東協加三」，最後成為「東亞峰會」。東亞峰會順理成章、於二〇〇五年十二月選在馬來西亞舉行成立大會。

同樣不令人感到意外的是，美國沒有應邀出席東亞峰會這次成立會議。有人批判說，任何沒有納入美國與其他關鍵性國家的區域結構「比毫無意義更糟糕」。[121] 美國副國務卿理查・阿米塔吉（Richard Armitage）說，這麼做「表達得很露骨，說明美國在亞洲不很受歡迎……這項峰會如果帶來東亞共同體的成立，它就是（不歡迎美國）過程的第一階段」。[122] 在美國看來，東亞峰會是一個「黑箱，未來特性不詳，只知道它會遭中國操控」。[123] 華府仍然懷抱應邀與會的希望，如果不能與會，也希望它在東亞的盟友能「幫忙扼阻中國不斷擴張的影響力，以免中國控制議程」。[124]

二〇〇五年一月繼任美國國務卿的萊斯，決定派遣副手、不親自出席同年七月在寮國舉行的東協擴大部長與東協區域論壇會議。這項決定為華府招來不少批判。自東協區域論壇於一九九四年成立以來，她是第一個缺席這項會議的美國國務卿。萊斯沒有訪問寮國，但是去了中國、日本與南韓，坐實了美國確實不重視東南亞的觀點。華府智庫「傳統基金會」（Heritage Foundation）資深政策分析家丹娜・狄隆（Dana Dillon）說，萊斯的缺席說明她「不關心」東南亞。萊斯並且表示，如果緬甸於二〇〇六年接掌東協輪值主席，她可能抵制東協日後的會議。[125] 儘管美國希望成為東亞峰會一員，「東協加三」諸國也都表示歡迎美國日後加盟，但就像之前的澳洲一樣，華府首先得根據入會條件，簽署「友好合作條約」，而華府直到目前為止還不肯這麼做。陳思誠（Tan See Seng，譯注：新加坡南洋理工大學教授）說，

「美國如果簽署這項條約，就必須自我約束對區域問題發聲的權利，也不能採取這項條約所謂的不當行動。舉例說，它的反恐戰爭可能成為爭議點。」[126]

最後，華府對東亞峰會採取一種靜觀其變的態度。在因為不能與會而引發的焦慮逐漸沉澱之後，華府開始認為，有鑒於會員國——例如中國與日本——之間的許多雙邊問題，東亞峰會或許並沒有那麼重要。因此，東亞峰會發展成一種亞洲安全機構或一種強大集團的希望很「渺茫」。的確如此，日本首相小泉純一郎二〇〇五年十月參拜靖國神社事件引發中國與日本的爭執，預定同年十二月舉行的東亞峰會能否如期召開也成了問題。印度、澳洲、紐西蘭的加入東亞峰會，顯然也讓北京不快。[127] 新加坡資政李光耀說：

> 東亞共同體的組建，靠的不是中國與日本彼此能不能達成協議……它靠的是科技進步導致的全球化。也因此，東南亞地區各國結合在一起很有道理。我相信亞洲的關鍵國家儘管不能在政治上攜手，也會在經濟上攜手。[128]

就經濟問題而言，美國可以透過例如亞太經濟合作組織等其他論壇與亞洲國家打交道。在東南亞事務方面，萊斯於二〇〇五年九月在紐約會晤東協諸國外長，會後發表聯合聲明，主張建構「東協—美國強化夥伴關係」（ASEAN-US Enhanced Partnership）。根據這項夥伴關係，東協與美國計劃訂定全區域性的《東協—美國貿易與投資架構協定》（*ASEAN-US Trade and Investment Framework Agreement*）。二○○六年七月，雙方同意訂一項五年行動計畫，推動東協—美國政治、安全、貿易與投資合作。[129]

最後，但同樣重要的是，華府無論在東亞峰會或在許多東南亞國家都有許多友人，他們「不樂見美國領導遭中國霸權取代」。[130]事實上，在第一屆東亞峰會會後不久，美國—東協年度峰會將於二○○六年年底起舉行的消息已經宣布（不過這項峰會直到二○○九年才舉行）。一般認為，即使並非所有東協國家，至少許多東協國家希望美國留在東南亞以制衡中國。東協秘書長王景榮說，即使中國能在東南亞扮演更重要的角色，即將成立的東亞共同體也不會排斥美國。[131]華府也有意制衡中國不斷增加的影響力。[132]美國國務院東亞與太平洋事務副助理國務卿艾瑞克．約翰（Eric John）說，無論就雙邊交往，以及特別是與東協的多邊交往而言，二○○六年對美國與東南亞都是一個「重要年份」。[133]巧的是，在二○○六到○九年間擔任「東協—美國對話」關係協調國的是新加坡。[134]新加坡是最支持美國介入東南亞事務的國家之一（到今天仍然如此）。但緬甸仍然是東協—美國關係的絆腳石。舉例說，為逃避需要國會批准這個關卡，擬議的《東協—美國貿易與投資架構協定》，不得不將「協定」改名為「安排」。王景榮解釋說，「由於緬甸，華府有許多人想阻撓美國與東協的關係……」。[135]在二〇〇五年十二月十四日舉行的東亞峰會成立大會中，與會領導人同意，東協主持的東亞峰會是「不斷演化的區域結構的構成部分」，是一個「討論廣大戰略、政治與經濟等涉及共同利益、共同關切議題的對話論壇，目的在促進東亞和平、安定與經濟繁榮」。實現東亞共同體仍是東協加三的要務。[136]希維里諾的看法是，作為一個信心構築與促進相互了解的論壇，東亞峰會已經「價值不斐」。但誠如陳思誠與艾莫斯所說，亞洲區域主義經驗顯示，除了信心構築以外，別無其他宗旨的組織走不遠。[137]一旦塵埃落定，世人在評價東亞峰會時，「主要依據大概不是它有什麼了不起的戰略理論，而是它提出哪些能帶動經濟成長的具體方案」。[138]東協表示，它要繼續保有駕駛席。馬來西亞副首相納吉布・東・拉薩克（Najib Tun Razak）指出，儘管中國與印度迅速成長，東協仍將是主導東亞共同體的關鍵；「在創建亞洲共同體的背景下……我們堅信，東亞共同體的問世應該、也將由東協主導」。[139]日後所有的東亞峰會都將在東南亞舉行。菲律賓將於二〇〇六年主辦第二屆東亞峰會。[140]

第四章

二〇〇七到一〇年：前行幾步，倒退幾步

東協，一度被認為是一艘裝滿爭吵不止的領導者、並且正緩緩沉沒的船隻。然而，近年來似乎又找到第二春。[001]

東協的首要任務應該是加強內部的凝聚力。[002]

中國幅員太廣，亞洲其他國家，包括日本與印度，二十到三十年內在重量與能量上都不可能是中國的對手。所以我們需要美國制衡。[003]

年屆四十的東協

二〇〇七年，東協慶祝成立四十周年。這時，冷戰結束已經超過十五年。我們不妨利用這個時機小停片刻，在繼續談下去以前，先檢討一下東南亞自一九九〇年以來的演變，以及它四十年來因應挑戰的成果，就整體而言它進展如何。

首先值得關注的重點是，一九九〇年的東南亞包括東協六國，到二〇〇七年，東南亞幾乎已經是東協十國與東帝汶——這時的東帝汶已經多次表示希望加入東協，成為東協第十一個會員國——的同義詞。[004] 在一九九七年過後幾年，東協就是東南亞，東南亞就是東協。但在二〇〇二年過後——如果將東帝汶視為一個東南亞國家[005]——儘管東協就規模而言，比一九九七年以前大得多，東協逐漸回復過去形貌，成為一個次區域性組織。無論怎麼說，我們不能忘了，即使東協十國加起來比東帝汶大得多，東南亞不只是東協而已。東帝汶總統荷西．羅慕斯—郝塔在二〇一〇年承認，無法完成它自訂的、二〇一二年成為東協會員國的目標。[006] 不過，東帝汶在二〇一一年三月正式申請加入東協。雅加達與曼谷表示支持，但這項入會案未能獲得東協共識。[007] 新加坡反對最力，認為東帝汶的加盟，將使東協無望達成在二〇一五年建立東協經濟共同體的目標。[008]

接下來的關注重點是，在全球性的政治舞台上，東南亞國家不甘只是扮演一種邊緣角色。在冷戰結束後，東協的十個成員國，無論是否為新加盟的國家，都對「東協核心」的戰略重要性表示完全同意。麥克・瓦提基奧提斯（Michael Vatikiotis）回憶說，「冷戰結束時，超級強國的競爭已如強弩之末」，東協「趁勢崛起，主導自己的經濟與安全政策，初嘗區域合作，聲勢因此達於頂峰」。[009]在一九九七年亞洲金融危機過後，東協幾乎喪盡這一切榮光。

自那以後，東協透過擴大整合，力謀重振往日光輝。這些整合行動取得一些成功，但並非每個人都對結果感到滿意。前菲律賓總統菲德爾・羅慕斯（Fidel Ramos）說，「東協現在處於一個關鍵點上。它能不能在未來幾十年保有它的重要地位，沒有人能說得準。」[010]緬甸仍是一個既讓東協臉面無光，又讓東協進度受阻的難題，現實問題是，東協對緬甸根本束手無策。東協秘書長王景榮解釋說，東協與緬甸的貿易關係「微不足道」。此外，緬甸不是全球經濟一環，而且可以依賴中國，以及不肯加入美國與歐盟對緬甸實施經濟與政治制裁的印度。王景榮進一步透露，一些東協領導人認為他們已經將立場表達得很清楚。王景榮說：

> 當我們討論緬甸問題時，我們關起門來進行討論……這是我們自己要解決的問題。這個問題要討論，但它不是核心議題……如果我們不能與世上其他國家合作，對東協沒有任何

好處。這個問題如果不能解決，會損及我們與其他國家的合作與關係。[011]

唯一可行之道，就是讓緬甸政局根據軍事執政團提出的七階段計畫方案逐步發展。歐盟儘管沒有明說，但或許已經了解這是「唯一可行之道」。美國與歐盟都重新展開十年前對緬甸實施的制裁。[012]同時，在二〇〇七年五月，東協與歐盟同意展開「東協—歐盟自由貿易區」（ASEAN-EU FTA）談判，這是東協與歐盟因緬甸人權紀錄問題「爭執了兩年多以後的一項突破」。[013]

根據「東協核心」戰略，東協要建立一項統一的後冷戰安全設計，或者透過「協議」，或者透過（根據流行的說法，就是）「建構」，並且由東協扮演核心角色。東協區域論壇、東協加三與東亞峰會的組建，都是這項戰略的成果。哈蒂．蘇沙斯楚（Hadi Soesastro，譯注：印尼國際問題專家）說，亞太經濟合作組織與東協區域論壇是「區域秩序的兩大支柱」，是亞太地區「正在成形的一種體制性結構的要件」。之後，它們獲得較新的「區域性體制與程序」補強——東協加三與東亞峰會就是這些生力軍，它們所以出現，是因為東南亞國家對亞太經濟合作組織抱持的希望幻滅。[014]東亞峰會於二〇〇五年在吉隆坡舉行成立大會，用意是利用東協年度峰會期間於二〇〇六年十二月在宿霧（Cebu）舉行第二屆東亞峰會。由於颱風尤特（Utor）

影響，這些會議延至二〇〇七年一月。東亞峰會這時還在草創之初。

東協區域論壇回顧

反之，二〇〇七年的東協區域論壇已經成立近十三年。本書第一章談到，東協在東協區域論壇的組建過程中扮演領導角色。東協區域論壇在成立時有十八個會員國，經過十三年發展，會員國數目增加到二十七國。二〇〇七年入會的斯里蘭卡是最新的會員國。東協區域論壇訂有一個三階段進度規畫，第一階段是「信心營造措施」（Confidence Building Measures，CBM），接著是第二階段「預防性外交」（Preventive Diplomacy，PD），最後是第三階段「衝突解決」（Conflict Resolution）。在後冷戰時代初期，「信心營造措施」是一種合邏輯、可以理解的草創之初的作法。從一開始，會員國就對論壇成長步幅的問題看法分歧。

巴里．韋恩在二〇〇〇年指出，成立七年的東協區域論壇仍處於「談話階段」，「無法從信心營造措施邁入預防性外交，更別說可以考慮解決爭議的最後階段了。雖說這個論壇無疑是一種長長久久的事業，作評斷需要耐心，但它的遠景很難讓人樂觀」。[015] 對東協區域論壇前景表示悲觀的人，不是只有韋恩而已。[016] 東協區域論壇之所以很難邁入第二階段的原因之一是，

「會員國對安全議題的利益截然不同」。[017]但誠如新加坡外長賈亞庫馬所說，東協區域論壇是「唯一可以討論敏感議題的區域論壇……」。東協區域論壇雖不能解決所有安全議題，它能幫著「緩衝緊張情勢，異中求同」，「盡可能減少衝擊」。（在二〇〇一年，賈亞庫馬是任職最久的東協外長，也是曾經參與東協區域論壇成立大會、碩果僅存的兩名外長之一。）中國外長唐家璇就曾說，東協區域論壇是討論與解決亞太安全議題「最重要的管道」。[018]

在二〇〇一年的東協區域論壇會議中，與會人士終於討論了從「信心營造措施」邁入「預防性外交」階段的適當時機。[019]會員國也都同意，要把這個論壇發展成「亞洲促進區域和平與安全的頂級論壇」。為達成這個目標，東協區域論壇通過三個建議：研發預防性外交的概念與原則；強化論壇主席職權；建立一個由知名人士組成的名單、以便在需要時向論壇提供建議。最後，同樣重要的是，東協仍然是論壇的「推手」。[020]

但過了一年，進入預防性外交階段的協議仍未達成。卡維．充吉塔萬（Kavi Chongkittavorn，譯注：泰國記者）說，儘管大多數會員國認為已經擁有足夠互信，可以邁出信心營造措施階段，但中國不同意。如果不能迅速邁步向前，東協區域論壇有淪為過時、退化的可能。不僅如此，東協還擔心「主席職位若落入非東協會員國手中」，東協將因「非東協會員國要求更強的歸屬感」，而失去對東協區域論壇的控制權。[021]「國防和戰略研究所」

（新加坡）在二○○二年六月發表的「東協區域論壇前途研究報告」（Project on the Future of the ARF）說，「事實證明，由於中國等若干會員國的抗拒」，邁向預防性外交階段「非常困難」。預防性外交措施「仍處於醞釀階段」，而且此措施「基本上屬於平時手段，不是危機應變措施」。預防性外交的適用範圍則「侷限於處理國與國之間、而不是各國國內的爭議與衝突。」[022]

東協區域論壇在成立第十年的二○○三年仍然健在；但柬埔寨外長、東協區域論壇輪值主席賀南洪（Hor Namhong）指出，作為「亞太地區政治與安全問題主要諮商與合作論壇」的東協區域論壇，[023]仍然卡在信心營造措施階段——也就是印尼外長馬蒂・納塔里加瓦所謂「在這類型的組織中，最基本的互動形式」。[024]第十屆東協區域論壇會議（二○○三年六月）因緬甸議題而攪亂了議程——特別是緬甸軍事執政團在東協部長會集會前不久再次逮捕翁山蘇姬。鄺雲峰（Khong Yuen Foong）的一番話，值得我們省思。他在一九九四年曾說，「直到二○○○年，如果東協區域論壇還在，如果大多數東亞人覺得他們像今天一樣安全，如果論壇幫忙阻止南海的敵對情勢演變為戰爭，如果論壇推動的信心營造機制阻止了軍備競賽，那麼我們或許可以說論壇成功了」。反之，「如果東協區域論壇死了——像東協、『馬菲印聯盟』（Maphilindo）與『東南亞公約組織』（Seato）一樣——或者當外交官認為它不過是每年一次、提供會員國三小時的發牢騷場合，如果軍備競賽已經成為東亞軍事景觀永不退色的特徵……那我們必須同意東協區域論壇已經失敗的結論」。[025]二〇〇五年，鄺雲峰再度談到這個主題時表示東協區域論壇已經成功。但他又指出，「東協區域論壇的最大致命傷，在於它遲遲不能從信心營造措施邁入預防性外交階段」。[026]在二〇〇五年，東協區域論壇據說已經做好邁入預防性外交階段的準備；[027]但到了二〇〇七年，東協成立四十周年時，「基本上由東協領導的東協區域論壇」仍然沒能走出信心營造措施階段。此外，東協加三與東亞峰會這類新安排的出現，也讓人產生「亞洲或許另有相互競爭的多邊主義與區域主義概念」。面對這種新形勢，東協區域論壇前途未卜。[028]二〇〇七年八月，王景榮說，東協區域論壇「剛開始」走入預防性外交階段。直到二〇一〇年，東協區域論壇仍在朝預防性外交階段緩緩移動。[029]（在八年後的二〇一八年，東協區域論壇仍卡在第一與第二兩個階段間。）不僅如此，「東協國防部長會議」（ASEAN Defence Ministers Meeting，ADMM）與「東協國防部長擴大會議」（ADMM-Plus）的設立，「意味大部分功能性安全合作已經轉移到這些程序」。也因此，「東協區域論壇如果想保有地位，得自我再造才行」。[030]

東協國防部長會議與東協國防部長擴大會議

另一方面，東協推出國防部長會議新案，並於二〇〇六年五月在吉隆坡舉行第一次東協國防部長會議；這是東協國防部長自一九六七年來第一次集會。分析家認為，這次會議具有「歷史性」意義，「代表東協的聚焦重心正從政治與經濟議題大舉轉向安全，同時也是加強軍事聯繫的重要一步」。在這次成立會議中，與會國防部長討論了對付恐怖主義、海盜、救災與跨國犯罪的合作問題。[031]這項部長會的構想是，首先就「非傳統安全」議題建立一種安全對話與合作氣氛，然後進行實質軍事合作。東協國防部長會議與「東協安全共同體」（ASEAN Security Community，ASC）的構想搭配。雅加達一直大力推動「東協安全共同體」方案，東協在二〇〇三年十月第九屆東協峰會中承諾，要（在二〇二〇年前）連同東協經濟共同體與東協社會文化共同體一起，建立東協安全共同體。為東協添加軍事層面的構想並不新鮮，不過基於不同理由，儘管若干東協會員國之間有情報協調與共享以及雙邊軍事演習，安全共同體的構想一直沒有實現。[032]因此，如同《東協憲章》（請見下節）一樣，「東協國防部長會議」的推出時機也已經成熟。

不久以後，在二〇〇七年新加坡舉行的第二次東協國防部長會議中，東協領導人批准一項概念文件，計劃在二〇一〇年將國防部長會議擴展為「國防部長擴大會議」，「擴大」指的是增加八個東協對話夥伴。因此，東協國防部長擴大會議的成員也隨之增加到十八國，只比東協區域論壇少九國。[033]區域論壇基本上是一個「外交部主控的結構」，而「國防部長擴大會議」則是由國防部長參與的組織。[034]東協國防部長會議每年集會一次，而「國防部長擴大會議」（二〇一〇年在河內召開第一次會議）為每兩年集會一次。[035]一直有人將「國防部長擴大會議」與「香格里拉對話」（Shangri-La Dialogue）相提並論；後者是倫敦國際戰略研究所倡導的另一個亞太國家安全對話機制，自二〇〇二年起每年在新加坡舉行。布蘭登．泰勒（Brendan Taylor）指出，「香格里拉對話」在成立以來一直就是「實質上的亞洲國防部長會議」。然而「東協國防部長擴大會議」與「香格里拉對話」的差異在於，前者主要聚焦於非傳統安全議題，[036]而香格里拉對話卻是「討論新近出現的軍事現代化、結盟、大國政治、與軍事透明……等較傳統安全議題的少數區域性機制之一」。[037]根據計畫，隨著時間進展，東協國防部長擴大會議將能「提供一個平台，讓東協與其夥伴就關鍵安全議題，特別是非傳統與跨國挑戰展開實質性合作」。[038]另一關鍵性差異是，「香格里拉對話」一般在會議主場外舉行，對「雙邊討論與磋商」特別有用，而東協國防部長擴大會議則是「多邊與區域性」會議。[039]

批判東協，以及批判「東協區域論壇」與「東協國防部長擴大會議」這類東協方案的人士經常說，東協區域論壇是個「聊事情的地方」，且「無力處理區域性安全事務」，因此東協國防部長擴大會議能不能比它有效則令人懷疑。[040]經常聽到有人詬病東協，說東協喜歡以「東協之道」行事，[041]這種行事方式使東協推動的一切方案都無法充分發展。「羅伊國際政策研究所」（Lowy Institute）亞太研究主任馬考・庫克（Malcolm Cook）說，東協區域論壇體制的實力因東協領導層而受損，情況如同「尾巴搖狗」般本末倒置。[042]徐進（Xu Jin，譯音）指出，直到二〇一三年，東協區域論壇已經「發展、執行了」五十一項信心營造項目；但在此以後，它「不再有進展……因為東協區域論壇的會員國不能就預防性外交達成協議，但東協規定所有會員國都得一起進入下一階段。同時，在有關區域安全的議題上，東協區域論壇會員國只進行磋商，不採取因應措施」。[043]徐進達成結論說，「可想而知，謹守東協之道，以維護東協核心角色為前提，對東協區域論壇或東協國防部長擴大會議進行改革，只會有一個結果：大體而言，只能在不具敏感性領域推動低階務實性合作，對既有機制作一些小修整……」[044]（在二〇一八年舉行的第二十五屆東協區域論壇會議中，一般的看法是，有必要重新檢討東協區域論壇扮演的角色，精簡東協區域論壇與東協國防部長擴大會議的聚焦點與活動內容。[045]）

《東協憲章》

許多人支持徐進這個觀點，包括體制內、公開堅決擁護「東協之道」的人也不例外。東協領導人默認，東協如果想在今後很長一段時間繼續舉足輕重、發揮效益，就必須將它鬆散的組織結構轉型為一種以規則為基礎的結構。新加坡國防部長張志賢（Teo Chee Hean）說，「為了扮演有用的角色，東協必須拓寬、加深它的整合。唯有做到這一點以後，東協才能影響建設性關係的發展，從而提升區域安全」。[046]我們討論的下一個主題——《東協憲章》——就這樣問世。值得注意的是，在提出《東協憲章》以前，東協已經有兩個相互有關、具有一個共同目標的計畫方案——要確保東協的重要性，還要使東協在禍福未卜的後冷戰環境中穩坐在駕駛席上。這需要打造強有力的東協認同：於是便產生推動「東協共同體」（見第三章）的第一個計畫方案。發展東協共同體或東協認同有一項挑戰，就是如何不僅讓一般人，也讓生活在東南亞各國的年輕一代人了解東協理念。普遍認為，東南亞的大多數人民將東協視為一個精英組織，而不了解東協的決定對他們的生活有多大影響。東協秘書長王景榮指出，「每在想到東協時，人們腦海中浮現的印象往往是開會、高層會談、以及地區內外領導人的聚會。所以要年輕人關心東協的事非常難」。[047]泰國前外長素林（素林於二〇〇八年一月一日繼王景榮之後出任東協秘書長）說得好，「我們該怎麼做才能將整合的果實交給鄉村、部落這一層級的百姓？」[048]

東協共同體的發展顯然是必要、但並非充分條件。所以東協需要第二個相關的計畫方案，套用沙繆爾・夏普（Samuel Sharpe）的話，就是需要「一種強有力的體制化，以法律效力約束會員國，並且讓所有會員國保持一致」，這就是《東協憲章》。[049]二〇〇四年六月的東協部長會議，討論了推動《東協憲章》——「東協日後目標的一種憲法架構」——的構想。事實上，關於《東協憲章》的構想早在一九九二年已經提出。汶萊蘇丹哈山納・包基亞（Hassanal Bolkiah）回憶說，這項塑造東協認同的構想，在一九九二年新加坡舉行的一次領導人峰會中第一次提出：「我們想像這個組織的前途，我們懷抱偉大遠見。就在這個場合，東協訂定目標，決心拓展及加深會員國之間的聯繫，力謀經濟整合」。[050]建立《東協憲章》的時機就這樣來到。二〇〇四年的東協公報便在第六節談到憲章，值得引述。根據公報第六節，《東協憲章》應該重申東協在國與國關係的目標與原則，特別是所有東協會員國對不侵犯、尊重彼此主權與領土完整；對提倡與保護人權；對維護政治安定、區域和平、與經濟進步；以及對建立有效、有益東協體制性架構的集體責任。[051]

由每一個會員國各派一名資深政治家組成，以前馬來西亞副首相穆沙・西淡（Musa

Hitam）為主席的「名人小組」（Eminent Persons Group），於二〇〇五年成立，奉命在第十一屆東協宿霧峰會舉行時提出建議（這屆峰會原訂二〇〇六年十二月舉行，之後因颱風尤特而延到二〇〇七年一月）。[052]最後在宿霧峰會決定，要在二〇〇七年十一月第四十屆東協峰會舉行前完成《東協憲章》的起草。

這不是一件簡單的工作。打從一開始就有兩派觀點：一派人認為只要將「東協的既有原則、規範、價值與目標」編寫成法條就可以了——馬來西亞首相巴達維就說，擬議中的憲章「不必是一項過於恢宏的大工程」。另一派人認為這是「東協自我重振……成為一個前瞻組織的黃金機會」——新加坡總理李顯龍就說，制定憲章的目標在於「為東協設立一個明確而恢宏的長程方向」。[053]此外緬甸議題也有待解決。[054]不過各方都同意，歐盟風格的體制化作法不適用於東協。[055]

東協秘書長王景榮在第十一屆東協峰會前夕說：

> 半數東協國家準備在所謂憲章的這個問題上妥協。他們覺得，我們必須運用這個憲章灌輸某種區域自我；灌輸實踐紀律，向所有非東協的人——無論是不是我們的對話夥伴——展現一個非常明確的訊息：我們對我們的組織是很認真的。因為大家的感覺是，你如果自

己都不認真，誰會對你認真？

東協所強調的重點，似乎一直不脫經濟層面。事實上，《東協憲章》的原始用意就在於為東協經濟共同體建立法律基礎。王景榮在談到《東協憲章》時，多次談到經濟層面。他說，「我們現在如果想保有競爭力，唯一途徑就是團結在一起，像單一市場一樣運作……這個憲章應該能盡早幫我們建立這個單一市場」。[056] 在討論憲章人權條款擬訂的另一場合，王景榮也說，阻撓草擬工作的「不是緬甸」。他說，另外四個國家對人權條款有保留：「其中兩個態度尤其激烈，而這些國家不包括緬甸。」[057]

在二〇〇七年十一月於新加坡舉行的第四十屆峰會中，十個會員國簽署《東協憲章》，承諾要讓東協成為一個「以規則為基礎的法律組織」。[058] 憲章必須經過所有十個簽字國批准後才生效，簽字國得在一年內完成批准程序。東協新任秘書長、泰國外長素林・比素萬（二〇〇八年一月一日接替王景榮）承認，批准憲章將是一件需要「小心處理」的工作，因為「有些會員國基於對本國國會與憲法程序的尊重，已經表示有所保留」。[059] 雅加達與馬尼拉已經表示，除非東協對緬甸採取更強硬的立場，否則他們不願批准憲章。二〇〇七年九月，緬甸爆發「二十年來……最大規模的抗議緬甸軍事統治者的街頭示威」，由於有僧侶參與示威，人稱這場示威為「番紅花革命」（Saffron Revolution）。[060] 緬甸軍事執政團大舉鎮壓，問題變得更加複雜。新加坡於二〇〇八年一月批准憲章，成為第一個批准憲章的會員國。二〇〇八年二月，寮國、馬來西亞、汶萊與越南批准了憲章。緬甸在七月批准憲章（儘管它繼續軟禁翁山蘇姬）。最後，菲律賓與印尼也相繼於十月批准了憲章。菲律賓參議院外交委員會主席米莉安．桑提亞戈（Miriam Santiago）的解釋值得一提。她說，「我們但願它是一份更完美的文件……」。但「中國與印度以經濟強國態勢崛起，已經為東協創造了新現實。東協經濟共同體能讓菲律賓與這些亞洲大國並肩齊驅，一起競爭」。[061]

美國—東協關係

對東協四十年來的成績而言，美國與東協的關係多少是一個污點。美國在二〇〇七年五月宣布，布希總統將於九月訪問新加坡，並且出席慶祝締交三十年的東協—美國紀念峰會。[062] 但在七月間傳出報導說，布希不會造訪新加坡，這一次東協領導人峰會將調整到「晚一點的日子」。雪上加霜的是，國務卿萊斯也決定不出席七月間的東協區域論壇，因為她需要關注中東地區的局勢變化，因此指派副手約翰．尼格洛邦提（John Negroponte）代表她出席。萊斯上一次也缺席了二〇〇五年七月的東協擴大部長會議與東協區域論壇會議。套用素林的一句話說，難怪東南亞國家會感覺遭到華府「邊緣化、忽視、不在乎」，而其他對話夥伴卻「堅定而有系統地前進，在東南亞地區耕耘更緊密、更強大的關係」。[063]在極大程度上，這種反應說明東南亞國家對於美國介入的重視。[064]東南亞領導人擔心美國將因中東、恐怖主義與北韓的情勢變化而分神，讓中國「悄然坐大，變得越來越囂張」。[065]

在二〇〇五與二〇〇七年兩個場合，代表萊斯出席的副國務卿羅伯特·左里克（Robert Zoellick，二〇〇五年）與尼格洛邦提（二〇〇七年）都是頗具聲望、熟諳東南亞事務的專家。萊斯的缺席無疑「澆人一頭冷水」。「國內與國際壓力」無疑讓布希政府分神。但誠如王景榮所說，美國與東協之間的「聯繫網路與互動」，大體而言「其實非常緊密，堅不可摧」，可以說雙方的夥伴關係「根基堅固」。[066]但如羅夫·柯薩（Ralph Cossa）所說，「不幸的是，在美國—東協關係上，形式與實質並不對等」。[067]在二〇〇七年九月的亞太經濟合作組織會議中，為了彌補未能出席新加坡峰會的遺憾，布希邀請東協領導人選一個大家方便的日子，在他的德州牧場聚會。布希顯然將這項邀情視為「專為親密盟友準備的外交福利」，但由於時間安排不易以及緬甸問題造成的爭議，這次聚會最後不了了之。布希並且宣布華府將指派一名駐東協大使，「以便我們可以保證多年來我們建立的關係繼續堅定不移」。[068]不過許多東協領導人認為，布希的這些行動不過是馬後炮而已。素林指出，「在過去三十年的美國—東協關係中，沒有舉行過美國—東協峰會。相形之下，中國、日本與韓國都積極透過東協加三模式，與東協進行各種會議。」[069]

布希政府的執政於二〇〇八年劃下句點。巴拉克．歐巴馬（Barack Obama）領導的新政府於二〇〇九年一月就職。許多東協領導人希望，歐巴馬領導下的美國能更加重視東南亞。[070]美國終於在二〇〇九年七月簽訂友好合作條約。國務卿希拉蕊．柯林頓（Hillary Clinton）宣布，「我要表達一個非常明確的訊號，那就是美國回來了，我們要全面投入、發展我們在東南亞的關係……根據這個條約，我們承諾與東協國家並肩合作，推動我們共享的利益與價值。」[071]許多人認為，這項宣示是「一個明確訊號，說明美國要在東南亞挑戰中國的影響力了」。但分析家們認為，美國當下的地緣政治顧慮——阿富汗、巴基斯坦、伊朗與伊拉克局勢的發展——仍將承襲布希時代，「大體不變」。就這樣，儘管美國官員發表許多聲明，也做了許多姿態，還利用二〇〇九年十一月亞太經濟合作組織會議之便，在新加坡舉行第一次美國—東協峰會（人稱美國—東協領導人會議），美國的投入東協「會不會降格，淪為一種『過路外交』」仍是未知數。[072]一名政治觀察家就說，美國「……有兩場仗要打，還有一個痛苦呻吟、等著復甦的經濟」，縱想改善與東協的關係「只怕也是心有餘而力不足」。[073]簡言之，一切還言之過早。這個議題且留待第五章討論。

東協內部關係

大多數分析家同意，東協在過去四十年確實成就不凡，過去十年特別具有挑戰性。自一九九七年起，東協的「口號一直就是所有東協十國結合為一個團隊、一個市場及一個組織」。[074]二〇〇七年過後，在東協邁入第五個十年之際，東協與東南亞地區有兩項關鍵任務。其中一項任務是「加強它的三個輔助支柱——即《東協憲章》強調的經濟整合、區域安全與社會文化聯繫」。[075]所有會員國都同意，東協想保有駕駛席，區域整合是先決條件。但在改革腳步的問題上，各國意見不一。相對而言，經濟整合的進度似乎比較快。不過，誠如楊榮文所指，「如果這個組織只靠經濟整合結合在一起，我們只能走這麼遠……國家利益的分歧會將我們拆散……如果不能同時加強安全與社會文化聯繫，這些支柱會分裂。」[076]另一項任務是，東協與東南亞需要保持中立，不在大國之間選邊站隊。當時擔任新加坡外交部常務次長的比拉哈里・考西甘（Bilahari Kausikan）解釋說，所謂「東協得保有駕駛席」的真正意義是，「大國之間的關係既複雜又敏感，這意味，東協想扮演重要角色，就必須為東亞架構提供一個相對中立的平台。」[077]

在進入第五個十年之際，建立以東協為核心的區域秩序仍是東協努力的重心。二〇〇八年二月，新加坡國防部長張志賢在「慕尼黑安全政策會議」（Munich Security Conference on Security Policy）致詞時說，「在東協區域論壇、東亞峰會與香格里拉對話等多邊團體中都據有核心地位的東協，很容易在亞洲安全架構的發展過程中扮演獨特的角色……」他又說，儘管美國「仍是維護亞洲安定的一股顯著而重要的力量，一些新崛起的強國也在爭相角逐商業市場與戰略資源……東南亞正是這場大競賽的重要十字路口」。[078]東協下定決心，不在任何新的區域秩序中喪失它的核心地位，從它對澳洲總理凱文·魯德（Kevin Rudd）的一項建議的冷淡反應中，就能看出東協這項決心。二〇〇八年六月，魯德在「亞洲澳亞協會」（Asia Society Australasia）的一篇演說中提出這項建議，主張建立新區域體制，以便「就經濟與政治問題，以及有關安全的日後挑戰進行全方位對話、合作與行動」。儘管魯德宣稱，這個新體制不會削弱任何既有區域體制，但東協諸國顯然不放心，認為它會。東南亞地區大多數既有的經濟與安全平台都以東協為核心。因此東協一直非常敏感，生怕遭到邊緣化。巴里·戴斯克（Barry Desker，拉惹勒南國際研究學院院長）說，這項建議「打從一開始就注定絕無生路」。據說，印尼總統尤多約諾告訴魯德，這是一個「有趣的主意」，不過印尼的當務之急是「加強東協，不是支持一個新論壇」。[079]當時擔任新加坡外長的楊榮文回憶他與魯德的會談：「在會晤魯德總理時，我感謝他幫忙推動東協的思考。所以現在有了兩種可能性，要不就是擴大東亞峰會，納入俄羅斯與美國，要不就是東協加八（包括俄羅斯與美國）。」[080]雖然魯德的建議最後胎死腹中，但它確實讓東協產生擴大東亞峰會的想法，並且終於在二〇一〇年納入俄羅斯與美國。[081]

就大體而言，自一九九七年金融危機震撼以來，東協的行動都堪稱中規中矩。但誠如新加坡副總理賈亞庫馬所說，「就像在一個國家一樣，頒布法律很簡單，但真正的考驗在於實施法律。所以說，個別會員國與東協集體，無論在表面或在精神上，有沒有實施憲章的政治決心，還得等到憲章頒布以後才能見分曉。」[082]瓦提基奧提斯的談話則更加擲地有聲：

> 問題的核心在這裡：在東協的許多會員國中，民主或者有瑕疵，或者發展不完善，自由仍然受限，對許多人來說，人權仍是一個遙遠的夢。但《東協憲章》就許多方面而言，訂的標準過高，遠非這些國家力所能及。倒不是說推動憲章這事必將徒勞。挑戰在於，找出勸說各國政府遵守這些崇高規範與原則的最佳之道。[083]

這需要政治領導。巴文・查察法彭（Pavin Chachavalpongpun，譯注：京都大學東南亞問題教授）指出，「東協的領導是成功關鍵。」[084]但巴文這類分析家都認為，在不久的未來，東協內部出現一位領導人的可能性很小。巴文說，「在東協最緊要的關頭……幾位可能出來帶領這個組織的領導人都沒有站出來。事實上，印尼的蘇哈托，新加坡的李光耀，與馬來西亞的馬哈地這類有領導魅力的人都已經退出區域政治舞台。」[085]的確，自一九九七年以來，由於大多數東協領導人只是忙著處理國內政治，東協沒有出現任何明確的政治領導。身為東南亞第一大國的印尼，是東協自然的領導人，而且直到一九九七年，印尼在東協內部也一直是說話最有份量的會員國。但從一九九七到二〇〇四年間，印尼的東協領導地位因「政治不安、經濟困難與國內安全威脅」而受損。[086]

二〇〇四年九月，蘇西洛・班邦・尤多約諾（當時人們普遍稱呼他為「SBY」，來自其姓名首字母縮寫）成為印尼第一任直接民選總統，轉捩點於是出現。曾擔任尤多約諾顧問與發言人的迪諾・賈拉爾（Dino Djalal）說，尤多約諾對世界事務極有興趣，想當一位「區域領導人」與「政治家」，「希望印尼能在國際事務上發揮影響力」。為尤多約諾寫傳的約翰・麥克貝斯（John McBeth）說，尤多約諾「引領印尼外交政策走出過去不著邊際的彎路，在國際關係與組織中扮演更重要的角色……重拾印尼在東協的領導地位……」。最重要的是，尤多約諾極為關心「提升東協全球聲望」的問題。[087]不過，在二〇〇九年總統選舉前那段歲月，尤多約諾也因國內政治而分神。結果是，印尼的外交事務，包括印尼在東協的角色「遭到漠視」。[088]此外，印尼還出現一種新觀點，認為印尼過去過度依賴東協，將東協視為「它的外交政策工具」。印尼這麼做可以理解，也有其必要性。但這是過去。瞻望未來，如果東協不能「超越寮國或緬甸這些最低標」，印尼可能得想辦法「更獨立於東協」。印尼報人與政治家林綿基說，「面對未來，在對東協的忠誠與團結之上，印尼更需要追求自己的國家利益。」包括林綿基的門生里札·蘇瑪在內的新一代印尼戰略思想家，都在呼籲印尼在有關「自由與人權」的議題上與東協分道揚鑣。蘇瑪認為，印尼需要「開始籌畫後東協的外交政策」。[089]

泰國也因為內部政爭而無暇顧及東協事務。二〇〇六年九月，泰國總理戴克辛·欽那瓦在軍事政變中被黜，導致「紅衫軍」（戴克辛的支持者）與「黃衫軍」（保守派支持者，即所謂保皇派）兩派衝突。黃衫軍也叫做「人民民主聯盟」（People's Alliance for Democracy，PAD）。直到二〇一四年建立持續到二〇一七年的軍事獨裁，這場衝突才畫下句點。這場政治危機的一項後果是，它於二〇〇八年七月引發泰國與柬埔寨對「柏威夏」（Preah Vihar）古寺附近、一塊四點六公里長土地的爭議，對東協的整合努力構成威脅。雖說東協會員國之間的爭議也層出不窮，但這場爭議導致雙方兵戎相見。[090]由於泰國軍方藉以展示它仍有能力追求自己的外交政策目標」，這場泰國與柬埔寨的邊界衝突「基本上是一次泰國內部衝突」。[091] 人民民主聯盟與民主黨「煽動」這場邊界衝突，「點燃相互敵對的民族主義情緒，以支撐他們趨於下風的政治情勢」，並「抨擊沙瑪（Samak）政府的外交政策」。[092] 另一方面，柬埔寨總理洪森也利用這場爭議在即將到來的選舉中「爭取民意與政治優勢」。[093] 兩國間的衝突斷斷續續，一直持續到二〇一一年。東協以印尼外長馬蒂·納塔里嘉瓦（Marty Natalegawa）為首，於二〇一一年初展開調停，但未能解決這項雙邊爭議。[094] 二〇一一年四月，金邊要求「國際法院」（International Court of Justice）解釋一九六二年有關這座古寺的判決。國際法院在經過兩年的調查後，做出有利柬埔寨的判決，裁定泰國必須從當地全數撤軍。這場邊界衝突於是落幕。[095] 泰國是否已經做好準備，可以領導東協於二〇一五年建立東協共同體？在答覆自己提出的這個問題時，巴文·查察法彭說，「目前為止還看不出做好準備的跡象。」[096]

由於「馬來民族統一組織」（United Malays National Organisation，簡稱巫統）與它的「民族陣線」（National Front）遭到自獨立以來最慘重的選戰失敗，馬來西亞首相巴達維像他的前任馬哈地一樣，同樣備受壓力。在菲律賓，總統葛洛麗雅·雅羅育雖誓言將做到二〇一〇年任期屆滿，由於涉嫌貪腐，也面對要她下台的強大壓力。事實上，由於被指控操控二〇〇四年五月總統選舉，雅羅育一直處在被迫辭職的壓力下。巴文說，「新加坡的領導層雖說享有安定，但人們總認為這個國家太小，不能領導東協……新加坡也樂於扮演一種協調角色，因為它知道自己的政策由於與美國走得很近而受限。」至於其他東協會員國，「或許由於本身法統的脆弱性，已經表明只願意輔助、而不願帶領這個組織」。[097]

由於泰國爆發政治危機，抗議群眾佔領曼谷的兩個機場達一星期，原訂二〇〇八年十二月由泰國主持的第十四屆東協峰會不得不延到翌年二月，並且易地舉行。這次峰會原訂於芭達雅，但由於這場暴亂（在區域領導人或者已經抵達、或者即將抵達芭達雅的情況下）被迫臨時取消。這場暴亂最後在任命艾比希．威差奇瓦（Abhisit Vejjajiva）為新總理之後落幕。許多分析家預測，泰國雖能暫時脫離政治動盪，但目前的偏安之局將「很短命」。[098]二〇〇九年二月二十七日到三月一日，泰國頗為安穩地在華欣（Hua Hin）舉行了這次東協峰會，但是依照往例緊接在十個會員國領導人峰會之後舉行的對話夥伴會議（由於日成問題）延到四月。在許多人心目中，這整個過程讓東協顏面掃地。[099]

果如預期，華欣峰會重申東協承諾，要在二〇一五年建立一個單一市場與東協共同體。[100]會中除擬妥一項達標進度計畫之外，還就（不久前批准的《東協憲章》第十四條明文規定的）「東協人權組織」（ASEAN Human Rights Body）相關條件提出第一份草案。「東協跨政府人權委員會」（ASEAN Inter-Governmental Commission on Human Rights）於第十五屆東協峰會開會期間成立。批判人士說，這個委員會「拿緬甸這類人權紀錄不佳的會員國毫無辦法」。[101]前外交官、「東南亞問題研究所」（Institute of Southeast Asia Studies）所長基沙法潘尼（S. Kesavapany）有以下觀察：

有人認為，加強《東協憲章》的人權機制能讓緬甸這類桀驁不馴的國家臣服。但也有人認為，若能將民主散播到緬甸，就能像之前發生在他們本國的情形一樣，促成緬甸的改革。依我之見，這些都只是一廂情願。最後的分析顯示，只有內部壓力能帶來緬甸改革……[102]

如第三章所述，二〇〇三年八月，緬甸軍事執政團發表一項邁向民主的七階段行動計畫方案。二〇〇八年，確保軍方繼續掌權的憲草終於完成，隨於同年五月舉行公民投票通過憲草。之後，緬甸於二〇一〇年十一月七日舉行一九九〇年以來第一次選舉（由於贏得選戰的全國民主聯盟，與軍方的國家法律與秩序重建委員會兩派之間的爭執，一九九〇年的選舉結果一直沒有兌現）。退休將領登盛奉命出任總統。緬甸這時的政局非常類似蘇哈托時代的印尼。選舉結束一周後，遭到軍事執政團於二〇〇九年八月宣布延長軟禁十八個月的翁山蘇姬終於在二〇一〇年十一月十三日獲釋。[103]七階段行動計畫方案的最後幾個階段，與二〇〇八年七月東協憲章的批准不謀而合。二〇一〇年那次全國民主聯盟抵制的大選，[104]也於布希與歐巴馬政府交接不謀而合。新任美國國務卿柯林頓下令檢討美國與緬甸的關係，檢討結果證實一直以來早已存在人們心中的疑慮：對付緬甸，無論制裁或參與都無效。緬甸政局的新發展導致所謂「務實參與」政策：意思就是，制裁需要配合不同形式的參與並進。美國與緬甸的關係就這樣緩緩轉變，最後導致柯林頓於二〇一一年、歐巴馬總統於二〇一二年十一月往訪仰光。歐巴馬成為「第一位往訪緬甸的美國在位總統」。[105]自一九九七年緬甸加入東協以來，一直是東協與美國、與歐盟關係重負的緬甸議題似乎終於解決了。

遭緬甸軍方迫害、逃離緬甸的羅興亞（Rohingya）無國籍難民的命運，是需要強調的一個與緬甸相關的議題。羅興亞難民逃入印尼、泰國與馬來西亞，造成若干緊張情勢。新加坡總理李顯龍在有關羅興亞議題的第一篇公開演說中指出，有關「羅興亞人被虐待的媒體報導損及東協形象」。他提出警告說，如果「不能在我們自己的區域內解決這個問題」，東協將名譽掃地。[106]

寫到這裡，我們暫時打住，回頭探討南海群島爭議。這是本書下一章的主題。

第五章

二〇〇〇到一〇年：南海爭議

像菲律賓這樣的軍事弱國，必須把信心放在一個由國際法治理的世界秩序上；這樣的世界秩序必須由全球倫理準則引領，在共享的道德價值觀鼓舞下前進。[001]

這些都是漸進式步驟，經過精心算計，既要足以強化自己的主張，又不至於強到惹來其他主張國的行動。[002]

南海爭議再說明

在本書第一章與第二章談到中國於一九九二年頒布「領海法」，宣稱擁有整個南海的宗主權，進而引發中國與越南的爭議，[003]之後在一九九四到九五年間，又因為中國佔領位於巴拉望（Palawan）以西一百三十五浬的美濟礁，而引發與菲律賓的爭議（菲律賓也宣稱擁有美濟礁）。一九九二年七月，東協在馬尼拉舉行第二十五屆部長會議，通過《東協南海宣言》。宣言中強調「必須以和平手段解決所有有關南海的主權與司法議題，不能訴諸武力」，並要求「所有有關各造應本著《東南亞友好合作條約》原則，建立一套南海國際行為準則」。最後，它要求「所有相關各造支持這項原則聲明」。[004]北京對這項宣言反應冷淡，繼續在美濟礁上營造結構。一九九五年初的美濟礁事件迫使東協採取聯合陣線對付中國，不過東協是在菲律賓施壓下才這麼做的。

在北京與馬尼拉（一九九五年三月十八日）展開雙邊會談的兩天前，東協終於發表一篇聲明，要求所有相關各造無論在文字形式與精神實質上都遵守一九九二年《東協南海宣言》。中國與菲律賓隨後簽署一項中菲《南海與其他合作領域磋商聯合聲明》（*Consultations on the South China Sea and on Other Areas of Cooperation*）。一九九六年，東協呼籲建立行為準則，以確保南海的長治久安，並促進各主權聲索國之間的諒解。

同時，越南與中國之間關於南沙群島的爭議，也在一九九五年七月成立一個副部長級聯合工作組討論這個議題之後沉寂下來，不過沒能持續很久。這個工作組開了兩次會，一次在河內於一九九五年十一月召開，一次在北京於一九九六年七月召開。第三次會議在「關東」（Kanto）事件期間於一九九七年四月召開。一九九七年三月，中國派遣「關東」鑽油平台三號與二〇六、二〇八兩艘領航船，在一般認為屬於越南大陸礁的水域進行鑽油探勘。河內提出抗議，要求中國停止鑽油。中方則說，他們是在中國的大陸礁與專屬經濟區內作業。雙方僵持了大約一個月，直到四月三日才發表聲明，說雙方將於一九九七年四月九日在北京會商。這次四月九到十日的會商細節不詳，雙方僅表示，儘管無法立即解決這項分歧，但兩國間的友誼不受影響。一九九八年七月，中越工作組又一次集會。

一九九八年十月底，中國船隻再次在美濟礁海岸外現蹤。馬尼拉說，中國正在美濟礁上建一處飛機跑道。中方則說，他們只是在將美濟礁上一九九五年為漁民建的臨時庇護所改建為永久設施而已。在一九九八年十二月河內舉行的第六屆東協峰會中，菲律賓奉派起草行為準則。北京也了解，既然想與東協保持良好關係，它就得在宣示島礁主權與挑釁東協國家之間找出平衡。但如同巴里・韋恩所說，「打從一開始，中國就不想要什麼區域性行為準則……中國自古以來就不喜歡多邊糾纏，在南海問題上，他們喜歡等到問題出現以後再各別打交道。這種作法讓他們佔了大便宜。」[005] 北京採取的戰略，就是打一場安德魯・史考貝爾（Andrew Scobell）所謂的「低強度衝突」。[006]

導致行為準則起草的事件

本章的討論以第二次美濟礁事件爆發為開端。在一九九五到二〇〇二年間，河內在與中國打交道時採取一種雙邊與多邊並進、「雙管齊下」的政策。誠如杜山海（Do Thanh Hai，譯音。譯注：越南外交關係學者）所說，越南「繼續強調它與中國的例行性黨對黨、政府對政府的雙邊對話，以推動針對重大領土爭議的談判」，南海不過是其中一端罷了。在分別發生在一九九九年與二〇〇〇年的陸地邊界與東京灣海上邊界爭議中，兩國都能經由談判解決問題，但在西沙（Paracels）與南沙群島爭議上，雙方始終相持不下。兩國達成的陸地邊界以及東京灣海上邊界劃界協議，在越南國內並非沒有雜音。有人認為河內為討好北京，在邊界問題上作了太多讓步。[007] 當越南主席陳德良（Tran Duc Luong）二〇〇〇年十二月訪問中國時（這是陳德良於一九九七年繼任主席以來第一次中國之行，也是自兩國於一九九一年關係正常化以來，越南主席的第二次中國之行），兩國簽署一連幾項協定，但「避開」敏感的南海議題。北京一方面讚揚陳德良此行「成功」，另一方面卻自稱是「兩國都主張的這些島嶼的無可爭議的主人」。[008]

另一方面，在這段期間，六個南海主權聲索國之一的馬來西亞與中國的關係卻保持非常良好。在一九九九年，兩國簽署擴大政治、貿易與運輸聯繫的協定，紀念建交二十五周年。雙方同意加強防衛合作，並且以和平手段緩解南海爭議水域造成的緊張情勢。馬來西亞首相馬哈地在第五次訪問中國時，對中國「在亞洲金融危機期間的負責態度，與堅持不貶值中國貨幣」表示感激。雙方並且同意，南海議題「只能由涉及的相關國家解決，反對任何外來勢力的任何介入與干預」。[009]的確，中國總理朱鎔基還說，中國與馬來西亞的關係「現在好得無以復加」。[010]二〇〇〇年七月，中國海軍少將黃江（Huang Jiang，譯音）率領驅逐艦「深圳號」與輔助艦「南昌號」訪問馬來西亞巴生港（Port Klang）。馬來西亞皇家海軍司令達圖・斯里・阿布・巴卡・阿布杜・賈馬爾（Datuk Sri Abu Bakar Abdul Jamal）少將在致歡迎詞時指出，兩國海軍的良好關係與合作有助於區域和平。[011]中國國防部長遲浩田於二〇〇〇年十一月訪問馬來西亞，告訴馬來西亞國防部長達圖・斯里・納吉布・東・拉薩克（Datuk Seri Najib Tun Razak），中國希望改變人們心目中，中國是「潛在侵略者」的印象。[012]而馬來西亞對南海議題的態度，遭到韋恩等人的批判。韋恩指出，「馬來西亞這些見不得人的行為」，不僅削弱了東協的談判立場，還損害了「東協在南海議題上建立共同立場的努力」。[013]馬來西亞自己也在「探險灘」（中國、臺灣與菲律賓也宣稱擁有探險灘的主權）上建造設施。

從一九九七年中直到二〇〇〇年初，東南亞諸國政府一直為亞洲金融危機困擾不已，有些政府甚至因此面臨攸關政治生命的困獸之鬥。在這段期間，東南亞諸國政府對中國也有兩派不同的看法。一派認為中國沒有與東南亞諸國衝突的真正意圖，中國在亞洲金融危機期間對東南亞採取的支援態度就是明證。另一派認為這個問題的關鍵在於中國的中長程意圖，而中國的中長程意圖仍然很不明確，沒有人知道強大的中國究竟會搞霸權，還是會與東南亞諸國和平相處。儘管中國於二〇〇〇年成功完成了戰鬥機空中加油，「從而擴大了軍力投射能力」，但在短期間，中國還不具備控制東南亞地區的軍力投射能力。[014]此外，特別是對印尼、馬來西亞與泰國而言，還有其他比中國威脅更緊迫的問題有待解決。值得注意的是，與其他東南亞國家相形之下，越南與菲律賓比較不受亞洲金融危機干擾。南海爭議既然主要只影響越南與菲律賓，不能成為東協的第一優先要務自也不足為奇。

《南海行為準則》草案一直沒有正式公開。據菲律賓外長杜明戈．賽亞森與東協秘書長希維里諾說，《南海行為準則》有三個基本要件：所有主權聲索國都應該（a）和平解決分歧；

（b）遵守國際法與聯合國海洋法公約（UNCLOS）；（c）維持現狀，也就是說，目前無主的島礁應該保持現有無主狀態，各國也不得在既有設施外進一步構築。行為準則還應該表明它適用的地區。[015]日本「共同新聞社」取得的機密東協文件透露，就連東協聲索國本身也無法就這項行為準則的許多關鍵內容達成協議。舉例說，越南希望這項準則適用於整個南海，馬來西亞希望它只適用於南沙與西沙群島，而中國反對納入西沙群島等。越南要求禁止一切形式的新佔領，但馬來西亞與菲律賓都表示反對。菲律賓主張南海地區只能容許多邊活動，而馬來西亞堅持雙邊活動也可以進行。[016]

臺灣分析家陳鴻瑜說，「由於地區內國家對南海各有各的看法，區域性行為準則的執行變得很複雜。」東協提出的行為準則與中國提出的也不一樣：東協主張透過多邊作法解決衝突，中國則主張雙邊作法。東協要求行為準則適用領域涵蓋整個南海，中國則要求僅限於南沙。東協希望透過雙邊或多邊協議進行合作，而中國希望聯合開發。東協強調停止對島礁進一步佔領，凍結島礁上的工事構築，而中國的草案對此隻字不提。東協的草案不提軍事演習、偵察或巡邏。中國的草案明確表示反對這類活動，說聲索國應該「自我克制，不在南沙群島與其附近水域進行任何偵對其他國家的軍事演習，不執行任何危險、抵近的軍事偵察」。中國提出的準則草案還包括禁止軍事巡邏，禁止強佔誤入爭議水域的漁船。[017]

二〇〇〇年初，美濟礁主權問題還沒解決，菲律賓與中國又發生另一場爭議，這一次爭的是距離桑巴勒（Zambales）一百三十五浬的「黃岩島」（Scarborough Shoal）。冷戰期間，美軍在菲律賓的蘇比克（Subic）、桑巴勒與邦板牙（Pampanga）的克拉克機場建有基地，黃岩島當時是美軍轟炸訓練的靶場。中國對菲律賓軍方於一月初將六艘中國漁船從黃岩島附近水域驅離一事表示深度關切，並且重申「黃岩島是中國領土不可分割的一部分」。[018]另一方面，馬尼拉則堅持黃岩島「位於菲律賓專屬經濟區內」。[019]

同年三月，菲律賓報導說，中國在黃岩島附近（桑巴勒外海）布署「間諜船」（中方說這些船只是漁船）「監視菲律賓軍方在這個地區的動作」。菲律賓擔心的是，菲律賓如果不趕走這些「侵門踏戶的中國船隻」，就會給中國「一個方便的藉口，讓中國在黃岩島建立永久設施……重施他們在美濟礁用過的那套故技」。在佔領黃岩島以後，中國可以「讓這裡成為它的專屬經濟區的計算點」，與菲律賓的專屬經濟區重疊。[020]五月，菲律賓總統艾斯特拉達訪問北京——這是艾斯特拉達於一九九八年當上總統以後第一次中國行——並且宣稱這次訪問「比我預期的更成功」。據艾斯特拉達表示，「雙方同意不採取任何可能使情勢更複雜或升高的行動」。[021]中國總理朱鎔基說，在南海議題上，「雙方都應該從維護與發展兩國關係、以及區域和平與安定的整體利益出發，透過友好協商妥善處理相關問題」。[022]

除黃岩島以外，在南海各處由菲律賓宣稱擁有的島礁附近水域也不斷傳出漁船——大多為中國漁船，偶而也有越南漁船——出沒的報導。二〇〇〇年三月，中國與東協資深官員在華欣首次集會，討論「引起爭議的行為準則草案，以緩和南海衝突」。[023]會中達成協議，南海領土主張相互衝突的各國，應在雙邊基礎上解決爭議。中國與東協雙方決心擬訂一項「用來營造信任，但不具法律約束力」的共同行為準則。[024]中方還在會中要東南亞國家不要參與聯合軍演——中方這項警告，顯然意指二〇〇〇年一月的美菲軍事演習。[025]此外，美國國防部長威廉・柯恩（William Cohen）訪問越南（同樣在三月），成為一九七五年越戰結束以來第一位訪問越南的美國國防部長，也是中國提出這項警告的原因。這次為期一天的華欣會議沒有具體聲明，但中國給東協的印象是，中國不希望東協會員國以集體行動方式提升本國利益，「任何東協會員國加強與外部國家的軍事聯繫都是不智之舉」。有分析家指出，「中國最不願見到的，就是東協擁有足夠實力去捍衛自身的『集體利益』」。[026]

二〇〇〇年四月，在古晉（Kuching）舉行的第六屆東協—中國資深官員會議中，東協與中國似乎都同意「加速」行為準則起草。泰國外長素林說，在東協區域論壇會議（二〇〇〇年七月）中，東協與中國原則上同意就行為準則議題「做出政治性、而不是法律性的承諾」。[027]朱鎔基的看法是，雙方不必忙著簽署行為準則。[028]二〇〇〇年八月二十四到二十五日，雙方資深官員在中國東北的大連再次集會，但沒有達成共識，也因此沒能在十一月新加坡舉行的東協峰會中簽署行為準則。二〇〇一年五月，雙方官員三度集會，顯然只談了半個小時。會議沒有進展。二〇〇一年十一月，菲律賓外長小勞洛・巴賈（Lauro Baja Jr.）透露，這個議題已經「超越資深官員層級，得由外長們根據一份菲律賓的非文件就這個問題進行討論」。[029] 這個工作組原訂二〇〇二年四月再次集會，但後來沒開成。[030]

越來越多的人認為，中國利用東協諸國忙著應付金融危機，趁機加強它在南海的態勢，而菲律賓正好首當其衝。國防分析家們也相信，北京「利用美國現行的極度聚焦、嚴格解釋的立場，在美國政策的邊緣採取行動」。[031] 華府關注的重點是海上運輸交通不受干預。中國同時也在加強能力，並且以解放軍為後盾支撐它在南沙群島的主張。[032]

美國對南海爭議的態度

從冷戰直到後冷戰時代，美國對南海爭議採取的立場始終一致。在一九七四年一月西沙群島衝突事件過後，美國國務院表示南海爭議「得由聲索國本身來解決」。[033] 美國國防部長哈洛・布朗（Harold Brown）在向國會提出的年度報告中，只在論及蘇聯在金蘭灣（Cam Ranh

Bay）與峴港（Danang）的利益，以及「第七艦隊協防日本交通線的任務」將因蘇聯這些利益而更加複雜時，提到南海。[034] 美軍「太平洋指揮部」（Pacific Command）司令威廉．克勞（William J. Crowe）在一九八四年的一次訪談中也有同樣表述。克勞當時說，蘇聯為了攔截南海海上交通線，正不斷強化在金蘭灣的介入，讓他感到憂心。[035] 自一九九〇年以來，美國國防部就美國對東亞政策議題向國會提出四份報告。第一份報告於一九九〇年四月提出，名為「亞太地區戰略架構：展望二十一世紀」（A Strategic Framework for the Asia Pacific Rim: Looking Towards the 21st Century）。在蘇聯從阿富汗撤軍與東歐共產主義瓦解期間提出的這份報告，特別強調東北亞情勢，因為儘管冷戰已經結束，東北亞仍然動盪不安。報告中僅說維護太平洋交通線暢通是美國對東亞戰時目標之一，除此而外對南海隻字未提。[036] 一九九一年十月，時任美軍太平洋指揮部司令的查爾斯．拉爾森（Charles Larson）在馬來西亞接受訪問時，就南沙群島議題有以下表述：

（a）美國保持不明確表態的立場，因為美國沒有進行干預的利益；

（b）這是地區性議題，美國沒有再在衝突發生時進入南沙的應變計畫；

（c）這項爭議應由相關國家共同努力，並且由區域性組織（例如東協）找出解決之道；

（d）美國希望聲索國能透過政治管道，而不是以軍事手段解決這個議題；

（e）如果中國與越南在主張主權的過程中敵對，美國可能在聯合國主持下，與東協、蘇聯與其他國家一起工作，以確保侵略的一方遵守公認的國際行為。[037]

而在一九九二年年中提交美國國會的第二份國防部報告，南沙被簡短提到，報告認為南沙是造成東亞與太平洋區域動盪的九個潛在源頭之一，但是當下並無立即威脅。[038]一九九二年三月，在一次「全球網會議」（Worldnet）中，美國助理國防部長對來自吉隆坡、馬尼拉、雅加達與東京的對話夥伴說，美國雖說已經從菲律賓撤軍，並且在亞洲仍然擁有強大武力，但華府對南沙沒有特定承諾。他並且表示，中國於二月二十五日通過法律，宣示對南沙群島的主權的事不需要擔心，因為中國此舉不過是重申北京多年來的一貫立場而已。他說，東協可以與中國一起工作，解決南沙爭議。[039]美國駐菲律賓大使法蘭．韋斯納（Frank Wisner）重申，美國反對以武力手段解決南沙爭議，而且如果南海爆發戰事，美國可以做的有限。[040]美國國務次卿羅伯特．左里克也表示，華府對南海爭議的立場仍然不變，這個立場就是：美國不會對聲索國的主張做評斷，美國主張維護航行自由，支持和平解決爭議。[041]

這份一九九二年的國防部報告中至少還有一小段文字提到南沙群島，但接下來在一九九五年二月提交美國國會的第三份國防部報告，卻幾乎對南沙隻字不提。這第三份國防部報告談到正在進行的、有關官方與非官方南海爭議討論，重申美國對國際公海航行自由的關切。一九九五年五月十日，美國國務院發表有關南沙群島與南海的聲明，提出四個如今已經耳熟能詳的要點：

（a）美國反對使用武力；

（b）維護這個地區的和平與安定，符合美國的持久利益；

（c）維護自由航行與吻合國際法的一切海上活動，是美國的基本利益；

（d）對相互競爭主權聲索的法律是非，美國不設立場。[042]

美國在一九九五年沒有幫著菲律賓嚇阻中國、不讓中國佔領美濟礁，不過國務院確實發表聲明，譴責中國威脅菲律賓，譴責中國以武力強索土地。[043]

而在一九九八年十一月提交美國國會的第四份國防部報告，則根本不提南海。在一九九八年的一次訪談中，美軍太平洋艦隊司令阿契・克雷明斯（Archie Clemins）說，美國雖然知道南沙群島是一處爭議水域，但美國希望和平解決這個問題。他重中，美國不會支持任何一個聲索國、對付另一聲索國。儘管中國採取的一些行動讓人相信中國有擴張野心，美國並不這麼想。[044]美國海軍軍令部長傑．強森（Jay Johnson）告訴記者，美國正「非常小心」地注視南海情勢。他表示希望對立的主張能和平解決。最後，強森重申保持海上交通暢通的重要性，因為全球商務有九成仰賴海運。[045]一九九九年十月，美國國防部長柯恩重申美國立場，強調主權聲索國應該和平解決彼此間的爭議。[046]

由於美濟礁事件，馬尼拉（在艾斯特拉達政府領導下）發現「加強與美國關係的必要」，兩國於是在一九九八年簽署《菲美訪問部隊協定》，「朝重建美菲國防關係邁進一大步，從馬尼拉的觀點而言，重朝建區域嚇阻邁進一大步」。[047]菲律賓參議院於一九九九年五月批准這項協定。同年七月，一萬九千兩百噸的美國海軍第七艦隊旗艦「藍嶺號」（USS Blue Ridge）訪問馬尼拉。美國參議院也批准提供菲律賓五百萬美元對外軍援。二〇〇〇年一月，兩國在蘇比克、克拉克機場與馬尼拉灣的前美軍基地舉行聯合軍事演習。這是兩國自一九九七年以來的首次聯合軍演。

二〇〇〇年一月，美國主管東亞事務助理國務卿史坦利．羅斯（Stanley Roth）指出，「雖說沒有重大交火事件，但撞船、沉船事故與有增無已的軍事存在，一直讓人有不祥感……」。令他擔心的是，有關各造缺乏任何反制這種走勢的「外交程序」。但他也說，「從好的方面來看」，地區內沒有任何國家有「阻撓航行自由」的跡象。[048]基本上，美國最關心的就是航行自由了。北京也刻意向國際社會——特別是美國——保證，它在南海的領土主張不會影響航行自由與安全。

導致《南海各方行為宣言》的發展

菲律賓在二〇〇一年一月有了一位新總統。約瑟夫・艾斯特拉達遭國會彈劾下台，繼任菲律賓總統的是葛洛麗雅・雅羅育。沒隔多久，菲律賓海軍艦艇與飛機就在黃岩島附近水域與中國漁船緊張對峙。新任菲律賓國家安全顧問羅伊洛・戈雷茲（Roilo Golez）形容，有關南沙群島的爭議是「對區域安全的頭號威脅」。[049]戈雷茲在接受英國廣播公司（BBC）訪問時表示，解決這項騷擾多年的爭議是他最優先的安全事務。並且，戈雷茲承認與中國打交道不容易，「……它不在乎是不是要花幾十年，因為我們知道中國非常有耐性，他們會以一種非常鬼鬼祟祟的方式一步步進入我們的專屬經濟區，他們做得非常有耐性，但我們必須不斷抗議」。[050]戈雷茲認為，打擊中國的「國際形象」是個有效的戰略。

但菲律賓總統雅羅育卻在不止一個場合中強調，菲律賓與中國因南沙群島而起的爭議，是

「中國與菲律賓關係全貌的一小部分，而中菲關係大體而言仍然良好」。[051] 二〇〇一年四月，雙方同意採取步驟以避免爭議進一步升高，黃岩島緊張情勢於是緩和。中、菲雙方並且同意擴大軍事對話與合作，並研擬一項機制以解決漁捕爭議。威利．高（Willy Goa，譯音，菲律賓出席雙邊談判代表團團長）表示菲律賓將竭盡所能緩和地區緊張情勢，並且構築信心。為此他說，「這當然是一項艱鉅的任務。」中方代表傅英（Fu Ying，譯音）也說，「我們是鄰國，有分歧很正常，但與像你這樣友善的人一起工作，我相信沒有我們不能解決的問題。」[052] 但中國代表團堅持北京擁有黃岩島主權。[053] 四月間傳出報導說，中國已經將它在美濟礁的通信設施升級。[054]

二〇〇一年十月，在雅羅育以菲律賓總統身份第一次訪問中國前夕，中國船隻又在美濟礁附近現蹤，菲律賓外交部說，這件事「時機很糟」。[055] 在雅羅育此行結束後，雙方就聯合使用與開發美濟礁的議題繼續談判，但沒有結果。中方提出雙方在「時機成熟時」共同開發美濟礁資源的三個條件：（a）當美濟礁上的設施與管理系統改善時；（b）當菲律賓-中國關係回復正常時；（c）當兩國間的漁捕安排與合作明白確立時。[056] 事實上，菲律賓國家安全顧問戈雷茲也承認，儘管菲律賓在這個地區駐有更多兵力，「要阻止中國軍隊進駐這些島嶼大概不可能」。戈雷茲還說，馬尼拉會透過外交部繼續抗議與採取外交措施。[057]

另一方面，在經過短暫沉寂之後，由於河內計劃在南沙群島若干地區建立地方政府，越南與中國的緊張情勢於二〇〇一年二月再次浮現。北京隨即重申中國擁有「南沙群島以及附近水域的無可爭議的主權」、「任何其他國家對南沙群島採取的任何損及中國領土完整的片面行動都屬違法」。越南人也不干示弱地表示，「越南將採取一切措施保衛越南對南沙的主權」、以及「越南雖然會努力以和平方式解決這些爭議，但仍然決心保衛它的海疆主權，寸土不讓」。[058] 雙方這類言詞交鋒不是第一次，也不是最後一次。沒隔多久，在四月間，中國準備在西沙群島建立城市，「作為控制黃沙（Hoang Sa，譯注：越南人稱西沙為黃沙）與長沙（Truong Sa，譯注：越南人稱南沙為長沙）政治、經濟與文化中心」的消息傳來，越南要求中國澄清。越南外交部發言人說，「任何未經越南同意，在該地區進行的活動都屬非法，都是對越南主權的不可接受的侵犯」。[059]

二〇〇一年八月，美國舉行了一項為期一日的「訓練演習」。以「星座號」（USS Constellation）與「卡爾．文森號」（USS Carl Vinson）為首的兩個航空母艦戰鬥群參與的這項演習，是「美國幾年來在這個地區進行的第一次如此規模的重大演習」。事隔不久，中國在東山島（福建東南方，距離臺灣不遠）附近舉行「最大規模」的聯兵軍演。這兩項演習雖說與南海爭議無關（與四月間發生在海南島外海的美國海軍EP－3偵察機與中國殲8撞機事件有關），但它們說明中、美兩國在這個地區的緊張關係。美國將中國視為南海「和平與海上交通安全的一項威脅」。中國則認定美國「意圖用涉及日本、南韓、臺灣、菲律賓、泰國與新加坡的軍事聯盟、基地與軍事進出安排包圍中國」。[060]

二〇〇二年，馬來西亞海軍司令阿布・巴卡（Abu Bakar）在馬來西亞皇家海軍建軍六十八周年慶祝會上，談到南海爭議時，罕見地說明馬來西亞對這個問題的觀點。根據他的說法，首先，針對南海諸島相互重疊的主權聲索，是馬來西亞安定最迫近的威脅之一（另一威脅是「它的鄰國的地緣政治動盪」）。其次，越南與中國就南沙群島而起的爭議「有爆發演成武裝衝突的潛能」。因此，這項爭議需要「謹慎處理，因為我們如果不能透過談判解決問題，它極有可能演成武裝衝突」。第三，馬來西亞「應該做好保衛主權的準備」。[061]

巴卡將軍有關中越爭議的說法值注意。《道瓊亞股報告》（*Dow Jones Asian Equities Report*）指出，早從一九七四年起，中國與越南之間的南沙群島爭議「一直特別激烈」。[062]二〇〇一年五月，中國在南海舉行大規模軍演，演習地區從海南島直到越南人也宣稱擁有的永興島（Woody Island）。分析家相信，中國正在永興島構築兵力，以進行武力投射。二〇〇二年六月，中國在海南島西南方舉行軍演，越南說，「若干演習區位於越南大陸礁海域」。中國完全沒有理會越南針對這兩次演習提出的抗議。[063]

儘管中國與東協諸國「合作精神不斷增加」（如本書第四章所述），但是中國日趨強大的經濟與政治力量，特別是中國在南海相關爭議上表現的強勢，讓東南亞各國「極為緊張不安」。在新加坡舉行的香格里拉對話的一次閉門會議中，有人問中國代表團，是否將南海視為中國的一部分。中國代表團「直斥這個問題荒謬，口氣與態度之惡劣讓會場上頓時一片死寂」。[064]

東南亞各國都知道，「就如同在一切涉及它認定為自己領土的爭議上一樣」，中國在南海領土主權問題上不會退讓。[065]也因此，東協諸國急著想讓中國承諾一項行為準則。二〇〇二年七月，在汶萊舉行的第三十五屆東協部長會（二〇〇二年七月二十六日到八月二日）的會前媒體簡報中，馬來西亞外長賽伊德・哈米・奧巴（Syed Hamid Albar）說，在即將舉行的東協部長會中，吉隆坡將提議簽署一項宣言，以解決《南海行為準則》的僵局。據奧巴表示，「有關爭議地區地緣規模的問題過去已經談了太多次，如果這次部長會仍然不能就這個議題達成協議，簽署這項宣言會是理想的一步」。問題的難處主要不在航行，而在爭議水域的規模。馬來西亞主張將水域規模侷限於爭議地區，即南沙群島，但其他一些會員國有不同看法（特別是越南，越南要求將西沙也納入準則，而中國不願意）。奧巴說，我們得「找出一個解決辦法」、「如果不能達成一種共識，那麼我們必須採取行動，讓大家知道我們在努力緩和緊張情勢，促進我們這個地區的和平與安定」。奧巴解釋說，這項每個國家都可以簽署、「宣告我們立場」的宣言，「至少可以讓所有涉及島礁主權重疊的有關各造，只要不是為了軍事目的，都可以和平使用這個地區」。[066]

二〇〇二年七月，東協資深官員提出《南海行為準則聲明》（*Declaration on the Code of Conduct on the South China Sea*）提案。之後，東協外長通過這項提案。八月一日，當第三十五屆東協部長會與其他相關會議於斯里巴加灣市（Bandar Seri Begawan，譯注：汶萊首都）舉行時，東協外長將提案交給中國外長唐家璇進行討論。據說，唐家璇當時表示，只要能讓北京接受，這份文件的名稱是準則、是宣言、或是決議案並不重要。[067]樂觀派認為，這項折衷方案突破多年來一直無法突破的僵局，而且可能因此促成日後與北京簽定行為準則，意義重大。反對派則認為，這項折衷方案徒然突顯「東協陣營的亂象」，這種亂象只會導致東協分裂，無法繼續與北京談判。[068]

在北京考慮東協這項提議的同時，有報導傳出說，越南與菲律賓因「北子礁」（Parola Island）與「南子礁」（Pugad Island）發生短暫爭執。根據美國國防部的說法，自一九九五年以來即遭中國佔領的美濟礁有「一幅未來軍事設施的樣貌」。[069]值得一提的是，美國海軍在二〇〇二年十月宣布，三艘洛杉磯（Los Angeles）級攻擊潛艇將進駐關島。其中第一艘「聖體市號」（USS City of Corpus Christi）已於十月底抵達關島——這是美國核動力攻擊潛艇首次以太平洋島嶼為母港，另兩艘攻擊潛艇則預定二〇〇二年年底前進駐。[070]

東協與中國終於二〇〇二年十一月四日在金邊謙署不具法律約束力的十點《南海各方行為宣言》（*Declaration on the Conduct of Parties in the South China Sea*）。有報導引用一名東南亞官員的話說，「一項政治宣言不如一項準則那麼好」，「不過目前也只能這樣了」。[071] 分析家們一般認為「作為臨時協議，這項宣言是朝正確方向邁出的一步，不過當然不是一些媒體報導中所說的地標性協議」。這項突破性協議看來不會對南海緊張情勢造成什麼影響。無論怎麼說，有關各造能不能簽署一項有法律約束力的行為準則仍「不明朗」。[072] 在二〇〇二年十一月這項行為宣言簽署後，南海相對平靜了幾年——直到二〇〇八年。

這項行為宣言沒有達到東協訂定有法律約束力行為準則的目標。十年以後，有關各造才就如何實踐這項行為宣言的指導原則達成協議。但一般看法是，從大約一九九五年起，到二〇〇八到〇九年為止，南海爭議特別對越南與菲律賓而言雖說重要，但對其他東協國家而言卻不是優先安全議題。杜山海指出，河內與馬尼拉都對這項行為宣言感到不滿，但也都不願見到談判破裂。他們將這項行為宣言視為一種「信心營造措施」與一個「邁向行為準則的墊腳石」。[073] 行為準則仍是一項進行中的工作。

就中越南沙群島爭議而言，在二〇〇二與二〇〇四年間，南海「相對平靜，沒有出現引發緊張的事件」。大多數控訴與抗議（來自中國、臺灣與菲律賓）與越南在有爭議的島上進行觀光活動有關。馬克・瓦倫西亞（Mark J. Valencia，譯注：國際海洋政策分析家）指出，越南於二〇〇四年八月宣布在南沙建機場，展開推廣觀光的商業飛行，「是『行為準則』不管用的第一個重要跡象」。越南此舉「顯然是想用展示『有效性』的方式，加強它的法律主張」。[074]但從二〇〇五年起，「漁業糾紛越來越多，爭議也越演越烈」。二〇〇七年初，河內採取「頗具野心的海事戰略計畫，發展一種特別強調油氣開採、漁捕、造船的海事經濟」，而這種作法與中國在有爭議地區的利益相衝突。北京開始向外國石油公司施壓，勸它們不要參與越南在有爭議水域進行的項目。[075]二〇〇七年十二月，河內與胡志明市一連兩個周末發生抗議中國佔領南沙與西沙群島的街頭示威，直到政府出來要求停止，抗議才於十二月二十日平息。儘管越南境內抗議結束，美國、法國與加拿大境內的越南人又在十二月二十三到二十四日的周末發動反中示威。根據報導，二〇〇八年一月九日，由於學生計劃針對中國外交使領館發動示威，數以百計警察將這些使領館團團包圍。[076]一名政治觀察家指出，南海議題讓越南人「太激動」，「它將所有越南人團結在反中的民族主義旗幟下，就連那些流亡海外、一般而言憎惡越南執政黨共產黨的越南人也不例外」。[077]

一直有人說，從二〇〇一年一月到二〇一〇年六月，雅羅育主政期間的中菲關係是「夥伴關係的黃金時代」[078]；特別是在雅羅育於二〇〇五年開始的第二任總統任期期間，這個說法尤其正確。雅羅育在第一任任期間，還能在美國與中國之間保持一種平衡。二〇〇四年美菲「肩並肩」（Balikatan）軍演（從二月進行到三月初）的部分地區就在西沙群島邊緣的巴拉望舉行。在她的一次每周電台廣播中，雅羅育透露，美軍過去一直在訓練菲律賓軍人保衛南沙、對抗中國，但她已經要求美軍把訓練重點聚焦於對付「阿布沙耶夫」（Abu Sayyaf）恐怖組織。[079]二〇〇四年七月，迫於一名菲律賓包工在伊拉克遭伊斯蘭恐怖組織綁架事件引發的國內壓力，馬尼拉較預定時間提前一個月從伊拉克撤出五十一名菲律賓軍人與警官，讓美國人惱火不已。雅羅育過去一直「積極」自許為「亞洲『反恐戰爭』首要鼓吹者」。馬尼拉這項決定顯然讓華府錯愕不已，更給人一種以美國為首的「國際聯盟」正在瓦解的印象。[080]

雅羅育希望爭取來自中國的外援與投資。她於是鼓勵雙邊政治與經濟交流，並採取措施緩和兩國之間有關南海的爭議。二〇〇四年九月（在雅羅育自二〇〇一年就任總統以來的第二次中國之行中），兩國同意訂定一項適用範圍涵蓋南沙群島爭議地區的「聯合海洋地震工作協議」（Joint Maritime Seismic Undertaking，JMSU）。這項協議隨後發展成涉及「菲律賓國家石油公司」（Philippine National Oil Company-Exploration Corp.）、「中國海洋石油公司」

（China National Offshore Oil Corp.）與「越南油氣公司」（PetroVietnam）的「三方聯合海洋地震工作協議」。越南一開始抗議菲律賓與中國這項雙邊協議，因為越南主張的領土也在協議適用範圍內。但之後越南在馬尼拉與北京邀請下，勉為其難地決定加入協議。誠如愛琳・巴維拉（Aileen S.P. Baviera，譯注：菲律賓中國問題專家）所說，「雅羅育政府同意與中國合作，打破了過去菲律賓強調運用東協架構與國際法，透過多邊途徑解決這些爭議的政策。雅羅育的新政策似乎對正了中國以雙邊途徑解決爭議、聯合開發的胃口。」[081] 巴維拉這項觀察也適用於越南。

用菲律賓外長奧伯特・羅慕洛（Alberto G. Romulo）的話來說，雅羅育總統二〇〇四年九月的中國之行是菲中關係自兩國於一九七五年建交以來的「最高點」。[082] 在兩國建交三十周年的二〇〇五年，中國主席胡錦濤訪問馬尼拉。兩國在此行結束時發表聯合公報，展現雙方「都相信中菲關係已經進入夥伴關係的黃金時代」、「兩國決心建立以和平與發展為目的的戰略與合作關係」。在許多合作領域中，雙方同意「繼續獻身於保衛南海地區的和平與安定」。[083] 二〇〇六年簽署、號稱南海未來合作模式的「聯合海洋地震工作協議」，由於菲律賓國內政治問題沒有續約。菲律賓總統府執行官艾杜瓦德・阿米塔（Eduardo Ermita）說，聯合海洋地震工作協議「用意在提升合作，對我們以合作而不以武力解決爭議的意志是一種考驗」。[084] 此外，由於兩國簽署的經濟交易遭到貪腐指控，雅羅育政府推動的中菲關係改善進程也出現挫折。

從二〇〇八年起，菲律賓國會參、眾兩院就如何劃定菲國基本路線的問題展開辯論。聯合國海洋法公約規定，菲律賓必須向聯合國提出一項說明菲國群島基線的法律。根據聯合國海洋法公約，像菲律賓這樣的群島國家必須在二〇〇九年五月以前提交一項法律，明文解釋它的群島基線。如果不能在截止期限前提交這項法律，菲律賓有意主張的那些延伸大陸棚地區，將被視為「國際海床區」（International Seabed Area），作為「人類共同遺產」，或被劃歸提出主張、並且能證明其主張的鄰國所有。因此，不能在限期前出台這項法律，將不利於菲律賓對南沙群島中「卡拉炎島群」（Kalayaan Island Group）以及對黃岩島的領土主張。反對黨認為，雅羅育政府在這個議題上腳步過慢。菲律賓參議院少數黨領袖小艾奎諾．皮曼陶（Aquilino Pimental Jr.）說，「通過解釋國家領土的法案，不表示菲律賓從此不再能和平解決爭議」。[085] 參議院主張將這些有爭議的島群視為一種「島嶼制度」（regime of islands，譯注：聯合國海洋法公約術語），這麼作不僅符合海洋法公約，而且更加實際可行。眾議院則主張將卡拉炎島群與黃岩島視為菲律賓領土的一部分。參議院外交關係委員會主席米莉安．迪芬索—桑迪亞哥（Miriam Defensor-Santiago）說，眾議院的作法「可能導致外交慘禍」。[086] 另一方面，北京繼續重申對黃岩島與南沙群島「不可爭議的主權」，並提醒有關國家遵守《南海各方行為宣言》，「不要採取使問題更複雜或擴大爭議的行動」。[087]最後，眾議院主張的版本勝出，雅羅育總統於二〇〇九年三月簽署法律明定菲律賓領土，將若干南沙島嶼與黃岩島納入菲律賓領土。這件事立即引發中國與越南的抗議。為緩和情勢，雅羅育政府解釋說，「通過這項法律為的不是要重申對南沙群島與黃岩島的主權，而是為了確立基線，以決定它的延伸大陸棚」。[088]原本計畫三月間訪問菲律賓的一個中國高階代表團取消了訪問。

同樣也在三月，馬來西亞首相阿布杜拉·巴達維訪問「彈丸礁」（Swallow Reef）與「安渡攤」（Ardasier Reef），為馬來西亞的領土主張加強聲勢。此外，兩艘美國海軍船艦與幾艘中國船隻也在海南島南方約一百二十公里處海域發生衝突。中國隨即派遣它最大型的漁政管理船「漁政三一一號」（一艘軍艦改裝的船）前往南海爭議水域。中國外交官堅持，中國此舉不違反《南海各方行為宣言》。但一名菲律賓參議員形容中國此舉是「砲艇外交」。[089]二〇〇九年五月六日，馬來西亞與越南向「聯合國大陸棚界限委員會」（UN Commission on the Limits of the Continental Shelf）提出聯合主權聲索，果不其然招致中國抗議，說這些主張損及中國在南海不可爭議的主權。[090]

五月七日，中國向聯合國提出外交照會，還附了一張顯示「九段線」的地圖，說明中國在南海的主權主張範圍。中國此舉導致菲律賓、越南、馬來西亞與印尼的抗議。經過幾年消沉，南海爭議在二〇〇九年再次壟斷媒體頭條新聞版面。越來越多的人發現，中國在這場爭議中的態度越來越具有侵略性。二〇一〇年三月，北京第一次告訴華府，南海事關中國主權與領土完整，是中國「核心利益」的一部分。分析家對北京此舉的解讀是，這表示南海「地位等同臺灣與西藏」。[091]

二〇一〇年四月，中國海軍舉行持續幾達三周的遠程布署演習。來自中國北海艦隊的分遣隊從青島駛入南沙群島，在「永暑礁」（Fiery Cross Reef）外停泊。中國在一九八八年從越南人手中奪下永暑礁，將永暑礁作為中國基地並建立一座預警站。中國戰機也在南海爭議水域進行空中演習。中國海警局開始在爭議水域進行例行巡邏，以保護中國漁船。一般認為，只要東協不能達成協調一致的戰略，中國會繼續蠻幹，而「美國、日本與印度等其他關注各造」也會「發現想制約中國越來越難」。[092] 資深越南觀察家卡萊・賽耶（Carlyle Thayer）說，越南官員想用「一種靜悄悄的方式，而不是一種直接的方式將南海議題國際化……他們希望和平解決，但要讓國際社會提出這個議題」。河內在幕後積極推動，希望將更多外國拉進來，進行多邊談判，[093] 但目前為止還沒有多少成果。二〇一〇年四月二十六日，美國東亞與太平洋事務助理國務卿庫爾特・坎貝爾（Kurt Campbell）說，「在東南亞，最渴望與美國改善關係的國家莫過於美國的老敵人越南」。[094] 同時，南海爭議也迫使越南開始軍隊現代化。[095]

第六章

二〇一〇到一二年：夾在美國與中國之間的東南亞

中國幅員太廣，亞洲其他國家，包括日本與印度，二十到三十年內在重量與能量上都不可能是中國的對手。所以我們需要美國制衡。[001]

不要離開我們，但不要逼我們選擇。[002]

夾在華府與北京之間

在二十一世紀的第二個五年期間，發生過幾起對東南亞地區國際政治產生重大衝擊的事件，本章就從這些事件談起。二〇一〇年一月一日，首次於二〇〇〇年十一月提出的「中國—東協自由貿易地區」（China-ASEAN Free Trade Area，CAFTA）終於生效，宣示「世界第四大自由貿易區之建立」。而於二〇〇八年爆發、讓美國與歐洲經濟相繼沉淪的全球金融危機，也讓中國確立它在世界經濟的重要地位。一名分析家指出，「接近百分之十的成長率，意味著中國超越美國的時刻已越來越近，東方的共產黨現在已經膽敢告訴西方的資本主義者，教他們如何管理他們的經濟」。[003] 一般預測，中國將於二〇一〇年超越日本成為世界第二大經濟體。[004]

地緣上接近中國雖能為東南亞帶來經濟利益，但中國崛起也讓人擔憂——而且不只是軍事—安全方面的憂慮而已。白勝暉（譯注：新加坡作家）說，「就連中國—東協自由貿易協定也讓東協惴惴不安。印尼、馬來西亞、泰國與菲律賓都對這項協定表示保留，擔心減免中國產品的關稅會讓本國產品喪失招架能力……」[005] 同時，面對一直擔心會失去核心角色的東協諸國，北京不斷保證中國會「堅定支持東協核心」。套用中國總理溫家寶的一句話說，「唯有東協諸國繼續扮演領導角色，東亞合作才能享有健全的發展。」[006]

鍾健平（譯注：中國學者）一針見血地說，東南亞「自二〇一〇年以來就是一處戰略爭論場」、「南海岩層主權之爭，似乎是決定東協會員國是否爭取美國注意的主要議題」。[007]在東南亞，二〇一〇年六月繼雅羅育之後出任菲律賓總統的班尼諾・艾奎諾三世（Benigno Aquino III），認為馬尼拉應該調整與華府、與北京的關係，以改變南海爭議下的現狀。美國的戰略「轉向」（pivot）以及菲律賓出現新總統，使南海爭議再次成為國際矚目焦點。事實上，如本書第五章所述，雅羅育自二〇〇一年掌權以來一直努力耕耘的菲中友好關係，在雅羅育任期最後幾年已經逐漸降溫。由於貪腐指控，雅羅育遭到許多壓力。[008]自二〇〇九年起，中國在南海的主權聲索態度也越來越強悍。美國太平洋指揮部司令羅伯・韋拉德（Robert Willard）告訴美國參議院武裝部隊委員會（Senate Armed Services Committee），就中國與其鄰國之間的南海主權爭議來說，二〇一〇年「是個重要的里程碑」。[009]

相較於雅羅育在中國與美國之間謀求平衡（有人認為她更靠近北京），艾奎諾三世則顯然決心加強與美國的雙邊關係。[010]簡言之，隨著菲律賓領導層易主，中菲關係也迅速轉變，中國從原本的戰略夥伴成為菲律賓國家安全的潛在威脅。同時，自一九九〇年代起在南海議題上一直採取不干預作法的美國，從二〇〇八年以降，也開始將南海情勢發展視為「損及它的戰略與商業利益」。[011]

越南一直嘗試將南海議題國際化，希望藉以壓制中國的專衡。二〇一〇年，越南趁擔任東協輪值主席之便，在七月間河內舉行的第十七次東協區域論壇會議中提出南海爭議議題。美國於是宣稱，美國雖然對於個別國家的聲索主張仍維持中立立場，但維護南海自由航行符合美國利益，美國會推動多邊談判解決相關爭議。在這次區域論壇會議中，美國國務卿柯林頓宣稱南海議題為「一項首要外交優先」（一般認為這是越南的一項小勝），並立即引發中國的負面反應。據報導，中國在三月間告訴華府，南海是中國「核心利益」的一部分。[012] 不僅如此，北京一再反對多邊會談，主張在一種雙邊基礎上解決相關爭議。[013] 中國外長楊潔篪警告美國不要將這個議題國際化，說這樣做「只會使問題更糟，更難解決」。他還說，「東協不是解決這項爭議的適當論壇」。[014] 在第二次美國—東協峰會舉行前，印尼外長納塔里加瓦對中國的立場表示異議。他說，東協雖了解中國的立場，「但同時，南海議題需要解決」。[015] 荷西．奧蒙蒂回憶說，在艾奎諾三世於二〇一〇年年六月繼任總統後僅僅兩個月，他在馬卡蒂香格里拉（Makati Shangri-La）酒店套房中會晤韋拉德將軍。韋拉德當時在馬尼拉對美菲的共同防禦條約進行檢討。兩人討論了南海議題與中國。韋拉德告訴奧蒙蒂，「歐巴馬總統親自指令他，要他協助菲律賓政府」，還說「艾奎諾政府的成功符合美國利益」。[016] 二〇一一年六月，國務卿柯林頓說，華府承諾防衛菲律賓，提供菲律賓「負擔得起的武器」，並且提升菲國「情報能力」，不過柯林頓沒有明言如果中國攻擊有爭議的南沙群島，美國會不會援助菲律賓。[017]

越南與菲律賓似乎都在想方設法，鼓勵美國進一步參與南海爭議以制衡中國。不過，東南亞國家雖說也擔心中國，但並非每個東南亞國家都完全支持美國介入南海爭議，一則因為它們害怕中美關係惡化會迫使它們選邊站，一則也因為它們對美國的承諾仍然存疑。[018]

中國也查覺到氛圍變化，為了不讓「中國威脅」論復甦，開始與東協各國加強以避免南海爭議為宗旨的協議。中國一開始希望全力實施《南海各方行為宣言》，暫不處理行為準則。但東協一直堅持不懈，要簽署一項有法律約束力的行為準則。菲律賓外長羅慕洛說，《南海各方行為宣言》「只是一項中間步驟，最終目標是為南海相關各造建立一項區域行為準則」。[019]《南海各方行為宣言》也在第十條中重申：「最後要達成」或「採納」一項行為準則。印尼外長納塔里加瓦在談到行為準則議題時說，自東協與中國達成訂定行為準則的協議以來，已經過了九年，「談出結果的時機已至……考慮指導原則的時間夠多了……如果我們任由情勢……繼續這樣消極、無作為下去，會使問題沒有必要的複雜化」[020]納塔里加瓦表示，東協外長於二〇一一年一月達成協議，必須加緊完成將行為準則作最後定案的工作。只需翻閱二〇一一到一二年的新聞報導，就能發現南海劍拔弩張的緊張態勢，特別是中國與菲律賓、中國與越南之間情況尤其嚴重。二〇一一年七月，東協—中國「行為準則實施聯合工作組」在（二〇〇四年十二月）成立七年之後，終於就行為準則實施的指導原則達成協議。

戰略轉向

同時，歐巴馬政府的新政策（始於二〇〇九年一月）開始對東南亞造成衝擊。歐巴馬政府的目光主要擺在中國。美國國務卿柯林頓在二〇〇八年十二月告訴坎貝爾（二〇〇九到一三年間擔任國務院東亞與太平洋事務助理國務卿），「中國很重要，毫無疑問。但我們如果想成功，就得更有效地與其他國家一起工作。我們必須在一個更大的架構上打造我們的中國政策。」[021]東南亞／東協就在這裡切入美國的戰略。如本書第四章所述，柯林頓在二〇〇九年七月簽署「友好合作條約」之後說「美國回來了」，明白表示華府打算挑戰中國在東南亞不斷升高的影響力。東南亞國家雖說高興聽到美國這麼說，但也擔心由於中東與阿富汗動亂，加上經濟不景氣的影響，美國可能「心有餘而力不足」。[022]本章前文也談到華府在二〇一〇年重新重視南海議題。

二〇一一年最後一季對美國與東南亞的關係很重要。二〇一一年十一月的《外交政策季刊》（*Foreign Policy*）刊出國務卿柯林頓二〇一一年十月十一日發表的一篇題為〈美國的太平洋世紀〉（*America's Pacific Century*）的文章。柯林頓透過這篇文章宣示，美國外交政策將從伊拉克與阿富汗轉向她所謂「全球政治關鍵推手」的亞洲－太平洋地區。如今已經眾所周知的戰略「轉向」一詞就在這篇文章中首次出現，還引起一場柯林頓選用這個詞是否恰當的辯論。然而，無論柯林頓使用「轉向」，又或者是「再平衡」（rebalancing），哪個選擇更好並不重要。重要的是她表達了一個訊息：她承認，自冷戰結束以來，美國的亞洲政策一直在「隨波逐流」（adrift）。[023]

柯林頓表示，「隨著伊拉克戰爭漸近尾聲，美國開始從阿富汗撤軍，美國站在一個轉軸點上……未來的政治會取決於亞洲，不會取決於阿富汗與伊拉克，美國會置身於行動中心。」雖然她也承認「這樣的轉向不容易」，但美國已經「在過去兩年半為它鋪好了路，我們承諾要透過我們這個時代最重要的外交努力完成它」。[024]在這篇「轉向」文章發表後不久，美國與俄國終於在二〇一一年十一月成為東亞峰會會員國（當東亞峰會於二〇〇五年成立時，美國曾對這個組織抱持懷疑）。美國「國家亞洲研究所」（National Asia Research）研究員與東南亞問題專家安·瑪麗·摩菲（Ann Marie Murphy）解釋說，加入東亞峰會的決定，「為的是遂行一項更廣的戰略，目的在於將美國外交政策重心移出中東，轉向不斷變化的亞洲－太平洋地區。美國要協助打造一個區域架構，透過這個架構因應日後的挑戰」。[025]柯林頓於二〇一一年十一／

十二月訪問緬甸，成為自一九五五年二月，艾森豪政府的國務卿約翰・傅斯特・杜勒斯（John Foster Dulles）訪問仰光以來，第一位訪問緬甸的美國國務卿。柯林頓此行雖然低調，但具有歷史意義——它表示美國的外交政策已經轉向亞太地區。[026]一年後，歐巴馬總統也於二〇一二年十一月訪問仰光。

在二〇一一年十一月的東協巴里峰會中，柯林頓力促擴大「跨太平洋夥伴關係」（Trans-Pacific Partnership，ＴＰＰ）。同一個月，歐巴馬也在第十九屆亞太經濟合作組織檀香山峰會中採取同樣行動。ＴＰＰ是新加坡、智利與紐西蘭為響應亞太經合組織商業顧問理事會的建議，而於二〇〇二年提出的倡議，目的在打造一個「亞太自由貿易區」（Free Trade Area of the Asia-Pacific，ＦＴＡＡＰ）。ＴＰＰ是一個開放性夥伴關係，也就是說，任何有興趣的亞太經合組織經濟體，只要願意、能夠遵守ＴＰＰ訂定的標準，都可以加入ＴＰＰ。汶萊隨即加入。美國於二〇〇八年參與入會談判。到二〇一一年，澳洲、祕魯、越南與馬來西亞也參與入會談判。在二〇一一年十一月的亞太經濟合作組織會議中，日本、加拿大與墨西哥也表示對ＴＰＰ有興趣。加拿大與墨西哥於二〇一二年加入談判，日本於二〇一五年加入談判。直到美國加入入會談判，ＴＰＰ才引起其他經濟體的興趣。許多人認為ＴＰＰ是「歐巴馬政府亞太地區『再平衡』政策的核心支柱」。[027]華府將ＴＰＰ視為擴大它在亞太地區存在的途徑。用柯林頓的話來說，「外交政策就是經濟政策，加強我們在海外的外交與存在，我們就可以加強美國國內經濟，反之亦然……美國認清我們正朝亞太地區轉向，我們要在二十一世紀成為亞太地區的外交、經濟與戰略力量」。分析家們認為，美國朝亞太地區轉向是一種「雙管齊下的戰略，既能振興萎靡不振的美國經濟，又能制衡中國巨大、而且還在不斷加大的經濟存在」。[028] TPP是貿易協定的「黃金標準」。同時依據柯林頓的理解，TPP不僅只是一項貿易協定而已。由於中國不符規定，不能加入TPP。但北京雖遭TPP擋在門外，卻大力推動亞太自由貿易區（FTAAP）。中國外長王毅說，「實現FTAAP是亞太經濟合作組織經濟領導人的長久共識與願景」、FTAAP是「邁向區域經濟整合的新的一步」。[029]

上述話題發展得太快了，讓我們言歸正傳。在二〇一二年第四十四屆東協經濟部長會議中，東協諸國、中國、日本、南韓、印度、澳洲與紐西蘭同意展開討論，以組建一個跨越亞洲的自由貿易區。這就是東協秘書長所謂「重大成就」的「區域性全面經濟夥伴」（Regional Comprehensive Economic Partnership，RCEP）。[030] 果然不出所料，政治觀察家很快達成結論，以中國為頭號經濟強國的RCEP，將成為歐巴馬政府力推的TPP的競爭對手。但卡維．充吉塔萬（Kavi Chongkittavorn，譯注：泰國國際問題學者）指出，東協雖說了解想維護經濟成長就得與「較廣的經濟社會」搭上線，但也擔心TPP終將「稀釋東協的領導角色」。

在這種情況下，以東協為首的RCEP就成為「一種防範性措施」，可以「緩和來自迅速移動的TPP的可能衝擊」。[031]美國貿易談判代表羅恩．柯克（Ron Kirk）說，美國將RCEP視為對TPP的「互補，未必是競爭」。[032]

有關戰略轉向還有另一套說法，也值得一提。妮娜．史羅維（Nina Silove，譯注：瑞士聯邦科技研究所國際戰略問題專家）在《國際安全》（*International Security*）發表的一篇題為〈轉向前的轉向〉（*The Pivot Before the Pivot*）的專文中說，美國「重新導向亞洲」始於二〇〇〇年代中期，「歐巴馬政府的轉向亞洲，不過是將這項未為人知的老戰略再包裝，加以延伸罷了」。[033]布希政府當年訂定這項戰略的目標，事實上與歐巴馬政府並無不同。美國的亞洲戰略的主要「戰略挑戰」是「中國崛起」。根據史羅維的說法，布希政府刻意將這項戰略「噤聲」以免惹怒中國。美國採取的作法不是構築多邊同盟，而是加強「盟國與夥伴的軍事能力，在盟國與夥伴間構築更大的多邊協同作業能力」。文章中說，美國政府採取基本上屬於軍事與外交性質的「外部」與「內在」平衡兩套做法。根據美國貿易代表左里克的說法，在這段期間，由於國會貿易委員會對「基於『外交政策』理由運用自由貿易區」的事「極度敏感」，美國政府沒有貿易或自由貿易區戰略。直到於二〇〇八年二月加入TPP談判之後，美國才在重新導向戰略中加入經濟層面。總言之，無論布希或歐巴馬政府都沒有阻遏中國成長的目標；這兩屆政府都「設法加強美國與盟國以及夥伴結合的力量，以應對中國崛起，從而維護地區內的相關權力」。里札．蘇瑪指出，歐巴馬的東南亞政策與他的前任的政策並無「重大差異」：「事實上，兩者之間還有相當明顯的續統性」。不過，布希政府的美國東南亞政策「基本上在美國領導的反恐戰架構之內進行」，而歐巴馬「以比較全面的作法詮釋美國與東南亞的關係」，就這一點而言，布希與歐巴馬政府的作法大不相同。前後兩個政府目標一樣，但作法不同，而「對東南亞國家而言，這影響很大」。034

第四十五屆東協部長會議

在於二〇一一年七月就《南海各方行為宣言》實施指導原則達成協議之後，東協與中國於二〇一二年一月集會，討論如何實施這些指導原則。總計，取決於從南海議題於一九九二年進入東協意識算起，還是從東協於一九九六年正式主張區域行為準則算起，東協花了幾近十六年時間才就《南海各方行為宣言》的實施達成協議。在那以後，東協迅速成立特別工作組，開始起草行為準則。同時，在二〇一二年四月，中國與菲律賓因黃岩島再起爭議：菲律賓於四月十日指控中國漁民在菲律賓擁有的黃岩島水域盜捕。如本書第五章所述，中國與菲律賓於二〇〇〇年初因黃岩島主權問題發生爭執。在菲律賓總統艾斯特拉達二〇〇〇年五月訪問北京期間，雙方同意不升高情勢。在二〇一二年的僵持中，美軍與菲律賓軍於四月十六日起在南海地區展開為期兩周的海軍演習。在中方看來，這項演習「反映的心態會引領南海議題走向軍事對抗與武力解決之途」。透過「這種插手與干預」，美國「只會攪得整個南海情勢更加混亂，最後難免對區域和平與安定造成龐大衝擊」。[035] 北京大學教授賈慶國說，中方認為美國人煽動或鼓勵馬尼拉「在南海為中國製造問題」。[036] 馬尼拉顯然仗著美國支持對付中國。

在二〇一二年六月訪問華府時，菲律賓總統艾奎諾透露，馬尼拉與北京「正在進行雙邊對話，找出一個相互有利的途徑以破解這個僵局」，但他也含蓄地警告北京，如果打算在這個議題上唬弄馬尼拉，最好先想清楚。[037] 馬尼拉要釋出一個強有力的訊號，說它有一個強大的盟友。但誠如阿察雅所說，這個盟友「並沒有給馬尼拉一張空白支票，讓馬尼拉想幹嘛就幹嘛」，華府只是「願意支援這個國家，幫它加強它本身的防務」。根據報導，艾奎諾在七月間說，他考慮要求美國在南海上空部署間諜機，協助菲律賓監視有爭議的水域，因為菲律賓沒有具備這種能力的飛機。[038] 不過，很顯然，無論中國、菲律賓或美國都不希望這項爭議升高成為武裝衝突。中國可以運用它的海軍、空軍與兩棲戰力輕鬆奪下黃岩島，但決定不這麼做。[039] 當艾奎諾與歐巴馬在華府會面時，兩人都強調美國與菲律賓承諾以外交解決南海爭議。[040]

儘管越南領導層在二〇一一年一月開完第十一屆越南共產黨全國代表大會後，努力改善與中國的關係，管理南海爭議，這時的中越關係也很艱難。[041] 二〇一二年五月，兩艘中國海監船在越南海岸與海南島之間的爭議水域切斷越南偵測船「平明二號」（Binh Minh 02）的探測電纜。六月，中國宣布將南沙與西沙群島的行政地位從縣級升高到地級，由新設地級市三沙市管理，再次讓爭議浮出檯面。馬尼拉與河內都對中國這項設立三沙市的決定提出抗議。但中國說，中國所以設立三沙市，是因為越南於六月通過海事法，宣布擁有西沙與南沙主權與管轄權。

在二〇一二年七月舉行的第四十五屆東協部長會議中，東協會員國終於就「東協與中國南海區域行為準則東協建議案」——又稱「行為準則零草案」（Zero Draft of the COC）——達成協議。不過，在大多數人記憶中，七月間在金邊舉行的這次部長會是一次沒有發表聯合公報就結束的會議。這次部長會所以沒有發表聯合公報，是因為菲律賓與越南以及另一造的中國兩造之間的南海爭議愈演愈烈，而主辦國柬埔寨無法——或不願——就這項爭議達成共識所致。[042] 菲律賓堅持聯合公報必須納入不久前的黃岩島對抗事件，越南則要求將一項有關「專屬經濟區」（Exclusive Economic Zones）的聲明納入公報。但柬埔寨不肯。[043] 聯合公報的難產，導致「立即的公開相互指責」。[044] 有些外交官表示，不知道柬埔寨是否

「已經無可挽回地落入中國的口袋裡」。[045]馬尼拉顯然認定如此。奧蒙蒂回憶說：

東埔寨總理洪森在金邊的一次東協會議中宣稱東協已經達成共識，不將南海主權爭議議題國際化，艾奎諾當即公開表示異議，對我來說，這件事非常重要。有人批判艾奎諾，說艾奎諾此舉破壞國際禮儀。但洪森是在利用國際禮儀遂其私欲，因為中國已經給了東埔寨數以百萬美元計的軟貸款與援助，面對狡猾的洪森，艾奎諾不能不這麼做。[046]

印尼外長納塔里嘉瓦告訴記者，「東協竟然不能就我們這許多年來一直掛在嘴邊的事情達成簡單幾段文字的協議……這完全令人不滿」。[047]他立即展開搶救作業，終於說服與會各造，達成一項有關南海議題、基本上只是重申過去主張的六點聲明，於二〇一二年七月二十日在金邊發表。瓦倫西亞指出，「這項聲明沒有任何新意。」[048]在二〇一二年九月一日的一篇專文中，新加坡外交官許通美寫道，「我敢說，我們的領導人十一月在金邊集會時會就南海議題達成共識，重建東協信譽。」[049]在十一月舉行的這次峰會中，除了東協險些重演七月那場鬧劇以外，沒有發生任何重大事故。一項標示《南海各方行為宣言》十周年的聯合聲明於二〇一二年十一月十九日發表。聯合聲明中回顧「過去十年互信互賴的提升」，展望「和平、友好與合作的未來」。[050]沒有一個人指望南海領土爭議能迅速解決，但套用素林的話說，每個人都「了解他們不能讓這些爭議延宕了有利可圖的貿易協定。」[051]還有人希望中國領導班子易主或許能帶來一些正面性改變。有報導說，中國領導層內部對於北京的南海政策是否應該強硬有歧見。[052]（習近平在二〇一二年十一月成為中國共產黨總書記與中央軍委主席，於二〇一三年三月成為國家主席。）但現實是，所有爭議有關各造都在繼續採取行動，加強或保衛他們的主張。據澳洲官方人士說，為因應「中國在南海窮兵黷武」，美國國務院「現在已經達成結論，必須撇開它在金邊展示的謹慎，採取一些對抗中國的行動」。檀香山（每國太平洋艦隊母港）發出的一則電文說，美國對黃岩島早已「瞭若指掌」。[053]

東協、美國及中國的關係

東協諸國未能一致行動，特別是在第四十五屆部長會議中顯示的分歧，讓人對東協的團結與信譽產生重大疑問：它能不能達成創建一個安全共同體的目標，還有更嚴重的是，它能不能保住它作為區域安全架構絕對核心的地位。要排除這些疑問，東協必須具備一項基本條件：它得在美國與中國兩強的競爭中，扮演一種誠實中間人的角色。也因此，我們現在不妨就迄今為止，柬協與美國、柬協與中國的不同關係與聯繫稍做檢討。我們且從柬埔寨談起。在二〇一二年七月的尷尬局面出現過後，柬埔寨遭到許多或確實、或不實的指控。值得注意的是，柬埔寨與寮國過去一直是——而且仍然是——柬協諸國中最依賴中國的國家。對金邊與永珍而言，中國是協助它們對付泰國（與越南）等強鄰的一股制衡力量。

一九九三年選舉過後，柬埔寨出現一個以施亞努之子諾拉登．拉那烈與洪森為首的聯合政府，經過幾年時間才有了一貫的外交政策。在聯合政府於一九九七年解體之後，洪森——施亞努曾說過，洪森（彷彿施亞努自己的翻版）比拉那烈精明——成為柬埔寨領導人。在一九九三與一九九七年之間，中國對於由誰來領導柬埔寨並無偏好。中國過去一直堅決支持施亞努，因此在愛屋及烏之下也支持「柬埔寨民族聯合陣線」（FUNCINPEC，拉那烈領導），並將洪森視為親越南的人物。但在一九九七年過後，洪森頻頻向中國主動示好。最顯著的例子是他切斷與臺灣的關係，還訪問北京向中國致敬。在以簡單多數票贏得一九九八年大選、成為唯一總理之後，洪森還接受中國援助建造國會大廈。儘管中國過去支持紅色高棉，像施亞努一樣，洪森繼續與北京保持良好關係。中國顯然也發現，在洪森與拉那烈之間，他們寧願與洪森打交道。中國很快就成為柬埔寨的頭號外援與外資提供國。柬埔寨與中國關係親密盡人皆知。據報導，李光耀曾說，由於中國與柬埔寨關係親密（與寮國也一樣），無論你在柬協會議中討論什麼，不到幾小時，北京都知道了。在第四十五屆東協部長會議中，身為輪值主席的金邊竟不能達成一項聯合公報，創下東協史上首例，或許令人意外。在這次東協部長會議結束後，中國與柬埔寨的關係成為矚目焦點。根據會議結束後不久傳出的報導，似乎是為了酬庸柬埔寨在南海爭議上將中國利益置於東協利益之前，中國已經保證提供柬埔寨五億美元以上的軟貸款與援助。

儘管美國與柬埔寨在聯合國主持的一九九三年選舉過後建立外交關係，由於洪森於一九九七年奪權，以及他上台以後惡劣的人權紀錄，兩國關係一直相當冷淡。直到二〇〇六到〇七年間，美國官員認識到金邊與北京愈走愈近時，兩國關係才有所改善。二〇〇七年初，華府解除一項歷時十年的對柬埔寨直接援助的禁令，觀察家認為，華府此舉是美國與柬埔寨關係改善的先兆。二〇一〇年，美國國務卿柯林頓利用訪問金邊之便，呼籲柬埔寨分散其國際關係，不要過度仰賴中國；但在此刻，中國已經大舉介入柬埔寨事務。

在寮國方面，在一九九二年中寮邊界劃界問題成功解決之後，兩國間的邊境貿易發展欣欣向榮。中國開始積極與越南競逐寮國的政治忠誠。二〇一〇年，中國取代泰國成為寮國的最大外資投資國。「比利時樂施會」（Oxfam Belgium）的杜米尼克・范・德波特（Dominique Van der Borght）表示，中國在寮國推動許多大規模項目，讓永珍當局擔心中國、越南與泰國競相把寮國當成「他們的領土的延伸」。[054] 儘管寮國一直沒有與美國斷交，但由於越戰影響，兩國關係蒙上一層陰影。永珍懷疑美國中央情報局仍在與苗族蒙人（Hmong）領導人結盟，聯手打擊寮國政府。寮國直到二〇〇四年才取得美國的「正常貿易關係」（Normal Trade Relations）身份——根據美國法律，任何國家必須先具備這種身份才能與美國締結雙邊貿易協定。美國在二〇〇七年逮捕王寶（Vang Pao，越戰期間曾與美國共同作戰的前苗族將領），顯然為兩國關係打了一劑強心針。王寶於二〇一一年死亡，終於為美寮關係這段不愉快的歷史劃下句點，儘管餘波盪漾。柯林頓於二〇一二年七月訪問永珍，成為近五十年來第一位訪問寮國的美國國務卿。觀察家認為，為制衡中國在該地區不斷擴張的影響力，華府已經展開行動，而柯林頓此行正是華府這項努力的一環。據說，柯林頓在這次四小時的永珍之行中，與寮國領導人討論了有關湄公河（Mekong River）水壩環境問題與其他投資機會。[055] 寮國問題觀察家認為，早把多山的內陸國寮國「作為中國與東南亞大陸之間緩衝」的北京，正在寮國「迅速擴張政治與經濟影響力」。[056] 與金邊不同的是，永珍設法在與中國的關係上保持「不偏不倚」。它能不能成功仍是未知數。[057]

在一九九一年關係正常化之後不久，越南與中國都採取行動解決兩國的四個重大雙邊議題。兩國花了將近十年時間，才分別於一九九九與二〇〇〇年就陸界與東京灣海界劃界問題達成協議，解決了其中兩大議題。至於另外兩個議題——西沙與南沙群島主權爭議——直到今天仍無法解決。由於西沙群島已經為中國有效控制，越南想奪回主權似乎不大可能。至於南沙群島爭議，由於涉及其他主權聲索國，已經不是單純的雙邊問題。越南於一九九五年（臨加入東協之前）與美國關係正常化，但直到二〇〇一年才獲得美國的「正常貿易關係」身份。與寮國的情況一樣，越戰留下的陰影——特別是戰俘（或稱「失蹤美軍」）與「橙劑」（Agent Orange，譯注：美軍在越戰期間使用的一種落葉劑）議題——損及雙邊關係發展，而且越南領導層的保守派仍然對美國充滿猜忌，主張盡可能拉攏中國。不過自柯林頓於二〇〇〇年訪問越南，成為第一位訪問越南的美國總統之後，儘管兩國因貿易與人權議題仍然偶有爭執，兩國關係確實在不斷改善。二〇一二年，河內因南海爭議，暗中推動美國制衡中國，已是眾所周知的事實。美國東亞與太平洋事務助理國務卿坎貝爾指出，與越南的緊密關係是「轉向戰略的重要一環」，「雖說近幾十年來美越關係已有長足進展，或許還達到高點」，但仍有很大改善空間。他建議華府「應該拋棄公開羞辱，與越南對話，私下磋商，支持越南改革」。[58] 二〇一二年，坎貝爾在與澳洲外長鮑伯．卡爾（Bob Carr，二〇一二到二〇一三年擔任外長）會談時表示，整體來說，中國已經針對美越關係——特別是軍事層面的關係——在越南畫了一條「紅線」，而且大多數分析家認為華府不會跨越這條紅線。[059] 值得注意的是，坎貝爾並沒有就柬埔寨與寮國提出政策建議。060

總言之，冷戰期間東南亞地區三個最窮的印支三邦——柬埔寨、寮國與越南——都見到與中國改善關係的經濟利益。中國經濟不斷突飛猛進，展現日後成為全球經濟強國的潛能。對印支三邦中較小的柬埔寨與寮國而言，特別也因為中國自古以來從未真正侵略過它們，中國還是它們對抗泰國或越南霸權的堡壘。北京也渴望與這幾個南疆緊鄰——有作者稱它們為「中國的後院」——改善關係。中國所以在印支進行睦鄰，原因是中國需要一個和平而穩定的對外環境，才能集中力量投入本身經濟發展。北京很清楚，如果不能妥善管理與印支諸國的關係，可能打亂它在全球稱霸的大計。

印支三邦並非不想與美國改善關係。但越戰留下的包袱，加上美國聚焦印支三邦人權與貪腐問題的政策，特別是美國在一九九〇年代與二〇〇〇年代初期的政策，使印支三邦難以與美國改善關係。直到不久以前，華府與印支三邦建立關係的目的，幾乎完全是因為與東協打交道符合美國利益。舉例說，就在越南於一九九五年七月成為東協正式會員國之前不久，美國於同一個月十一日與越南關係正常化，但美越雙邊關係的進展很緩慢。經過多年辯論，寮國終於在永珍擔任東協輪值主席的二〇〇四年獲得正常貿易關係身份。如前文所述，柬埔寨與美國關係正常化的進程更緩慢。歐巴馬在二〇一二年訪問柬埔寨時，曾於私下會議中提出人權議題。

這些會議的氣氛據說「很緊張」。[061] 至於緬甸，美國與緬甸關係的改善直到二〇一二年才剛展開，未來如何發展還很難說。國務卿柯林頓二〇一一年年底訪問仰光，成為半個多世紀以來第一位訪問緬甸的美國國務卿。德里克・米契爾（Derek Mitchell）於二〇一二年出使緬甸，成為二十年來第一任美國駐緬甸大使。歐巴馬於二〇一二年十一月訪問緬甸，成為第一位訪問緬甸的在任美國總統（他也是第一位訪問柬埔寨的在任美國總統）。據報導，他受到「數以萬計欣喜若狂的緬甸人」的歡迎。[062] 緬甸領導層表示，他們願意重估與美國及中國的關係。緬甸軍事執政團經過一項秘密研究達成結論：將中國視為外交盟友與經濟後台會「威脅到國家獨立」，改善與美國的關係則是值得推薦的行動方案。[063] 米契爾大使在二〇一三年十二月指出，美國與緬甸的關係已經變得「非常具有建設性，相較於兩年半之前，基本上是一百八十度反轉」。[064]

再談到東協創始會員國新加坡。依照坎貝爾的看法，自冷戰開打以來一直與美國保有親密關係的新加坡，「不斷為美國提供不同凡響的能量與支持，堪稱夥伴國最佳表率」。同時，新加坡因為與中國保持正面關係，也是「一個區域外交支點」。[065] 接下來談菲律賓。有鑒於菲律賓與美國錯綜的歷史糾結，菲律賓人「對美國的態度也很複雜，既充滿敬意，也不乏民族警惕」。像越南一樣，菲律賓也因為南海主權問題多年來與中國一直相持不下。根據坎貝爾的說法，二〇一三到一四年的菲律賓與美國關係，比冷戰結束以來「任何一個時間點都強」。[066]

由於泰國軍方於二〇一四年五月二十二日發動的政變，美國與泰國——美國在亞洲最老資格條約夥伴——的關係變得複雜而且具有挑戰性。事實上，早在二〇〇六年的軍事政變後，兩國關係已經開始轉趨緊張。坎貝爾指出，「美國對這些事件的反應，又一次喚醒了一些泰國戰略文化舊事，讓泰國軍事執政團倒向中國求援，藉以平衡泰國的對外關係」。[067] 如本書前文所述，在一九九七年亞洲金融危機過後，特別是在東帝汶事件過後，印尼—美國關係急轉直下。在布希政府期間，兩國關係開始非常緩慢地改善，直到歐巴馬入主白宮以後，改善腳步才逐漸加速。在二〇一〇年，兩國簽署《美國—印尼全面夥伴關係協定》（*US-Indonesia Comprehensive Partnership*），兩國的國防關係也隨即恢復。[068] 中情局局長大衛・佩楚斯（David Petraeus）告訴澳洲外長卡爾，印尼「並非美國政府最關切的十大外交政策議題之一」，但由於「戰略轉向」，華府需要聚焦於這個國家。柯林頓說，美國方面在印尼問題上「工作得很努力」，開了三次會才「造就一些信任」。坎貝爾認為，印尼—美國的修好，得歸功於印尼總統尤多約諾的領導以及在東協扮演的角色。坎貝爾透露，華府已經決定視印尼為「一個全球性角色，位居美國介入的核心」。不過，印尼—美國關係直到一連幾屆美國政府積極投入之後才真正改善。坎貝爾的上述談話時間為二〇一二年四月，當時為歐巴馬總統第一任任期的最後一年。尤多約諾的總統任期於二〇一四年屆滿。當時一般認為，尤多約諾的接班人不會像尤多約諾那樣篤信國際主義。[069]「國內不時為反美情緒、冷戰與亞洲金融危機造成的分歧所苦」的馬來西亞，也在阿布杜拉．阿麥．巴達維（二〇〇三到〇九年）與納吉布．東．拉薩克兩位首相任內，改善與美國的關係。南海爭議「迫使馬來西亞追求與美國建立有深度、但安靜的戰略關係」。[070]汶萊與美國也有「親密的戰略聯繫」。坎貝爾相信，兩國關係的潛能還沒有充分發揮。[071]

最後，上述東南亞國家對美國的感覺，大體可以引用以下兩句話作為總結：「我們要美國……不過只要出現在地平線上……雷達幕上就好」、「不要拋開我們，但也不要迫使我們選邊」。[072]這樣的情緒與一九六六年的狀況如出一轍。在一九六六年，泰國外長（他在一九六七年成為東協成立的創始領導人之一）告訴美國國務卿魯斯克，東協諸國雖說都希望「獲得美國的默默祝福」，但華府不要「因擁抱過緊而帶來死亡之吻」。[073]印尼人也在一九六八年向美國人表示類似觀點。[074]

東南亞的中美競爭

從歐巴馬政府開始，美中在東南亞地區的競爭明顯升溫。對一心只想保持東協核心地位、不願選邊的東南亞各國政府而言，這是一個敏感議題。東南亞各國政府就如何在美、中兩強之間自我定位的問題進行了許多內部討論。特別是從二〇一二年起，澳洲學者休斯・懷特（Hugh White）不只在學術圈及政策圈內掀起這項辯論，他也將這個難題推入公共討論領域。[075] 懷特不是一般學者。他曾於一九九五到二〇〇〇年間擔任澳洲國防部主管戰略與情報事務副部長。澳洲是（仍然是）美國在亞太地區最親密盟友之一。懷特在二〇一〇年發表一篇長達七十四頁、名為《權力轉移：澳洲在華府與北京之間的未來》（*Power Shift: Australia's Future Between Washington and Beijing*）的論文，[076] 文中基本上認定，由於持續崛起的中國不會接受美國在亞太地區的霸權，目前的情勢將難以維持。也因此，為謀求亞太地區長治久安，避免又一場冷戰的發生，作為美國親密盟友的澳洲，應該說服華府，勸華府在稱霸亞太的作為或目標上讓步，從而與中國訂定一種權力共享安排。懷特建議成立一種類似十九世紀歐洲的「亞洲協商」（concert of Asia）。由於這篇論文談到「澳洲在華府與北京之間的未來」，特別是在澳洲內部，懷特的分析與建議引起一場激辯。他在二〇一二年發表的第二篇論文《中國的選擇：為什麼美國應該分享權力》（*The China Choice: Why America Should Share Power*）[077]，在東南亞引起注意，並招來新加坡外交官許通美的反駁。[078]《中國的選擇》重申懷特在二〇一〇年的論點。而「協商」的構想，也令人聯想澳洲總理凱文・魯德提出的一項類似建議（見本書前文第四章）。雷米・戴維森（Remy Davison）則指出，「沒有一個亞洲或北美領導人把魯德這項創意真正擺在心上。但無論怎麼說，魯德的看法已在懷特的書中找到一些共鳴……」[079] 許通美基本上認為，懷特的中心論點——東協領導的東亞峰會等等各類組織，應該由一個「亞洲協商」（由美國、中國、日本與印度組成）取代——有瑕疵。懷特的建議，會讓東協或東協領導的機構在新的區域秩序中變得無關緊要，或許只有印尼例外。據懷特說，印尼擁有「最後成為真正亞洲大國的潛能——不過得等到二十一世紀中葉以後才有可能」。[080] 許通美為東協的核心地位辯解：「東協包容其他小型、中型國家的作法，能改變這個團體的氛圍。作為一個值得信賴的協助者，東協往往能營造一種共識，調解不同各造相互競爭的利益。這是大國無論個別或集體，都無法扮演的角色。」[081]

最後讓我們引用卡爾的話，作為本章討論的結尾。卡爾在他的備忘錄中，談到澳洲前總理保羅・基亭（Paul Keating）在二〇一二年坎培拉的《中國的選擇》新書發表會中的講話。基亭當時談到給中國「戰略空間」，但所謂「戰略空間」究竟是什麼或者包括什麼都不詳。是指日本與南韓需要結束它們與美國的盟友關係嗎？或越南得接受中國的控制？卡爾寫道，「親中國的遊說有些畫蛇添足了。他們想讓我們手忙腳亂，迫使我們為我們的中國政策辯護。讓我們坐立難安。我們不能中招。在現階段關係中，他們儘管讓我們不快，但一笑置之即可，不要讓中國人以為我們那麼擔心……」[082] 懷特直到今天仍在倡導他這項建議。[083]

第七章

二〇一三到一五年：南海爭議成為核心劇碼

但美國的再平衡戰略是否可持續？這是最令亞洲國家關注的問題，他們希望美國能夠全面參與該地區，幫助維持和平，並阻止中國使用武力或恐嚇手段來實現其目標。[001]

達成共識變得越來越困難，而優先順序感逐漸降低。各個國家面臨著不同的問題，衝突的來源也更多……[002]

日本與印度

第六章描述東南亞國家如何壓制紛擾多年的南海爭議，不讓爭議升高。不過到了二〇一二年時情況幾乎無法控制。在二〇一二年以前，儘管南海爭議始終是東南亞國家心頭之患，但還有其他許多更讓它們關切的事件。從二〇一三年起，每談到東南亞地區國際政治與東協團結，想不聚焦於海事爭議也越來越難。中國海警只要認為違反中國法律就可以登船臨檢的新規則（中國說這不是新規則），讓東南亞國家擔心中國海警可以在任何爭議水域登船臨檢。北京最後終於承認（有人認定北京承認得太晚），中國這項法律僅適用於「海南島外海狹窄的海岸水域」。這項爭議發生在中國於二〇一二年十一月發布新護照之後不久。新護照顯示的中國地圖，將臺灣與南海爭議水域都劃入中國版圖。根據進一步報導，中國已經將兩艘驅逐艦與另九艘海軍退役船隻納入海監船隊，許多人認為這支船隊還會進一步加強。[003]在中國部署一艘巡邏船，守護南海一處中國宣稱的領土之後，菲律賓外長奧伯特．戴爾．羅沙里奧（Albert del Rosario）說，馬尼拉一再要求中方說明這艘船準備守護的水域界線，但「他們不答覆」。有人擔心，東協諸國如果重演二〇一二年七月第四十五屆東協部長會劇碼，不能以統一口徑處理這項爭議，想達成以東協為核心的區域秩序將會困難重重。果真如此，會為「中國這類越來越強勢的大國」帶來機會，讓它「插進一個楔子，分化這個組織的團結」。[004] 黎良明（Le Luong Minh）於二〇一三年一月繼素林之後出任東協秘書長。他在交接典禮發表演說指出，「東協應該加緊努力，及早展開與中國的談判，儘速達成《南海行為準則》。」[005]

對中國不斷成長的軍事與經濟力量的擔憂，拉近了東南亞國家與日本（日本在東中國海與中國也有爭議）的距離。安倍晉三於二〇一二年十二月二度成為日本首相。一般認為，安倍為「極端民族主義派」，矢志修訂日本在二戰角色的歷史。無論如何，東南亞國家「歡迎日本軍事存在的東山再起」。[006] 戴爾・羅沙里奧說，馬尼拉支持「更強大的日本軍力，作為對中國領土挑釁的一種制衡」。日本與菲律賓由於一項共同關切，走得尤其近。時任日本防衛大臣的小野寺五典對這項共同關切有一段表述：日本「在東中國海面臨一種類似情勢……日本方面非常關心南海這種情勢可能影響東中國海情勢」。[007] 馬尼拉想組建一支具有嚇阻力的海軍。東京願意協助，並保証提供優惠貸款，打造十艘海岸防衛巡邏艇。[008]

新加坡也表示希望日本「在該地區施展更強、更有力的領導」。如果安倍重振日本經濟的計畫成功，東南亞國家一般都希望能因日本經濟復甦而獲利。日本於二〇一三年三月加入「跨太平洋夥伴關係」。[009] 安倍在上任後第一次出訪中訪問了越南、泰國與印尼。在安倍出訪前，日本財務大臣麻生太郎訪問了緬甸，外相岸田文雄訪問了菲律賓、新加坡、汶萊與澳洲，展現「強調區域戰略聯繫」的態度。據李光耀說，「在東南亞，中國帶頭、日本附和已經成為慣例。因為日本無力重振經濟，除了讓中國領頭以外別無選擇。」[010] 伊恩．史托里（Ian Storey，譯注：東南亞問題專家）指出，「過去十年，日本大體上只是被動反應中國的倡議……安倍政府設法……強化與重建它在東南亞的關係」。[011]

東南亞國家雖說對日本重回東南亞表示歡迎，也認同安倍提出的原則，贊同以法律解決海事爭議，但它們不願給人一種日本與東協聯手圍堵中國的印象。二〇一二年九月，在日本將東中國海爭議水域內的一些島嶼國有化之後，東京與北京的關係惡化。在安倍訪問雅加達期間，印尼總統尤多約諾在答覆《朝日新聞》記者問題時的發言頗值一提：

> 我們希望見到我們這個地區穩定，安全又和平。基於這個理由，無論是南海或東中國海出現任何問題，都必須根據國際法，以和平手段解決，不能不經思考就用武力或軍事手段解決……[012]

戴尚志（Simon Tay，譯注：新加坡法學者）警告說，「東協絕不能被拖進一場與日本聯手的反中聯盟。東協必須更冷靜地處理分歧，重建與北京的信任，以作為行為準則的談判基礎。因此，必須注意日本人言語中的暗藏玄機。」[013]戴尚志說，「現在每個人都轉向亞洲——就連亞洲人也不例外。」歐巴馬政府啟動的這項前進亞洲的戰略轉向，這時已經進入第三年，並非每個人都認為這是個好主意。此外，由於美國迫於社會與國內壓力而大幅削減國防預算，對這項戰略轉向的質疑聲浪也越來越高。舉例說，羅伯．羅斯（Robert Ross）就說這項戰略「沒有必要」也「沒有好處」，而且以「中國強勢」為前題也是一項錯誤。根據他的分析，中國的強勢「大體上是國內帶動的」。根據羅斯的說法，中國為了避免國內百姓關注失業與不公這類議題，必須安撫國內那些「主張向世界投射中國強硬形象」的強硬派民族主義份子。也因此，根據羅斯的觀點，正確的對中國政策應該是「緩和、而不是利用北京的焦慮，一方面保護美國在這個地區的利益」。[014]新加坡的智庫學者顯然也有同感。除了日本以外，東南亞國家也把眼光投向印度。在二〇一三年二月舉行的第五屆印度—東協對話中，[015]東南亞國家的代表鼓勵印度，根據雙方於二〇一二年十二月達成的「戰略夥伴」協議，「從人員交流到貿易、到安全等各種領域」，更深入參與東南亞事務。出席這次對話的外交官雖說在用字遣詞上小心翼翼，[016]但其他人卻毫不掩飾，直說中國是最讓人擔心的問題。記者吳旭努（Goh Sui Noi，譯音）說得好：

……學界在會議第二天已經發現，會場上那頭大象——或者應該說那條叫做中國的龍——以及它越來越咄咄逼人的強勢，讓它那些較為弱小的鄰國擔憂不已。這些鄰國擔心的是，既然不能保證美國會維持其轉向戰略，它們得拉攏其他大國抗衡中國的強勢。[017]

這種拉攏其他大國抗衡中國的作法有一個詞，叫做「柔性制衡」（soft balancing）。所謂「柔性制衡」的意思就是，它與美國不同——美國的介入東南亞地區有一種「強硬軍事元素」——而東南亞國家希望印度「參與該地區的安全結構，深化它的經濟與其他聯繫，加強它在該地區的影響力」。但所謂「柔性制衡」可以納入「一種與日本的戰略防衛對話」或「與東協國家的聯合海軍演習」。[018]「中國因素」也讓越南與印度走得更近。雖說印度還不能、或還沒有做好在南海爭議中支持越南的準備，印度海軍司令喬西（D.K. Joshi）已經表明，如果涉及印度利益，印度海軍會有反應。同時，兩國都已經在特別是貿易等其他領域加強合作。[019]印度於一九九一年採取「東顧」（Look East）政策，在一九九五年成為東協對話夥伴，並從二〇〇二年起每年舉行雙邊峰會。這種雙邊關係於二〇一二年升級成為一種戰略夥伴關係。但一般的看法是，直到目前為止，「在雙邊合作上說得很多，但沒有具體行動」。[020]在東南亞國家眼中，美國與印度的關係——前美國國防部長雷昂．潘尼塔（Leon Panetta）曾說，印度是美國亞太戰略的「關鍵」——也是一個加分因素。湯瑪斯・杜尼隆（Thomas Donilon，歐巴馬政府國家安全顧問）說，歐巴馬總統認為美國與印度的關係「是二十一世紀最重要的夥伴關係之一」。[021]像所有其他人一樣，新德里也認為它有必要表明它不接受「對任何國家的任何圍堵論」或權力均勢論。[022]不過，印度的抱負不止於東協與東亞而已（這是一般理解的新德里「東顧」政策）。庫希德（Khurshid，譯注：印度外長）說，「我們現在真正著眼的是印太地區。」[023]首先提出「印太」（Indo-Pacific）一詞的是印度與澳洲分析家，「為的是更新『亞太』（Asia-Pacific）這個傳統術語，以便在概念上將印度洋地區與太平洋地區進行區隔」。根據史里拉・夏里亞（Sreeram Chaulia，譯注：印度國際事務專家）的解釋，「相較於將南亞、東南亞、東北亞與澳洲視為個別實體的傳統區隔概念，將從非洲東岸起……延伸到澳洲的龐大沿海地區視為一個具有共同挑戰的共享空間，是一種大不相同的概念」。此外，這個新概念還讓不是東協成員國的印度「站上一個成為核心的制高點」。[024]值得注意的是，印度與日本都與中國有一段領土爭議史。二〇一三年八月，印度第一艘自製航空母艦、排水四萬噸的「勇敢號」（INS Vikrant）下水。「勇敢號」原訂二〇一八年服役，之後延到二〇二〇年。據報導，印度希望（後來如願以償）在二〇一四年編入排水四萬四千五百七十噸、經過改裝的俄國航母「超日王號」（INS Vikramaditya）。印度並且正在設計另一艘航母、比「勇敢號」大兩萬五千噸的「巨人號」（INS Vishal，可望於二〇三〇年代服役）。直到目前為止，能夠建造如此規模航母的國家只有美國、俄國、英國與法國。[025]（二〇一六年一月，中國證實正在建造它的第一艘排水五萬噸的自製航空母艦。[026]）

避開「修昔底德陷阱」

新興強權的中國將與現有強權衝突、引發哈佛學者格雷厄姆・艾利森（Graham Allison）對所謂「修昔底德陷阱」（Thucydides's Trap）的擔憂。[027]儘管中國主席習近平與美國總統歐巴馬都表示「修昔底德陷阱」並非不可避免，但吉登・拉曼（Gideon Rachman，譯注：英國新聞界外交事務專家）指出：

> 美國並不介意讓中國在全球建制中有較大發言權……真正的難題是，中國顯然想將它的近鄰劃入「勢力範圍」。對中國來說，這是再自然不過的事。無論怎麼說，美國既然能認為自己是西半球霸主，崛起的中國為什麼不能當東亞的老大？但眼看東亞將成為全球經濟核心，美國不願意將自己在東亞扮演的這份老大角色讓給中國。[028]

田立司（Ashley Tellis，譯注：美國外交政策印太事務專家）說，「把主導權拱手讓給中國，會在可以想得到的最全面的意義上，對美國國家安全利益造成根本性損傷」。如同瓦倫西亞所說，華府「沒能團結東協一致對抗中國，沒能壓制中國氣焰，甚至沒能促進南海安定。」[029]

東協一再強調不願面對一種必須選邊站隊的情勢，[030]一方面繼續倡導自己在東南亞的核心地位。印尼外長納塔里嘉瓦說，「各國之間有一種信任赤字。」雅加達因此提議訂定一項區域性新條約，以協助營造亞太各國的互信，並約束亞太各國即使在衝突不斷的情況下，也必須以和平手段解決問題。他建議，這樣一項「全印度與太平洋」的條約（全印太友好合作條約）可以根據東協友好合作條約模式打造。[031]直到二〇一四年，雅加達仍不斷推動這項建議，希望締結一項「簽字國放棄使用武力，承諾以和平手段解決爭議的印太區域性條約」。[032]納塔里嘉瓦在他的回憶錄中解釋說，「承諾不使用武力能營造互信，加惠這片廣大地區的欣欣向榮，我所以推動東亞峰會式的友好合作條約，原因就在這裡。」[033]但廖振揚（Chinyong Liow，譯注：新加坡南洋理工大學院長）指出，印尼表達的這項「安全對大家都好的訊息……雖說適時點醒人們注意區域安定的集體利益……想從這一步跨入建立一種條約形式的建制，還需要一次大飛躍才行」。[034]不僅如此，二〇一四年十月繼尤多約諾之後成為印尼總統的喬科・維多多（Joko Widodo），在排山倒海般國內挑戰壓力下，沒辦法像尤多約諾當年那樣擁有「可以投入國際外交的頻寬、資源或動能」。[035]的確，鮑伯・卡爾也在他的回憶錄中寫道，在二〇一二年有關尤多約諾二〇一四年下台後印尼領導層前途的討論中，一般共識是，尤多約諾的接班人「不會像是尤多約諾那樣的國際主義者，而且會差很遠」。[036]納塔里加瓦本人也在二〇一四年十月結束了外長任期。

這種「戰略信任」理念，[037]是倫敦「國際戰略研究所」（Institute of International and Strategic Studies）主辦、在新加坡舉行的第十二屆「香格里拉對話」年會（二〇一三年五月三十一日到六月二日）的主題。[038]另一方面，莫斯科與北京也沒閒著。俄羅斯在二〇一三年七月的東亞峰會外長會中，提出本身一套在亞太地區加強安全與合作的架構。俄羅斯這項建議獲有中國支持。卡維・充吉塔萬指出，「造成中國與俄羅斯聯手的原因是，兩國都有對抗所謂美國霸權的共同意志。兩國也都下定決心，不讓美國的重振安全聯盟與新的再平衡戰略，損及兩國在亞洲的存在與影響力」。[039]分析家認為，有鑒於美國與歐洲在烏克蘭問題上的歧見，俄羅斯靠向中國會「為美國與歐洲帶來嚴重挑戰」。[040]美國已經將它的對外軍事經援與訓練方案撥款增加到九億美元，較四年前多了一半有餘。[041]據報導，美國國防部長查克・黑格（Chuck

Hagel）在八月間取道吉隆坡、雅加達與馬尼拉，前往斯里巴加灣市出席東協國防部長會議時，與各該國簽了若干軍事協定。同時，美國國防部的經費遭到削減。美國官員向亞太地區盟友們反覆保證，這項削支不會影響它們。黑格說，「（亞洲再平衡）是優先要務。你得配合你的優先要務不斷調整你的資源。」[042]不過疑慮並未因此消除。在華府，美國政府因預算與政府經費的分歧而部分停擺，歐巴馬總統因此不能參加東亞峰會與亞太經濟合作峰會，還被迫取消原訂馬來西亞與菲律賓之行——這些發展對信心重建自然沒有加分效果。克里斯多佛・希爾（Christopher Hill，前東亞與太平洋事務助理國務卿）寫道，「……他（不參加亞太經濟合作峰會）的決定雖說正確，卻造成一種效應，讓東亞地區越來越多的人滿腹猜疑：『轉向』戰略到底怎麼了？」[043]

南沙群島事件發展

另一方面，在二〇一三年一月，馬尼拉透過中國駐菲大使馬克卿轉告中國政府，菲律賓政府要將南海領土爭議提交國際法庭。菲律賓外長戴爾・羅沙里奧說，菲律賓這樣做是因為菲律賓已經「嘗試了幾乎一切政治與外交途徑，謀求與中國的海事爭議的和平談判解決」。馬尼拉希望根據一九八二年聯合國海洋法公約透過仲裁法庭為這項爭議帶來「持久的解決」。戴爾・羅沙里奧說，「我們都希望改善我們與中國的經濟關係，但我們不能因此犧牲我們的國家主權。」[044]菲律賓總統班尼諾・艾奎諾說，最近發生在黃岩島的兩次事件——中國在爭議水域騷擾兩艘菲律賓漁船——使馬尼拉決心訴諸於聯合國仲裁。馬尼拉不能讓中國主張「有效控制黃岩島」，因為這會讓北京得寸進尺、佔領「禮樂灘」（Reed Bank）。[045]馬尼拉說，禮樂灘位於菲律賓兩百浬專屬經濟區內。分析家認為，禮樂灘藏有豐富石油與天然氣資源，而作為「通往禮樂灘之戰略門戶」的仁愛礁（Second Thomas Shoal），將成為一個新的引爆點。一九九九年，菲律賓故意將它的海軍運輸艦「馬德雷山脈號」（BRP Sierra）擱淺在仁愛礁上，以宣示主權。[046]中國果不其然，也於六月派遣船隻前往仁愛礁。荷西・奧蒙蒂在回憶錄中談到馬尼拉的這項決定：

> 艾奎諾決定起身對抗中國，將這項爭議交由「國際海洋法法庭」（International Tribunal for the Law of the Sea），透過法律手段解決。我一直相信世界輿論權威縱使不能阻止中國、也能削弱中國需索無度的蠻橫氣焰。截至目前為止，艾奎諾總統的政府已經做了短期內可以做到的一切，以保衛我國在南海的利益。不過這還不夠。我國的長期安全仍然懸於

一線之間。[047]

在對馬尼拉提出的、要求國際海洋法法庭仲裁的二十一頁聲明進行剖析之後，鍾偉倫（William Choong，譯注：印太問題專家）指出，馬尼拉並沒有要求國際海洋法法庭裁決哪個國家擁有對特定島嶼的主權。事實上，馬尼拉只是要求國際海洋法法庭裁決中國的「九段線主張」的合法性。鍾偉倫認為，馬尼拉「這一手玩得很聰明」，因為「中國很可能得說明它的九段線主張的範圍與基礎」。[048] 卡萊・賽耶認為，就算中國不參與這項仲裁，「國際海洋法法庭作出有利於馬尼拉的裁決也能讓馬尼拉站上法理與道德高地」。伊恩・史托里認為，中國面對「兩輪之局」——不參與這項仲裁，中國會「招來不遵守國際法規範的批判」。但參與這項仲裁，它又得面對「說明九段線合法性的非常艱鉅的難題」。[049]

果不其然，北京對馬尼拉此舉冷漠以對，堅持扯上聯合國仲裁只會使問題更複雜，中方認為雙邊談判才是最好的解決之道。[050] 事實上，北京於二〇〇六年通知聯合國，說它不會接受國際法庭對海事相關爭議的裁決或仲裁，因為這是「中國主權問題，不是國際海洋法問題」。[051] 無論是否屬實，北京都懷疑馬尼拉與華府之間有所串通。美國眾議院外交委員會主席艾德・羅艾斯（Ed Royce），在率領一個六人國會訪問團訪問馬尼拉時重申，華府不會在這項領土爭議中偏袒任何一方，但會支持「一項國際接受的外交解決」。羅艾斯還說，中國最好能參與這項進程，這樣「我們才能在國際法指導下前進」。[052]許多美國官員，包括美國太平洋指揮部司令沙繆爾・洛克立（Samuel Locklear）將軍與國家情報局局長詹姆斯・克雷波（James Clapper）等等，也發言支持馬尼拉此舉，羅艾斯不過是其中一例罷了。許多人認為，馬尼拉這項片面訴諸沒有執法權的仲裁法庭的行動，很難有助於解決爭議。「專屬分析公司」（Exclusive Analysis）海洋與航空預測部負責人蓋里・李（Gary Li，譯音）的說法相當具有代表性，他預測，「菲律賓這項行動……除了將它的爭議鬧上國際舞台，大概不會有任何成果，而且會因此跟中國更加疏離」。[053]

不過，值得注意的是，馬尼拉此舉並非特例。新加坡與馬來西亞也曾將兩國有關「白礁」（Pedra Branca）的爭議交付「國際法院」（International Court of Justice）。差別在於，這是一項經兩造協議做成的決定，兩造也都接受國際法院的判決。顯然馬尼拉在發表這項聲明以前，沒有事先與它的東協夥伴們磋商，也沒有事先通知它們。其他東協會員國儘管大多同意馬尼拉採取法律行動，當然也很想知道中國會對所謂「九段線」提出什麼解釋，但在反應時卻顯得非常謹慎。二十年來一直以南海爭議「誠實中間人」自居的印尼，於二〇一四年三月十二日發表聲明，說「九段線」與印尼的廖內群島省（Riau province）與納土納島（Natuna Island）

重疊。印尼總統喬科·維多多在二〇一五年三月說，中國的九段線沒有國際法根據。二〇一五年十一月，雅加達不滿地說，印尼要求中方澄清所謂九段線領土主張，但北京迄無回應。[054]（北京與雅加達之後又於二〇一六年三月在納土納群島附近發生漁捕爭議。[055]）新加坡資深外交官許通美呼籲中國「重新考慮它反對將領土爭議提交國際法庭的現有立場，釋放中國崛起是和平崛起的明確訊號」。[056]大多數人認為馬尼拉將爭議訴諸國際法庭之舉是一項「菲律賓的決定」，一項「國家的決定」，是馬尼拉的「合法權利」，認為所有有關各造都應以和平手段解決爭議。東協開始更積極地推動行為準則進程。印尼副總統尤蘇福·卡拉（Jusuf Kalla）說得好，「上法庭比上戰場好，但上談判桌比上法庭好。」[057]

越南對菲律賓這項法律行動的反應值詳述。除了菲律賓以外，這些年來與中國就南海主張之爭鬧得最兇的國家首推越南。有鑒於中越悠久的歷史淵源，在所有東南亞國家中，越南也是與中國打交道經驗最豐富（應該也是最了解中國）的國家。根據菲律賓國會議員瓦登·貝洛（Walden Bello）在二〇一四年一月十二日發表的一篇文章——貝洛在應越南副主席阮氏平（Nguyen Thi Binh）之邀訪問河內，就外交政策與經濟議題發表演說之後，發表這篇文章——越南人相信，中國領導層沒有料到馬尼拉會這麼做，被此舉「搞得狼狽不堪」。中國被迫採取守勢，還因此同意展開行為準則談判。但菲律賓此舉使馬尼拉「取代越南」，成為北京的

「頭號目標」。越南人告訴貝洛，「他們現在要孤立你，同時越南與中國之間的關係正回復正常」；不過「我們仍然覺得背脊發涼……在中國最不喜歡的東協國家名單中，我們現在是第二名，而你們是第一名。但就長期而言，越南仍是北京的主要戰略問題」。越南人並且告訴貝洛，越南政府「在非正式層面上」完全支持馬尼拉的法律行動，但不能「全面公開支持」。一名退休了的越南大使形容菲律賓此舉很「英雄」。貝洛的這篇分析指出，河內不願在中越關係出現轉機時激怒中國。另一個理由是，國際法庭的裁決可能對越南有負面影響。一名中國外交問題專家告訴貝洛，中國所以惱怒是因為北京已經有政治、外交、大眾媒體、安全與軍事等五場硬仗要打，現在又多了一場法律戰。而讓中國最感頭痛的就是法律戰，因為「在法律戰場上，國際法專家說了算」。[058]

中國在拒絕參與仲裁程序後做了兩件事。它一方面派出一支包括四艘艦艇的海軍部隊在南海舉行八天演習。根據報導，這支海軍部隊在三月底來到「曾母暗沙」（James Shoal）附近水域，曾母暗沙距離中國大陸一千八百公里，距離馬來西亞海岸只有八十公里。根據新華社二〇一二年四月的報導，曾母暗沙是「中國領土最南端」。馬來西亞一直在默默加強海軍防務，在「民都魯」（Bintutu，即沙勞越）建立新海軍基地就是例證。民都魯距離馬來西亞與中國都宣稱擁有主權的曾母暗沙約八十浬。[059] 但吉隆坡希望避免與北京的公開爭執。馬來西亞海軍司令否認中國海軍船艦越界進入馬來西亞水域的報導。[060]分析家認為，中國海軍船艦進入馬來西亞水域是中方刻意展現軍力的行為。[061]五月，中國派出「有紀錄以來最大的一支漁船隊進入南海」，繞了四十天。[062]另一方面，北京提議舉行東協與中國外長特別會，「加速行為準則進度」。在二〇一二年七月的第四十五屆東協會議中，東協會員國就「東協與中國南海區域行為準則東協建議案」——又稱「行為準則零草案」達成協議。中國新任外長王毅強調，東協與中國「不應該讓最近發生的領土爭議損及作為相互關係基礎的信任」。中國外交部發言人華春瑩重申，中國與東協的共識是，「南海問題不是中國與東協的問題。」[063]

二〇一三年五月，王毅同意盡快與東協展開具有法律約束力的行為準則談判，並成立「名人小組」，輔助政府對政府的談判。[064]同年七月，東協與中國宣布將於二〇一三年九月集會，「根據第六次資深官員會議與第九次聯合工作組有關行為準則實施的架構」，討論行為準則。[065]王毅並且保證將提升二〇一〇年生效的《中美洲自由貿易協定》（CAFTA），推動「區域性全面經濟夥伴」（RCEP）。[066]二〇一三年八月二十九日，在中國—東協戰略夥伴關係締結十周年的場合，中國發動所謂「笑臉攻勢」，讓雙方關係從「黃金十年」邁入「鑽石十年」。分析家認為，中國此舉一方面為了抵制美國影響力，一方面也意在孤立菲律賓。美國的作法聚焦於軍事面，例如加強軍事合作與聯合演習（依據美國國防部長黑格在八月間第二屆東協國防部長擴大會議的建議）。北京的作法則是「用金額以十億美元計的開發項目給東協大量『甜頭』」。拉惹勒南國際研究學院高級研究員楊．拉薩里．卡辛指出，中國這種作法「暗地裡表達的訊息是，中國有的是錢，能作為與東協『鑽石十年』計畫的後盾，而美國目前無論是政治或經濟情況都不甚佳」。[067]舉例說，中國在南海議題上儘管立場強硬，一方面卻為東協國家提供兩百億美元發展基礎設施的優惠與特別貸款。這「對於想盡辦法籌款，建造成長所需的道路、港口與鐵路的地區而言，是一項誘人的建議」。[068]

儘管一般認為中國已經是世界強國，甚至有人相信中國將取代美國成為亞太地區霸主，但中國的《環球時報》在二〇一三年發表的一項民調顯示，相當比例的受訪者，特別是生活在中國鄰國的受訪者不信任中國，對中國抱持負面觀點。[069]中國主席習近平主張「亞洲的事情歸根結底要靠亞洲人民來辦，亞洲的問題歸根結底要靠亞洲人民來處理，亞洲的安全歸根結底要靠亞洲人民來維護」，但沒有引起多少共鳴，自也不足為奇。至少有一位學者將習近平這項主張與二十世紀三十與四十年代的「大東亞共榮圈」主張相提並論。[070]同時，儘管美國國務卿約翰．凱利（John Kerry）在就任以後比他的前任更加勤訪亞洲，由於預算不確定，華府仍然不能緩解盟友們對美國政策漂浮的疑慮。據報導，凱利「發現他很難說服亞洲那些疑美派，要他們相信美國已經從重量轉化為重質」。分析家並且指出，凱利「仍在嘗試尋找強硬與外交之間的正確平衡」。[071]舉例說，東協希望美國參與東南亞地區事務，但不想讓華府「據有中心舞台」。卡維・充吉塔萬指出，「東協希望美國在這些海事爭議中扮演一種謹慎、或低姿態角色，這是公開秘密。」[072]

位於華府的戰略與國際研究中心在二〇一四年三月二十四日到四月二十二日間所進行的調查顯示，來自亞洲十一個國家的思想領袖對中國的經濟增長持歡迎態度，但同時他們也明確表達了對美國持續領導的期望。[073]「皮尤研究中心」（Pew Research）在二〇一四年七月就全球對美國與中國認知問題進行的一項民調也顯示，亞太地區（包括東南亞）「各式各樣戰略利益攪成一團」。受訪者給予中國正面評價，但也非常擔心與中國發生軍事衝突。特別是在中國表現咄咄逼人之後，亞洲國家期盼美國援手。中國雖是經濟夥伴首選，美國卻是頭號安全夥伴。與菲律賓與越南相形之下，馬來西亞、泰國與印尼對中國尤有好感，這當然不奇怪。印尼受訪者認為美國既是他們的最好盟友，但也是他們的最大威脅。他們一方面樂見美國制衡中國，另一方面仍然相信美國是反穆斯林國家。[074]

美國國務卿凱利曾表示，支持南海「實質性行為準則」。他也支持東協在二〇一五年年底以前建立經濟共同體的目標，並保證會協助東協營造對抗網路威脅的能力。凱利重申，美國—東協關係具有「最高重要性」。[075]據報導，馬尼拉與華府都在討論擴大軍事合作，雙方都希望在艾奎諾總統任期於二〇一六年六月屆滿以前締結協定。[076]美國除了協助菲律賓加強海軍嚇阻力量以外，還在不斷增加對菲律賓的軍援。據報導，美國間諜飛機一直在提供有關中國在南海軍事活動的「關鍵性情報」。[077]馬尼拉也計劃調遣主要海軍與空軍部隊進駐蘇比克灣，縮短這些部隊駐地與南海——菲律賓政府稱為「西菲律賓海」（West Philippine Sea）——爭議地區的距離。分析家認為，此舉也能加惠美國與其他盟友。[078]艾奎諾政府希望美國在菲律賓派駐更多美軍以制衡中國，已是眾所周知的事實。兩國利益於是走在一起：「菲律賓希望加強對外防務與安全，美國也正好有意改變多年來軍事介入中東的戰略。」[079]不只是菲律賓而已。根據報導，美國也打算協助印尼軍現代化。美國駐印尼大使羅伯・布雷克（Robert Blake）說，「我們在我們兩國間有絕佳的安全合作。」[080]北京擔心美國、澳洲與日本可能串通一氣，於是警告所有這三個國家不得以聯盟關係為藉口，對南海（與東海）領土爭議進行干預。[081]政治觀察家指出，日本首相安倍似乎想結合志同道合的國家，建立聯盟，制約他認為越來越好戰的中國。

另一方面，艾奎諾總統誓言，菲律賓在面對任何涉及主權的挑戰時不會退縮，無論中國是否參與，菲律賓都將繼續訴諸仲裁。外長羅沙里奧說，菲律賓採取雙管齊下的作法：一面要求根據國際法仲裁（海牙聯合國仲裁法庭因此開庭，考慮菲律賓的投訴），一面推動東協與中國的行為準則。[082]三月三十日，馬尼拉向海牙聯合國仲裁法庭提出一份四千頁的文件。美國國務卿凱利二〇一三年十月告訴東亞峰會領導人，所有聲索國「都能訴諸仲裁與其他和平談判手段」，給予這項仲裁案心照不宣的支持。凱利這話激怒了北京，北京隨即警告華府「不要掀風作浪」。[083]至於與中國的行為準則談判，東協領導人雖說希望中國能有展開談判的堅定承諾，但他們對僵局能否及早突破並不樂觀，因為「北京不熱衷」。九月間在蘇州舉行的兩天會議顯示，中國人雖說願意展開磋商，但並不急著與東協締結協定。[084]二〇一三年十一月，中國宣布在東海上空建立「空防識別區」（Air Defence Identification Zone），為東協諸國增添一項新煩惱：擔心北京可能在南海上空也如法泡製。印尼外長納塔里嘉瓦說，雅加達已經「堅定告訴中國，如果南海出現類似識別區，我們不會接受……而我們迄今為止接獲的訊號是，中國無意在南海成立類似識別區」。[085]但北京仍然堅持有權採取這種行動。[086]兩個月以後，中國在二〇一四年一月通過另一法律，規定外國漁船得經過批准才能進入它在南海的水域。不過有些分析家引用二〇一一年十一月通過的一項法律為例——根據這項法律，中國水警有權攔截外國船隻進行臨檢，但顯然只是說說而已，並未嚴格執行——認為北京不大可能嚴格執行這項新法律。但無論怎麼說，這項新法律讓幾個鄰國感到擔憂。[087]二〇一四年三月，中國宣布自二〇一一年以來最大一次軍費開支漲幅。無論北京如何向鄰國解說，如此大舉增加軍費開支表示，中國「不準備放棄它在亞洲越來越咄咄逼人的作法」。[088]不僅如此，中國正在組建三個航空母艦戰鬥群也是眾所周知的事實。其中第一個航母戰鬥群將於二〇一七年成軍。

相形之下，美國國防部必須為了經費而在國會苦戰，來自華府的訊息也因此仍然混沌不明。華府的問題不僅是預算壓力而已。歐巴馬政府還得避免讓美國墜入又一段「大量軍事承諾與嚴重傷亡」期。[089] 據報導，美國主管國防採購事務助理國務卿卡純娜．麥法蘭（Katrina McFarland）在一次會議中說，「現在戰略轉向議題遭到重新審視，因為坦白說這事不可能成真。」麥法蘭隨後撤銷這番言論，還發表一篇新聲明，重申國防部長黑格的「亞洲再平衡能繼續，也將繼續」的保證。[090] 二〇一四年四月，美國在夏威夷舉辦第一次東協與美國國防部長會議。分析家們認為，儘管沒有人指望這次為期三天的會議能有什麼重大突破，但無論怎麼說，這次會議顯示美國已經投入亞洲事務。[091] 同一個月，歐巴馬總統以八天時間走訪日本、南韓、馬來西亞與菲律賓等四個亞洲國家，以重申美國的戰略轉向以及對亞太地區的承諾。歐巴馬這次的馬來西亞之行尤其具有重要的歷史意義，因為這是自林登．詹森（Lyndon Johnson）一九六六年越戰戰火最猛烈期間訪問馬來西亞以來，美國總統的首次大馬之行。在歐巴馬的兩天馬尼拉之行行前不久，美國與菲律賓簽署一項「加強防衛合作協定」。這項為期十年的防衛協定除了讓美國擴大在菲律賓的軍事介入之外，還讓美軍使用數個菲律賓基地。儘管這是歐巴馬自二〇〇九年一月就任總統以來的第五次亞洲之行，「但由於『美國軟弱論』甚囂塵上，此行的效果被打了折扣」。[092] 儘管歐巴馬一再重申轉向，許多亞洲領導人仍然懷疑在今後六年，他與他的繼任人能不能繼續推動戰略轉向，把美國的重心轉入太平洋。[093] 英國記者喬納森・（Jonathan Eyal）說，美國的戰略轉向「仍是一件做到一半的工作」[094]——看來這話說得真的很有道理。

不過，當泰國軍方二〇一四年五月二十二日發動它八十二年來的第十九次政變時，美國與它的最老資格東南亞盟國——泰國——的關係遭到重大考驗。這次政變推翻了英拉・欽那瓦（Yingluck Shinawatra，前總理戴克辛・欽那瓦的姐姐，戴克辛於二〇〇六年被罷黜）領導的政府。許多人認為，英拉・欽那瓦政府是戴克辛的傀儡。華府批判這場政變，並因此停止對泰國的一些軍援，取消了幾項軍演與訪問。新上台的泰國軍事執政團於是轉向對「泰國政治情勢」表示「理解」的中國。六月間，一個泰國軍事指揮官代表團訪問中國，討論區域安全與聯合訓練。軍事執政團宣稱，它擁有中國的支持，[095] 但同時它也設法「更正泰美長年盟友關係冰凍，它正逐漸倒向中國的印象」。[096] 美國國務院官員在華府告訴國會一個委員會說，「我們與泰國的關係已經不可能回到『一切照常』的過去」。另一方面，中國駐泰國大使寧賦魁對軍事執政團副首腦表示，北京理解這項政變，並且讚揚軍事執政團重建商界信心。[097] 但大多數分析家認為華府不會過於疏離泰國，把曼谷推進中國懷抱。二〇一五年二月，曼谷與北京同意在接下來的五年內加強軍事聯繫，包括增加情報分享、打擊跨國犯罪與增加聯合軍演等等。[098]誠如帕尼坦·瓦坦亞岡（Panitan Wattanayagorn，譯注：泰國副總理顧問）所說，「泰國確實也聽美國的……但歸根究底，擔心泰國可能往中國以及日本、俄國與印度等其他國家靠攏的，是華府而不是曼谷。」[099]二〇一五年十二月，中國與泰國簽訂一項協議，興建一條從泰寮邊界到曼谷、全長九百公里的鐵路。[100]同一個月，曼谷與華府重開已經停擺三年的「泰美戰略對話」（Thai-US Strategic Dialogue）。但如同美國主管東亞與太平洋事務助理國務卿丹尼爾·羅素（Daniel Russel）所說，「直到民主重返泰國以前」，美國法律不容許華府恢復與曼谷的全面軍事聯繫。[101]

另一方面，一年來中越關係的改善未能持久。二〇一四年五月二日，中國在西沙群島爭議水域附近建了一個巨型油井（海洋石油九八一號）。越南對此抗議，並且派遣本國船艦前往阻撓油井作業。中國於是也派遣船艦前往保護油井，終於釀成五月七日的一場衝突，導致越南方面若干損傷。越南境內也發生反中抗議（越南政府或許沒有批准，但至少容忍這些抗議）。在選項有限的情況下，河內展開一場爭取支持的公關戰。山姆·貝曼（Sam Bateman）說，越南似乎「在這場公關戰中佔得上風，許多全球性評論都支持越南的主張，認為這個油井非法，認為這次事件是中國蠻橫的又一例證」。但貝曼也說，仔細觀察會發現，中國或許「有權建這個油井」。[102] 無論是否有權建這個油井，中國現在陷入與菲律賓以及越南的對抗。在緬甸內比都（Naypyidaw）出席第二十四屆峰會的東協領導人，也只能呼籲所有有關各造「自我克制，不要採取可能導致緊張情勢進一步升高的行動」。新加坡總理李顯龍說，最近發生在南海的這些爭端是一記「警鐘」。他說，東協「需要在影響所有會員國的議題上採取共同立場」。李顯龍進一步強調，東協必須將擬議中的行為準則「進度緊急推前」。[103] 東協強調它與中國的關係是「多方面的」，不應由一個議題主宰一切，希望南海爭議不影響它與中國的關係。[104]

中國國務委員楊潔篪（職位比中國外長高一級）與越南副總理兼外長范平明（Phan Binh Minh）在六月間舉行會談，根據報導，會議氣氛相當「不愉快」。河內於是轉向華府以及新德里，基本上為的就是讓中國知道，越南有能力營造不利於北京的戰略關係。美國隨即（破天荒第一遭）局部解除多年來一項對越南的殺傷性武器禁運，准許將海上安全相關武器裝備運交越南。印度也同意向越南出售巡邏艇。[105] 但儘管副總理范平明在九月間訪問美國，總理阮晉勇（Nguyen Tan Dung）也在十月往訪印度，越南與北京的聯繫始終未曾中斷。八月間，越南共黨常務書記黎鴻英（Le Hong Anh）以特使身份訪問中國。十月間，越南國防部長馮光青（Phung Quang Thanh）悄悄往訪北京，會晤中國國防部長，雙方同意逐漸恢復軍事聯繫。[106] 同一個月，中國國務委員楊潔篪再次訪問河內，這次比他上一次六月間那次訪問成功。雙方同意運用兩國的邊界爭議機制謀求南海爭議的長治久安解決之道。之後，中國共產黨第四號高階官員俞正聲於十二月訪問越南，雙方同意在解決南海爭議的過程中避開「擴音器外交」（megaphone diplomacy，譯注：即利用輿論造勢的外交手段）。[107] 杜山海說，海洋石油九八一號在西沙的作業不可能是海南島當局或任何單一部會的行動，「規模這樣大，協調工作又做得這麼好的作業」一定奉有北京指示。[108] 他說得沒錯。我們現在（從中共中央黨校的一篇文章中）獲悉，習近平「親自下令採取一連串措施，以擴大（中國的）戰略優勢與維護國家利益」。[109] 熟悉中越關係史的人會發現，中、越雙方的反應遵循一套慣例：河內首先叫屈，中國一開始立場強硬，然後以任務完成為由，提前一個月於七月間撤出油井。不過，在十月間，中國在有領土爭議的永興島（Woody Island）完成一處軍機起降跑道。這是一項意義重大的發展，因為它提升了「中國在南海申張主權的能力」。[110]

或許比以上這些事件更嚴重的是中國的填海造陸活動。誠如艾奎諾總統所說，中國在爭議水域的填海造陸如果用於軍事用途，會對日後領土爭議解決過程造成重大影響。[111] 二〇一四年五月，馬尼拉發表照片，顯示中國在菲律賓與越南都宣稱擁有的「赤瓜礁」（Johnson South Reef）填海造陸，準備造一處飛機跑道。這項填海造陸工程顯然已經進行了幾個月，而且將在二〇一五年繼續進行。[112] 在任何爭議區進行填海造陸，都違反中國與東協會員國在二〇〇二年簽署的《南海各方行為宣言》。北京祭出標準反應，說赤瓜礁是中國領土一部分。六月，馬尼拉說，中國開始在「南薰礁」（Gaven Reef）與「華陽礁」（Cuarteron Reef）填海造陸。[113]中國顯然已經在赤瓜礁、南薰礁與華陽礁建立永久性碉堡、補給平台與港口，並且還在「永暑礁」、美濟礁與渚碧礁（Subi Reef）建造結構。[114]根據《南華早報》報導，中國計畫將永暑礁——中國在南海的最大島礁，北京於二〇一一年指定它為中國在南海的「主要指揮總部」——的設施擴大，打造成一個「擁有飛機跑道與海港的全功能人工島」。永暑礁的擴建工程完成以後，「規模將是狄耶哥加西亞（Diego Garcia）美軍基地的兩倍」。[115]國際矚目焦點主要雖是永暑礁，但亞歷山大．羅培茲（Alexander Lopez，菲律賓軍方西方指揮部司令）少將說，「我們不知道他們想在美濟礁幹什麼……他們在那裡已經挖了很久，永暑礁只是因為規模較大而成為國際矚目焦點。」[116]二〇一六年初，北京進行從永暑礁試飛，引起越南與菲律賓的抗議。馬尼拉進一步建議與美國進行聯合海軍巡邏。[117]同樣在二〇一六年初，據報導中國在永興島建了一個地對空飛彈系統。永興島是中國在西沙群島控有的最大島，越南也宣稱擁有永興島。

二〇一四年六月的空拍照片顯示，中國正在第四個叫做「安達礁」（Eldad Reef）的島礁外海與西門礁（McKennan Reef）造陸。每當面對這類指控時，北京要不否認它在造島或在填海造陸，就是堅持那是它的領土，它喜歡在上面造什麼就造什麼。[118]不過採取這種作法的不僅只有中國而已。「菲律賓和平、暴力與恐怖主義研究所」（Philippine Institution for Peace, Violence and Terrorism Research）所長羅梅爾·班勞（Rommel Banlaoi）則表示，越南進行的填海造陸活動比中國還多。[119]中國解放軍少將羅援也強調，菲律賓、越南與馬來西亞都在它們的島上建軍事設施。[120]不過這些設施與中國的相形之下，彷彿小巫見大巫。二〇一五年三月的一份報告指出，中國在至少六個島礁上填海造陸，將土地面積增加了五倍，這種填海造陸已經成為中國「更強硬外交形式」的「最明顯的標誌」。[121]儘管憂心，而且馬尼拉也呼籲採取更強硬的行動，但東協無法就如何因應中國在南海造陸的議題達成共識。東協只是抱著一線希望，希望行為準則一旦終於成真，這些問題便能獲得解決。[122]在這個議題上，東協能夠做到的最高尺度，只是在第二十六屆東協吉隆坡峰會的主席聲明上加了一段話：「有些領導人對填海造陸議題表達嚴重關切，我們也有同感……這種作法腐蝕了信任與信心，還可能損及南海的和平、安全與穩定」。聲明中還說，東協已經訓令會員國外長「在東協—中國關係等各種東協架構下，並根據和平共存原則，趕緊有建設性地處理這件事」。[123]主席聲明中加了這兩段話讓北京非常不快，根據日本「共同社」報導，主席聲明草案中原本沒有這兩段話。[124]中國的填海造陸與構工活動帶來的一個重大後果是，它讓美國國防部考慮加強在爭議水域的船艦與飛機巡邏活動。華府在二〇一五年十月說，將在爭議水域進行「自由航行」（freedom of navigation）巡邏。[125]駐在日本橫須賀的美國海軍導彈驅逐艦「拉森號」（USS Lassen）隨後駛入距渚碧礁不到十二浬水域，揭開理查・賈瓦・海達里安（Richard Javad Heydarian，譯注：菲律賓政治分析家）所謂「美國直接捲入南海爭議」新頁。[126]北京說這次鬧得沸沸揚揚的事件是美方「刻意挑釁」，並指控美國企圖將南海軍事化。[127]第二艘美國海軍導彈驅逐艦「克提斯・威爾伯號」（USS Curtis Wilbur）於二〇一六年一月駛入距西沙群島的「中建島」（Triton Island）不到十二浬的水域。之後美國於五月間派出第三艘海軍導彈驅逐艦「威廉・勞倫斯號」（USS William P. Lawrence）駛入距永暑礁不到二十二公里水域。[128]據報導，在二〇一七年九月初，美軍太平洋指揮部已經「首次擬妥一項南海海軍巡邏時刻表」。[129]另一方面，中國針對馬尼拉在海牙國際法庭所提仲裁案的答辯期限也於二〇一四年十二月十五日屆滿。北京沒有理會這項限期。這件仲裁案於是在沒有中國參與的情況下進行，預期於二〇一五年年底或二〇一六年年初判決。

跨太平洋夥伴關係與一帶一路

二〇一五年六月中旬，美國國會通過票決，不讓歐巴馬總統透過捷徑批准「跨太平洋夥伴關係」（ＴＰＰ），這項美國領導的自由貿易協定看來短期內無望成真。ＴＰＰ是「歐巴馬政府的『亞太地區再平衡政策』的核心支柱」。[130] 日本終於在二〇一三年加入這項協定。美國國會這項票決雖說未必就是敲響了ＴＰＰ喪鐘，但分析家一般認為，有鑒於民主黨反對規模之大，謀求突破的選項已經很少。此外，隨著國會競選季即將展開，歐巴馬政府可以運用的時間已經不多。歐巴馬總統任期雖於二〇一七年一月二十日正式屆滿，但二〇一六年的許多時間都得花在選戰上。二〇一五年十月五日，ＴＰＰ談判終於結束。沒隔多久，總統候選人熱門人選、在擔任國務卿期間曾鼓吹ＴＰＰ的希拉蕊·柯林頓，宣布她不再支持ＴＰＰ。[131] 新加坡——東南亞地區最支持、聲援ＴＰＰ最力的國家——外長尚穆根（K. Shanmugam）明白舉出不支持ＴＰＰ的後果：「就戰略而言，你準備用什麼介入亞洲，你準備用什麼槓桿介入這個世上成長最速的地區？ＴＰＰ是唯一可行之道。」ＴＰＰ所以這麼重要「主要不在於經濟考慮，而在於它對美國對亞洲戰略的影響」。簡言之，ＴＰＰ不只是經濟議題而已。事實上，經濟只是「這件事的一小部分」。[132]

二〇一六年二月，歐巴馬主持美國—東協「陽光之鄉特別峰會」（Sunnylands Special Summit）——美國與東協在美國境內舉行的第一次峰會——為推動美國與東協關係做了最後一次努力。在這次為期兩天、相對非正式的會談結束時發表的一篇簡短聲明中，與會領導人每個人都重申他們「堅決信守一種以規則為基礎的區域與國際秩序」，以及「一種和平解決爭議，包括全面尊重法律與外交程序，不訴諸威脅或使用武力的共同承諾」。[133] 由於美國正進入總統選季，許多人認為這次峰會不過是歐巴馬政府「臨去秋波，象徵意義大於實質意義，欠缺對於未來美國對華府亞洲再平衡政策的明確承諾」。[134]

相形之下，中國似乎展現更多遠見。習近平有兩個加強中國在亞太地區影響力的構想。其中一個是中國領導的「亞洲基礎設施投資銀行」（Asian Infrastructure Investment Bank，簡稱亞投行）。亞投行在二〇一五年已經擁有超過五十七個會員國，包括澳洲、德國與英國。二〇一五年十二月，與中國正因南海爭議相持不下的菲律賓也加入亞投行。[135] 另一個構想是「一帶一路」（OBOR）。要了解「一帶一路」，不妨先說明中國國家主席習近平於二〇一三年年底提出的兩項倡議：「絲綢之路經濟帶」，以及可以連接中國與東南亞、非洲與歐洲的「二十一世紀海上絲綢之路」。在這個過程中，「倡議」是關鍵。至少在一開始，中國並沒有一項明確的計畫或戰略。二〇一三年九月七日，習近平在哈薩克斯坦「納扎爾巴耶夫大學」

（Nazarbayev University）的一篇演說中，首次提議「沿絲路合建一條經濟帶」。同年十月三日，他在印尼國會發表的演說中談到「加強與東協諸國的海事合作，充分利用中國—東協海上合作基金，發展海上合作夥伴關係」。在這兩次演說中提出的這兩項倡議，當時並沒有吸引很多注意。拉惹勒南國際研究學院教授李明江指出，當時鄰國的反應「模稜兩可」。但二〇一三年年底過後，一帶一路成為「中國外交政策優先」。[136]二〇一五年三月，北京終於發表「一帶一路」倡議指導文件，二〇一五年三月二十八日，中國國務委員楊潔篪在「博鰲亞洲論壇」（Boao Forum for Asia）年會中詳述「二十一世紀海上絲綢之路」。[137]本書將在第八章進一步討論「一帶一路」，並且對「跨太平洋夥伴關係」與「一帶一路」進行比較，作為本章結尾。根據尚穆根的說法：

> 如果你（美國）退出這個地區，不再扮演有用的角色，你唯一可以用來塑造結構、影響事件的手段只剩下第七艦隊，而那不是你想用的，或者說你不能無論發生什麼事都用它。貿易才是戰略，你要不加入，要不出局……這個世界不會等你，就算你是美國，也不會等。[138]

第八章

二〇一六到一七年：徘徊在歷史岔路

動盪的二〇一六年……亞洲權力均勢轉變的一年。[001]

……老的在垂死邊緣，新的還生不出來。[002]

「東協共同體」

表面上，東南亞以一種單一「東協共同體」的形式迎來二〇一六年。但大多數分析家都同意，這個東南亞與它自稱的所謂「共同體」還有很長一段距離。穆西亞·阿拉賈巴（Muthiah Alagappa，譯注：馬來西亞亞洲事務專家）撰文指出，東協「短期內不大可能成為一個單一共同體。今後幾十年，東協的整合與共同體構築仍將是長程目標」。[003] 阿拉賈巴這番話道出許多人的心聲，政界人士並不反駁，但寧可聚焦於好的一面，強調「共同體」是東協發展過程的一個歷史性關頭——套用巴里·戴斯克的話說，是「它的建制性成熟的示範」。在新年伊始的慶祝活動中，人們也承認今天的東協「絕對談不上達標」——如果能達標的話。這其實是一種「旅程」，旅途首站是建立「東協經濟共同體」，大幅提升東南亞的競爭力與成長，接下來要建立另兩個支柱——「政治—安全共同體」（Political-Security Community）與「社會—文化共同體」Socio-Cultural Community）。[004] 東協經濟共同體本身，也因人口老化、制度軟弱、以及東協內部民族主義論點與保護主義政策不斷升溫的阻礙而「發育不良」。[005] 簡言之，「東協共同體」只是一件進行中的事。同時，為了保護東協，不讓東協捲入美中不斷激化的對抗，東協迫切需要更大的整合。美中對抗，以及二〇一六年六月在昆明舉行的，東協—中國特別外長會議聯合聲明遭撤銷（撤銷原因仍然不明）的事實，都說明東協內部特別是在南海議題上意見分歧，以及中國施加的巨大壓力。[006]雖說東協—中國關係確實是多方面的，中國外長王毅也呼籲東協諸國外長不要將南海爭議視為「中國—東協關係的全部」，[007]然而現實狀況是北京不把南海爭議，與區域性全面經濟夥伴、一帶一路與亞投行等東協—中國互動相提並論。

不過這一年還有一種更重要的意義。回顧起來，東南亞國際政治的重新定位可以追溯到二〇一六年，不過這項仍在進行中的轉變會很快結束，還是會持續長久，目前還言之過早。第一個對東南亞地區國際政治發展造成衝擊的事件，是羅德里戈・杜特蒂（Rodrigo Duterte）在二〇一六年五月的勝選。二〇一六年六月三十日就任菲律賓第十六任總統的杜特蒂，由於在國內與國際採取的許多政策與行動，而成為廣受爭議的領導人。我們這裡要關注的是他的國際政策與行動。根據葛里戈利・鮑林（Gregory Poling，譯注：戰略與國際研究中心南海問題專家）的觀察，杜特蒂似乎「非常懷疑與美國結盟的價值，因為他不相信美國會在緊要關頭時真的支援菲律賓、對抗中國」。根據《環球時報》（一般認為，這家報紙時而充作中國共產黨的喉舌）的報導，這位新總統說，他「反對與中國開戰的構想，要與北京直接談判南海問題，而且不相信可以透過國際仲裁解決這場衝突」。[008]隨著杜特蒂的當選，二〇一六年年初舉行的美國—東協「陽光之鄉特別峰會」（見第七章）也淪為美國與東南亞關係史的一個不起眼的注腳而已。據說，在聽說歐巴馬批判他的肅貪與法外殺戮行動時，杜特蒂曾經罵歐巴馬是「婊子生的」（son of a whore）。兩位總統原訂二〇一六年九月利用東協寮國峰會舉行期間碰面的計畫取消了。杜特蒂也沒有出席美國—東協會談，以顯示他「減少菲國對美國依賴」的意圖。[009]杜特蒂還曾說，他「不是美國人的粉絲」，在處理菲律賓的國際關係時，馬尼拉要追求「一種獨立的對外政策」。[010]

東協諸國與中國

第二個重大發展就是仲裁法庭於二〇一六年七月十二日那項世人矚目的判決：中國的「九段線」主張既無法律基礎也沒有歷史依據，而且沒有一個國家可以在海上主張任何「歷史性權利」。判決中還說，南沙群島完全不具可以視為大陸礁與經濟專屬區的特質。[011]這項判決「遠比許多法學專家預期的更加全面而且決定性得多」。[012]當然，北京不出所料，拒絕了這項判決。東南亞各國對這項判決的反應值得一提：東協由於缺乏共識，無法發表聯合聲明。據報導，汶萊、柬埔寨與寮國已於二〇一六年四月與中國就南海議題達成一項四點共識。根據這項共識，四國反對任何「片面將一件事強加於他國」的企圖。新加坡外交官比拉哈里·考斯甘

（Bilahari Kausikan）與王景榮指控北京分化東協。[013]甚至在判決宣布以前，柬埔寨已經表明，它不會針對這項中菲爭議，參與任何表達共同立場的行動。個別國家如寮國、印尼與泰國，也沒有就這項判決發表任何公開聲明，只是重申一些泛泛之論，說要根據東協—中國之前的協議，以及東協規範，和平解決這項爭議。針對這項判決作出反應的國家，如新加坡與緬甸，在用字遣詞上也「極度小心謹慎，以免觸及中國的神經」。[014]在二〇一六年九月紀念中國—東協對話關係二十五周年的峰會中，東協領導人甚至連一句中國應該遵守這項判決的建議都沒有。會後發表的聯合公報也對這件事隻字不提。[015]的確，套用海達里安的話說，儘管菲律賓贏了一場「地標性的法律勝利」，「不僅中國壓制了國際社會的反應，東協本身也錯失了一次在南海伸張其重要性的歷史性機會」。[016]意義最重大，也最讓人稱奇的是，二〇一三年艾奎諾主政期間提出這項仲裁案的馬尼拉，現在由杜特蒂主政，而杜特蒂決定撇開國際仲裁法庭這項判決，透過雙邊談判解決南海爭議。北京為示回報，也保證提供菲律賓兩百四十億美元貸款與投資，並解除二〇一二年實施的禁止菲律賓漁船進入黃岩島的禁令。馬尼拉希望中國提供更多資金，協助菲律賓進行多項基礎設施項目——聯結馬尼拉與呂宋北部阿爾拜（Albay）省黎牙實比市（Legazpi City）的鐵路就是一例。菲律賓財政部長卡羅斯．杜明奎茲（Carlos Dominguez）說，「總統的再平衡外交政策已經有具體成果，中國為菲律賓提供的慷慨援助就是其一。」[017]

東南亞國家在國際仲裁法庭這項判決之後採取的不對抗作法，帶來若干正面成果，包括東協與中國達成海上緊急狀況出現時使用熱線的協議，以及「海上意外相遇準則」（Code of Unplanned Encounters at Sea）的實施，或許還有最重要的是，達成在二〇一七年年中以前完成行為準則架構草案的協議。二〇一七年四月，由菲律賓擔任輪值主席的東協在馬尼拉舉行第三十屆峰會。主席聲明中雖說提到南海議題，但只是重申「和平解決」爭議，不提國際仲裁法庭的判決。對於中國在南海填海造陸與島礁施工的事，主席聲明同樣隻字不提。根據「亞洲海事透明倡議」網站（Asia Maritime Transparency Initiative）的報導，衛星照片顯示，中國還繼續在南海、特別是在西沙群島繼續構工。[018] 一般看法是，在行為準則架構協議起草的問題上，東協諸國採取一種「較柔性立場」。[019] 美國、日本與澳洲嘗試說服東協作出較強硬的反應。放言無忌的杜特蒂在這次峰會召開前說，反正也沒有人敢向中國施壓，在會中討論北京在南海那些有爭議的活動根本沒有意義。[020] 作為一種交換條件，北京也不再堅持「不具法律約束力」行為準則的立場（東協一直主張行為準則必須具有「法律約束力」。）在八月六日的會議中，東協—中國「各方行為宣言實施聯合工作組」（Joint Working Group on the Implementation of the Declaration of the Conduct of Parties）就行為準則架構達成協議。九月，來自東協與中國的代表集會，討論行為準則談判前的「工作作法」。[021] 在《南海各方行為宣言》自二〇〇二年簽署的十五年後，終於來到這一階段。二〇一七年八月，北京還向馬尼拉保證它不會在南海建更多設施，不會佔領更多島礁。[022] 實際狀況是，中國這些年來已經佔領若干有爭議的島嶼，並且在其中至少三個島上建妥可供戰鬥機起降的設施。[023] 儘管作了所有這些保證，衛星證據顯示，北京一直在「穩步前進」，不斷在南海填海造陸，建造新設施。[024]

談到菲律賓與老盟友美國，以及與中國的關係，即使撇開杜特蒂那些誇張的言論不提——他曾說，他的國家「從美國分出來」，「我們三國，中國、菲律賓與俄羅斯，一起對抗世界」——中菲關係的走向確實與美菲關係走向背道而馳。當與美國的關係升溫時（從艾奎諾主政期間不斷升溫），與中國的關係就會降溫（從二〇一六年六月前尖峰時期開始降溫）。如同海達里安所說，「這讓許多國家措手不及。杜特蒂真的造成巨大衝擊，不只對菲律賓的外交政策，對更廣的區域地緣政治走勢也有巨大影響」。[025] 中國外長王毅形容中國與菲律賓的關係正「進入迅速發展的黃金時代」。[026] 杜特蒂的大轉向、靠攏北京，讓許多分析家擔心它對東協核心地位造成的衝擊。[027]

菲律賓不是近年來靠攏北京的唯一東協國家。菲律賓所以特別引人矚目，是因為它在冷戰期間一直與美國保持親密關係，而杜特蒂總統上台以後卻發表許多驚人之語。在五個東協創始會員國中，馬尼拉也不是核心國家，不過馬尼拉靠向中國其實並不奇怪。皮尤研究中心在二〇一七年的一次民調顯示，菲律賓人對美國人的喜好程度仍然勝於中國人，但差距正逐漸縮小。[028]

如之前幾章所說，在所有東協國家中，直到目前為止，與中國走得最近、與美國走得最遠的國家是柬埔寨。北京一直不斷加強它與柬埔寨的經濟與防衛關係。二〇一六年二月，兩國舉行救援作業聯合訓練演習。二〇一六年九月，與解放軍有淵源的中國公司「天津優聯發展集團」與金邊政府簽約，在暹羅灣（Gulf of Thailand）沿岸、距南海爭議島礁數百公里處建港。據報導，這座新港港闊水深，可以停靠排水量萬噸級的商船與海軍艦艇。對中國來說，柬埔寨是東南亞一個重要的運輸中樞。中國駐柬埔寨大使熊波說，「在古代連結東、西方的海上絲綢之路，柬埔寨據有關鍵地位」。[029] 柬埔寨用中方提供的資金進行許多基礎設施項目，這座港不過是其中一例。北京還向柬埔寨出售肩射型防空飛彈與直昇機等軍事裝備，並為柬埔寨提供軍事訓練。《金融時報》（*Financial Times*）的一篇調查報告指出，北京藉由大型投資案強化與金邊的關係，從而取得政治紅利。[030] 與冷戰期間相比，中國與柬埔寨的關係確實已經大不相同。洪森在一九八八年曾說中國「對柬埔寨來說，就是一切罪惡的化身」。[031] 但到二〇一七年，柬埔寨已經將中國視為最可靠的友邦。二〇一六年十月，習近平在出任主席後第一次往訪柬埔寨時，形容兩國是「好鄰居，是彼此忠誠的真朋友」。[032] 與中國的慷慨相形之下，美國繼續向柬埔寨追討（施亞努在位期間欠下的）一筆總額五億美元、為期四十五年的貸款，並且阻撓國際貨幣基金在這筆貸款清償以前貸款給金邊。金邊還擔心，一旦川普政府批准刪減國務院預算，美國對柬埔寨的開發援助將降為零。[033] 之後，美國這筆開發援助果然縮水，但沒有降為零。二〇一七年一月，金邊以「國內要務過多」為由，取消與美國的年度聯合軍演，同年四月，金邊廢了持續九年的美國軍援方案。[034] 二〇一七年八月，洪森政府關閉柬埔寨境內「國家民主研究所」（National Democratic Institute）辦事處，並將它的外籍人員驅逐出境。由「國家民主基金會」（National Endowment for Democracy）、「美國國際開發署」（USAid）與美國國務援資助的國家民主研究所，是一個「以倡導民主、在全球各地加強民主建制為宗旨的非黨派組織」。洪森政府指控國家民主研究所意圖對它發動「顏色革命」。[035] 總結而言，柬埔寨—美國關係走向與柬埔寨—中國關係的走向背道而馳。

透過「灑幣」方式，北京不僅對柬埔寨，還對寮國與緬甸擴大影響力。二〇一六年十二月二十五日，引起爭議的中國—寮國高速鐵路（竣工後將連結昆明與永珍）開工。中方計劃打造一個連結雲南省與東南亞關鍵性市場的運輸系統，這條高鐵是這個運輸系統的一環。由於原擬在越南與緬甸建鐵路的項目遭到擱置，這條已經納入一帶一路項目、從昆明到永珍的高鐵對中方尤為重要，但是這條高鐵對寮國的好處還不明顯。[036]

歐巴馬在二〇一六年九月訪問內陸國寮國，成為有史以來訪問寮國的第一位在任美國總統。有報導說，寮國有意疏離中國，轉投美國懷抱。不過有鑒於中國在寮國的鉅額投資，這種可能性幾近於零。對美國而言，寮國「不是很強的投資選項」，但北京卻將寮國視為「前往東南亞的關鍵性門戶」。[037]艾嘉．彭（Edgar Pang，譯音）指出，一般認為柬埔寨與寮國是中國在東南亞「最值得信賴的盟友」。但與柬埔寨不同的是，寮國在與中國打交道時總是設法「保持一些平衡」與不偏不倚。[038]

至於緬甸，仰光在種族叛軍問題上非常仰賴中國的協助。[039]儘管北京強調它「始終堅持不干預他國內政，尊重緬甸主權與領土完整」，但因中國支持駐在中緬邊區的少數族裔叛軍，中緬關係往往處於緊張狀態。許多觀察家認為北京利用華裔叛軍團體「作為一種操控緬甸的手段」。[040]二〇一七年四月，在經過幾近十年的談判後，兩國就一條油管的問題達成協議。這條油管長七百七十公里，是不必經過麻六甲海峽而能將中東石油運往中國的又一途徑。卡維．充吉塔萬指出，「現在石油與天然氣管線都已運作，緬甸突然間成為中國一帶一路倡議的一條連結線。」[041]北京將緬甸視為一座通往印度洋的陸橋。[042]中國也是緬甸最大的貿易夥伴，佔二〇一六年緬甸貿易總額的將近四成。中國並且在緬甸西海岸建了一個特別經濟區、電廠與深水港。[043]另一方面，緬甸與美國關係雖於二〇一一年一度修好，帶來中方所謂「戰略挫敗」，但這次修好並沒有造成有意義的成果。當時許多人希望、也預期緬甸將背離中國、投向西方，但緬甸沒有、也無法這麼做。[044] 儘管歐巴馬總統於二〇一二與二〇一四年兩度訪問緬甸，華府卻沒有採取進一步營造這個新關係的行動，反之北京卻「積極拉攏更多國家，用軍事裝備、基礎設施交易與外交注意力招徠美國友邦與盟國」。[045] 分析家不認為川普政府能做得比它的前任更好。中國的「笑臉攻勢」幫著中國奪回它在緬甸的根據地。[046]

中泰關係在第七章已有討論。像菲律賓一樣，在二〇一四年五月政變以及隨後美泰關係逐漸降溫之後，泰國也將它的對外關係多元化，但與菲律賓不一樣的是，泰國的作法沒有那樣戲劇化。除了靠向中國以外，曼谷也利用莫斯科意圖成為亞洲強權的野心，向俄羅斯示好。二〇一六年年初，俄國國安會（Security Council）首腦尼古拉・帕楚舍夫（Nikolai Patrushev）訪問曼谷，沒隔多久，泰國兩名副總理訪問莫斯科。[047] 但中泰關係的發展才是這個階段最重要的大事。根據報導，泰國於二〇一七年四月同意向中國採購戰車與一艘潛水艇，用中國VT－4戰車取代它的美製M41戰車。[048] 同年六月，泰國首相帕拉育（Prayuth Chan-o-cha）強行推動中泰高速鐵路項目。自雙方於二〇一四年簽署鐵路合作諒解備忘錄以來，就一直停滯不前的這個高鐵項目，是中國用鐵路連結昆明、寮國、泰國，最後通到新加坡的一項長程計畫的一部分。政治分析家認為，帕拉育此舉是曼谷完全倒向中國的有力明證。[049] 不過那是帕拉育二〇一七年十月訪美、會晤川普總統以前的事。帕拉育這次美國之行標示「二〇一四年政變過後泰美關係的正常化。畢竟，美國的支持有助於提升這個政權的國際形象」。[050]

中國與馬來西亞關係也有相當改善。由於中資大量湧入馬來西亞，納吉布政府還因此被控容許中國人「帶著成噸現金來這裡，買下大馬城（Bandar Malaysia），讓我們為他們工作」。前馬來西亞首相馬哈地．穆罕默德也是批判中資湧入的重要人物之一。[051]像菲律賓一樣，馬來西亞也因向中國靠攏而大發利市。杜特蒂在二〇一六年十月中國之行期間獲得兩百四十億美元投資與優惠貸款。馬來西亞首相納吉布也在二〇一六年十一月中國之行期間，從北京取得價值一千四百四十億元人民幣的投資與優惠貸款。[052]馬尼拉與吉隆坡也都成功取得中國對本國鐵路項目的投資。中國與馬來西亞關係不僅止於貿易與投資而已。二〇一七年四月，馬來西亞國防部長希山慕丁．胡先（Hishammuddin Hussein）宣布，馬來西亞與中國之間將成立一個高階國防委員會，以加強兩國安全合作。吉隆坡並且承諾向中國購買四艘濱海戰鬥艦。[053]二〇一七年八月底，習近平重複納吉布二〇一五年十一月說的一句話，說中國與馬來西亞的（關係「有史以來最好」。[054]並非每個人都同意吉隆坡已經加入中國陣營。在二〇一七年發表的一篇論文中，艾琳娜．努爾（Elina Noor，譯注：卡內基大學東南亞問題資深研究員）與奎斯亭納（T.N. Qistina，譯注：國際戰略研究所資深研究員）指出，馬來西亞「同時設法擴展、加深它與中、美兩國的關係，這與馬國長久以來與大國保持等距的政策一致」。[055]二〇一七年九月，馬來西亞首相納吉布訪問華府，與川普總統會面。不過許多分析家認為，納吉布當時身陷「一馬公司」（1MDB）的貪腐醜聞風暴，政治前景黯淡，這次華府之行意在抬高自己的聲望。一名馬來西亞政界人士說得好，「馬來西亞一方面拿了來自中國的『外國直接投資』，現在馬來西亞要對美國經濟做『投資』了」（納吉布決心做的就是這事）。[056]

在所有東南亞國家中，只有印尼與新加坡沒有屈服於北京的銀彈外交攻勢下。印尼直到目前為止，都能將它對納土納群島周邊專屬經濟區的主張，與它與中國的經濟關係「區隔化」。[057]印尼外長雷諾．馬蘇迪（Retno Marsudi）說，「我們與中國有良好的關係。我們會根據國際法努力維護我們的良好關係。」[058]二〇一七年七月十四日，印尼將南海西南部爭議水域改名為「北納土納海」（North Natuna Sea），同年八月，中國交給印尼駐北京大使館一個官方照會，要求雅加達撤銷這項改名行動。中方堅持，改變一個「以往為國際接受的名字」會使「爭議更加複雜，並且擴大、影響和平與安定」。照會中還說，兩國雙邊關係正以一種「健康而穩定」的方式發展，南海爭議得到妥善管理，任何片面更名之舉「無助於維護這種絕佳情勢」。[059]再來談到新加坡，由於中國認為，就連菲律賓都已經將國際法庭的仲裁結果撇在一邊，新加坡卻仍在過度強調這項結果，因此新加坡與中國的關係經歷一段低谷。但從二〇一七年八月起，兩國關係似有改善。二〇一七年九月，新加坡總理李顯龍應中國總理李克強之邀訪問中國，與包括習近平在內的四位中國最高領導人會晤，訪問極為成功。[060] 但值得注意的是，新加坡與美國的關係親密而深厚，可以說比美菲、美泰關係還更好。坎貝爾寫道，「新加坡不斷為美國提供不同凡響的能量與支持，堪稱夥伴國最佳表率。新加坡為美國提供戰略建議與軍事進出，是美國獨樹一幟、強有力的夥伴。」[061] 二〇一六年八月，歐巴馬總統形容美國與新加坡關係是一種「堅如磐石」的夥伴關係，還說新加坡是「美國在東南亞地區存在的一個『錨』」。[062] 二〇一七年五月，在宣布新任美國駐新加坡大使人選時，白宮形容新加坡是「美國的一個偉大的盟友」。[063] 新加坡總理李顯龍指出，自開國總理李光耀一九六七年第一次訪美以來幾十年間，兩國關係歷久彌堅。李顯龍在二〇一六年八月說，「歷經九任美國總統——五任共和黨與四任民主黨——以及三任新加坡總理，新加坡與美國的關係一直堅定不移……無論哪一黨贏得十一月的選舉，我們將繼續維持這種兩黨聯繫。」[064] 儘管時猶過早，還不能確定川普政府的亞洲政策（目前看來有些搖擺不定），但從川普總統有關新加坡的言詞看來，這個關係仍將穩定，堅強。二〇一七年六月，「新加坡國會黨團會議」（Congressional Singapore Caucus）領導人強調維護新加坡與美國親密關係的重要性。[065]

中越關係在之前幾章已有討論。武通（Tuong Vu，譯注：美國俄勒岡大學越南問題專家）

認為，儘管有南海爭議，「儘管向美國示好，越南不會與中國絕裂」。武通說，這是因為意識形態關係將越南與中國綁在一起——本書作者雖然不同意武通這種觀點，但迫於地緣位置的鄰近，越南自然不得不巧妙管理它與這個巨大鄰國的關係。[066] 如同資深越南觀察家卡萊・賽耶所說，儘管有人主張越南走出中國的陰影，但由於兩國有共同邊界，也由於越南有與中國三百二十多億美元的巨額貿易逆差，這事不可能辦到。[067]

唐納・川普總統來了

東南亞國際政治的第三個重大發展，是唐納・川普（Donald Trump）於二〇一六年十一月八日（擊敗希拉蕊・柯林頓）當選第四十五任美國總統。有關川普總統的故事已經說了、寫了很多。對我們來說，最重要的是他的當選對美國—東南亞關係，以及對東南亞地區國際政治的影響。在一份由美國國會委託、戰略與國際研究中心準備、發表於二〇一六年一月的兩百七十五頁報告指出，美國需要擴大在亞太的軍事存在「以平衡亞太地區軍力變化」。報告進一步指出，華府雖已採取步驟「強化它的亞洲再平衡」，但還不足以保護美國利益。報告指責歐巴馬政府沒能「表白一項明確而一貫的戰略」。總之，這份報告認為美國在亞太地區的態勢不樂觀。[068]如果二〇一六年初的情勢已經很糟糕，到二〇一七年年初情況更加惡化。大家都知道川普的勝選讓東南亞震驚。東南亞問題專家伊安・史托里（Ian Storey）與穆斯塔法・伊祖丁（Mustafa Izzuddin）說，「許多人，或許大多數人都認為民主黨候選人希拉蕊・柯林頓會勝選，美國也會因此大體上延續歐巴馬總統的政策，包括戰略轉向亞洲，特別是轉向東南亞。」[069]川普總統在入主橢圓形辦公室的第一個工作天，就兌現他在二〇一六年十一月二十一日競選期間許下的諾言，廢除轉向戰略的「標誌性經濟支柱」跨太平洋夥伴關係（TPP）。[070]儘管川普此舉不至於扼阻全球自由貿易走勢，但六位美國大使仍罕見地以公開信聯名致函美國國會，表達對TPP的支持：

這件事對我們的戰略立場的打擊更令人擔憂。這不是臆測。值此緊要關頭，當區域權力板塊移動得比過去更快之際，背棄我們的盟邦與友人不僅損及我們身為可靠貿易夥伴、也損及我們身為太平洋兩岸領導國的信譽。這件事還會造成一個可能帶來動盪不安的空間，甚至導致衝突，讓包括中國在內，地區內每一個國家都蒙受其害。[071]

在川普上台後頭一百天，白宮的注意力主要放在東北亞，而對東南亞興趣缺缺。歐巴馬的首席亞洲事務顧問麥艾文（Evan Medeiros）預測，美國與東協的關係即將走向「戰略漂浮」，但他勸告東南亞國家「要有耐心，不要過度反應，繼續與川普政府打交道」。[072]喬納森・史特羅姆塞斯（Jonathan Stromseth，譯注：布魯金斯研究所資深研究員）在二〇一七年五月寫道，「對於曾在歐巴馬總統的再平衡政策中舉足輕重的東協十國，川普政府似乎沒有時間搭理」。[073]華府的聚焦南海，也主要與美中競爭、而不是與東南亞本身有關。二〇一七年一月，國務卿提名人雷克斯・提勒森（Rex Tillerson）在同意任命聽證會上說，美國將「向中國釋出一個明確信號，首先，島礁營造必須停止」，其次，中國對「這些島礁的進出將不被允許」。提勒森這番話讓人擔心南海風暴將至。[074]美國國防部長詹姆斯・馬提斯（James Mattis）隨後澄清說，外交應該是解決南海爭議的優先手法，「美國主要軍事行動的考量，為的不是對付中國在南海的專橫行為」。[075]四月間，副總統麥克・彭斯（Mike Pence）訪問印尼，川普也在之後打了幾個電話給東南亞各國領導人，美國的政策一點一點開始轉變。彭斯在訪問雅加達期間發表聲明說，川普總統將訪問東南亞，出席美國—東協峰會，在二〇一七年十一月出席（在菲律賓舉行的）東亞峰會與（在越南舉行的）亞太經濟合作峰會。[076]不過，川普政府對東南亞的興趣，主要與朝鮮半島情勢發展有關，讓人想到布希政府在二〇〇一年九一一恐攻事件後再次注意東南亞。[077]川普政府所以重視東南亞，目的在爭取東協各國支持以對付平壤。平壤於二〇一七年三月六日發射四枚彈道飛彈進入日本海，之後不斷進行飛彈試射。

在二〇一七年三月到四月期間，「亞洲研究網路」（Asian Research Network）[078]與新加坡「東南亞研究所」（ISEAS-Yusof Ishak Institute）[079]進行了兩次民調，結果顯示：東南亞人廣泛認為，與中國相形之下，美國在東南亞地區的影響力正逐漸式微。中國已經成為東南亞人心目中最能在東南亞地區呼風喚雨的大國，不過沒有人相信北京能成為維護東南亞和平與安定的好領導人。另一方面，在東南亞人心目中，美國不再是一個可靠盟邦，不再能依賴美國維護東南亞的自由貿易、人權與國際法。不過每個人都認為，與美國的貿易「非常重要」，都希望美國留在東南亞制衡中國。休斯・懷特寫道，川普政府對亞洲採取的「狹隘定義的『美國優先』作法，實際上將美國在這個地區的領導地位拱手讓給崛起中的中國」。[080]懷特這話並不誇張。

恐怖主義、菲律賓南部與羅興亞危機

在本書結束以前，還需要討論另兩個議題：（a）東南亞的恐怖份子威脅，以及（b）可能影響東協凝聚力的緬甸「羅興亞」（Rohingya）危機。

本書第三章討論恐怖主義議題的根源，以及東協就算不能解決、至少還能應付這個議題。

當時這項威脅來自基地組織。達吉．辛哈（Daljit Singh）指出，東南亞在「對抗恐怖主義之戰中取得重要勝利」，雖說「這項威脅絕對談不上已經去除，但與二〇〇一到二〇〇二年高峰期相比，它已經減弱」。[081]從二〇一四年起，這項來自基地組織的威脅，已經由來自伊拉克與敘利亞的「伊斯蘭國」（Islamic State，ISIS）的威脅取代。「伊斯蘭國」由基地組織衍生，並在二〇一四年年初脫離基地組織，「在控制它奪取的土地時手段更野蠻，更有效」，而且「比基地組織更冷血」。[082]根據傳統觀點，「伊斯蘭國的邪惡招來它最後難逃毀滅的命運」，但史蒂芬．華特（Stephen Walt）這類修正主義學者認為伊斯蘭國是「一種革命性的國家構築組織」。[083]

二〇一四年九月，東協外長發表第一篇聯合聲明，對伊斯蘭國在伊拉克與敘利亞崛起的情勢表示關切（不過個別東南亞國家之前已經譴責伊斯蘭國與其行動）。菲律賓境內的「阿布沙耶夫」（Abu Sayyaf）組織早已宣誓向伊斯蘭國效忠，一些馬來西亞人據說也正起身前往敘利亞，準備與伊斯蘭國並肩作戰。據說若干印尼青年也走上激進之路，為伊斯蘭國招募。之後幾年，更多來自東南亞國家的穆斯林因支持伊斯蘭國而被捕。[084]二〇一五年三月，東協國防部長簽署一項聯合聲明以加強區域安全，特別是對抗伊斯蘭國造成的威脅。[085]二〇一五年十一月，根據報導，藏身在南菲律賓的馬來西亞叛亂份子計劃結合馬來西亞、菲律賓與印尼境內恐怖組織，包括「回教祈禱團」（Jemaah Islamiyah）與阿布沙耶夫等等，建立伊斯蘭國在東南亞的「正式」分支。[086]他們的目標是在東南亞建立一個「哈里發國」（caliphate，譯注：即伊斯蘭最高教主統治之地）。二〇一六年一月十四日，雅加達一連發生幾起伊斯蘭國宣稱負責的自殺炸彈攻擊事件，伊斯蘭國的威脅似乎迫在眉睫。這些事件是否預示伊斯蘭國已經發動在東南亞的大規模攻勢，分析家們看法不一，但他們在兩個問題上觀點一致。首先，東南亞由於擁有龐大的穆斯林人口，可以輕鬆徵召許多不滿現狀的穆斯林加盟，是伊斯蘭國運作的「沃土」。多年來一直為伊斯蘭叛軍盤據的「民達那峨島」（Mindanao，又譯「棉蘭老島」，位於南菲律賓）尤其是伊斯蘭國領導層覬覦的軟肋。泰國南部自二〇〇四年起也出現叛軍活動，不過直到目前為止，泰境穆斯林分離份子還沒有展現與伊斯蘭國聯手的意願。但這不表示這事不會發生。事實上分析家已經提出警告，認為伊斯蘭國可能利用泰南這些叛軍擴張勢力。[087]

在二〇一六到一七年的雅加達炸彈恐攻期間，吉隆坡郊外發生手榴彈攻擊事件，巴淡（Batam）的一群伊斯蘭國恐怖份子曾企圖對新加坡「濱海灣」（Marina Bay）發動火箭攻擊，但沒有成功——這些事件都讓恐怖主義再次成為新聞頭條。[088]隨著伊斯蘭國在伊拉克與敘利亞戰場上失利，東南亞的恐怖主義威脅更加甚囂塵上。到二〇一六年年底，伊斯蘭國在伊拉克境內只剩下最後一處據點，也就是摩蘇爾（Mosul）。[089]二〇一七年一月，據報導，因為試圖加入伊斯蘭國而被捕的馬來西亞人越來越多。[090] 二〇一七年九月，伊斯蘭國發表一個以一名新加坡戰士為主角的徵兵影片。恐怖主義專家認為，這個影片顯示伊斯蘭國已經聚焦於東南亞。[091] 同時分析家指出，曾在二〇〇〇年代初期搶盡風頭、主導二〇〇二年巴里炸彈恐攻事件的回教祈禱團正在印尼「重振旗鼓」，它儘管未必能構成立即威脅，但它「可以養成新一代極端份子」。[092]

二〇一七年五月，在菲律賓保安軍突襲一處公寓、逮捕伊斯尼隆・哈皮隆（Isnilon Hapilon，分析家認為，他是伊斯蘭國派在東南亞的首席代表）之後，南菲律賓穆斯林聚居的城市馬拉維（Marawi）爆發戰鬥。菲律賓總統杜特蒂因此宣布在民達那峨島實施戒嚴。阿布沙耶夫與一個叫做「毛蒂」（Maute）的新團體——都是伊斯蘭國的盟友——在馬拉維並肩作戰。根據那一年六月的報導，印尼好戰份子也與毛蒂戰士一起作戰。[093] 有人擔心，如果不能遏阻這股伊斯蘭好戰份子的氣焰，恐攻威脅可能擴散到新加坡、馬來西亞與印尼。同時，這些伊斯蘭好戰份子如果被擊敗，可能竄逃到鄰近國家。[094]

最後，值得關注的還有緬甸的羅興亞危機。像南泰國與南菲律賓的叛亂事件一樣，緬甸的羅興亞危機也是一個由來已久的國內議題，即使不能對國際、至少對區域有一定影響。限於篇幅，我們無法詳述羅興亞危機的源起與歷史，只能指出，緬甸政府不承認羅興亞是它的一百三十五個族裔團體中的一個，佛教徒與羅興亞穆斯林之間的仇怨歷史悠久。為本書行文之便，我們從二〇一一年緬甸開始轉型走向相對民主說起。這項轉型造成佛教極端派崛起的始料未及的後果。佛教極端派的崛起隨於二〇一二年六月導致佛教徒與「若開邦」（Rakhine State）羅興亞穆斯林之間的暴力衝突再起。三名穆斯林——其中兩人據說是羅興亞人——強暴了一名若開邦女子，引發報復性攻擊事件。緬甸政府站在族裔阿拉干佛教徒（Arakan Buddhists）這一邊，將衝突暫時壓制。[095] 二〇一六年十月九日，幾百名男子從孟加拉越界進入若開邦，攻擊三個邊界哨站，殺了九名警衛，偷走幾千發子彈，衝突隨即再次引爆。緬甸政府重施一九六二年以來不斷重演的歷史，以嚴厲手段鎮壓羅興亞。吉隆坡強烈抨擊，指控緬甸軍「種族滅絕」。[096] 除了人權方面的顧慮——二〇一六年年底傳出報導說，數以十萬計的羅興亞人流離失所，正越界逃進孟加拉；整個村莊被夷為平地；緬甸軍人在羅興亞強暴婦女、酷刑折磨與殺人，無惡不作——人們也擔心，如果問題不能解決，伊斯蘭國可能利用這場羅興亞危機增加勢力。[097]「國際危機組織」（International Crisis Group）在二〇一六年十二月的報告中警告說，繼續濫用不成比例的武力，完全不想辦法進行和解，可能創造「進一步激化的條件，讓羅興亞人淪為跨國聖戰份子遂行私欲的工具」。[098] 情勢愈演愈劣。二〇一七年九月，聯合國秘書長安東尼奧・古德雷斯（Antonio Guterres）在一封致安理會的信中警告「緬甸有發生種族清洗的危險」。[099]事實上，聯合國人權事務高級專員扎伊德・拉阿德・胡笙（Zeid Ra’ad al-Hussein）說，緬甸軍方在羅興亞的行動是「種族滅絕的教科書範例」。[100]東協迄今為止無法在這場危機中扮演有效角色。黃氏河（Hoang Thi Ha，譯注：東南亞研究所資深研究員）指出，「多年來，受限於它的不干預原則，東協對羅興亞問題的反應一直就是悶聲不響，被動消極……特別也因為東南亞的聯繫與整合不斷加深，東協現在想躲在不干預的盾牌之後，置身事外，越來越難了。」[101]

東協就在上述時空背景下，於二〇一七年慶祝成立五十周年，本書也在這裡進入尾聲。有鑒於眼前來自內憂外患、龐大而艱難的挑戰，東協的五十週年慶難以盡歡自然不在話下。追求後冷戰時代一種以東協為核心的秩序，仍是東協的目標。但誠如本書與其他相關著述所指，「不能只靠假定或宣稱，必須靠爭取……不能建立東協一體與東協中立，就沒有東協核心可言。」[102]東協能保持團結嗎？馬凱碩在他為紀念東協五十周年而出的書中寫道，[103]東協因為三件事而團結在一起：恐懼、幸運與高爾夫球。這三件事裡面，恐懼與幸運仍然直接相關。舉例說，對中國的恐懼能使東協結合在一起。楊榮文說得好：

> 我們（東協）所以聚在一起，主要不是基於對彼此的一種自然感情，而是基於我們集體

面對的巨大挑戰。若是不能接受一種共同命運，我們就只能單打獨鬥，分別與不同的強權打交道。分裂的東協將會眼睜睜看著一個個會員國在那裡爭權奪利。[104]

至於東協的中立，很大程度取決於外部強權的行動（東協各國無法控制這些行動）——特別是美國，而這或許是運氣起作用的地方。

結論

這本書從東南亞國家的角度出發，聚焦於一九九〇到二〇一七年間東南亞的國際政治。我在這本書討論了許多議題的來龍去脈，也希望能透過一氣呵成的方式將它們呈現給讀者。如前言所述，寫本書的目的就在於描述後冷戰初期以降的東南亞國際政治——包括東南亞各國家的目標與抱負，以及近三十年來這些目標的完成程度。在這段期間，每一個東南亞國家都歷經許多事件，例如政府更迭、種族鬥爭、以及自然與人為災害等等。這些事件雖說就各國歷史而言都很重要，但只有當它們以重大方式影響到區域或國際政治時，才會納入本書討論。

這本書共有八章，第一章討論東南亞在一九九〇年冷戰正式結束時的概況。之後各章歷數幾近三十年的滄桑起伏，曲折變化。或許每個人都喜歡相信生命總是朝一個終極目標邁進，但誠如法國哲人與歷史學者保羅・利科（Paul Ricoeur）所說，現實是，「如果我們的注意力沒有受到成千上萬的偶發事件左右，這世上就沒有故事了。」[001]在世事演進過程中，「成千上萬的偶發事件」可能推遲、改變甚至推倒最後的期待，唐納．川普的勝出（見第八章）就是例證。季辛吉曾說，「有些人偶爾會出現在歷史舞台上，標誌著一個時代結束並迫使其放棄舊有假象的人物之一」，川普就是這樣一號人物。季辛吉認為，川普本人「未必知道他會成為這號人物，未必考慮過任何其他偉大選項。事情可能只是一件偶發意外」。[002]

本書敘事以二〇一七年為結尾。在《回憶的餘燼》（*The Sense of an Ending*）中，法蘭克．科莫德（Frank Kermode）說，我們用故事為我們的世界製造意義，故事必須有結尾，因為結尾能使已經成為過去的那段事有意義。[003]所以用二〇一七年作為這本書的結尾，是因為東南亞國家協會在這一年慶祝成立五十周年。東協在冷戰期間創立時只是一個次區域組織，在冷戰結束近十年後，才於一九九九年成為一個完整的區域組織。周年紀念往往是回顧過去、前瞻未來的適當場合。回顧起來，在本書討論的這三十年過程間，東南亞國家整體而言一直想同時完成兩個目標：（a）發展出一個強有力、凝聚在一起的區域，（b）構築一個新區域秩序以取代冷戰結構。這兩個目標相互有關。

第一個目標控制在東協諸國手中。印尼前外長馬蒂．納塔里嘉瓦在討論東協從一九六七年起，直到今天的演化歷程時寫道，「國家或議題不會彷彿預先注定，永遠在艱苦險境中掙扎；

也不會永無止境，悠遊於良好順境之中。時運走勢是政策決定與政策選項的直接成果。」[004]不過，東協國家在達成這第一個目標的過程上一直進度緩慢。有人說，一些非他們所能控制的發展減緩了他們的進度，舉例說，東協十國的成立正好撞上亞洲金融危機（見第二章）；而就在東協即將復甦的緊要關頭，又碰上九一一恐攻（見第三章）。但我們同樣也可以說，如果不是這場金融危機，東協可能不會加速它的經濟整合。前新加坡外長楊榮文說，澳洲總理凱文・魯德所提、建立亞太共同體的建議，催生了東協是否將美、俄納入東亞峰會的決定（見第四章），這是另一個例子。將時光回溯一九九〇年前，還有兩件事也曾讓東協採取行動。在西貢於一九七五年淪陷後，東協終於召開它成立十年以來第一次國家元首峰會。越南入侵、隨後佔領柬埔寨（柬埔寨），是東協在一九八〇年代後加強團結的關鍵要素，也是眾所周知的事實。[005]總之，東協似乎只有在面對遭到解體或邊緣化的重大威脅時，才能迅速而有效的反應。也因此，東協需要更加積極主動。過去三十年，東協在一九九〇年代初期最為積極主動。

對東協而言，第二個目標比較難以控制，因為它涉及外國，而且這些外國即使不是全部、至少大多數比東協全部加起來都要更大。想完成這個目標需要磨合、取捨。這個目標其實是一種冗長的秩序轉型。自冷戰結束以來，東協就在不斷想方設法、建立一個多邊而重疊的鷹架或平台（見本書各章），以取代冷戰結構。或許有人會問，為什麼需要建立這麼多重重疊疊的架構？這是因為東南亞地區仍在探索、實驗，追求一種後冷戰新秩序。東協在二〇一八年成立二十五周年時，建立它的第一個區域安全平台——「東協區域論壇」（ARF）——就是例證。在成立了四分之一世紀之後，東協卡在它的第二個發展階段中，無法從「預防性外交」階段，邁入東協區域論壇列為終極目標的「衝突解決」階段（見第四章）。結果是，美國、日本、澳洲與印度都提出自己的倡議，例如根據「自由開放印太」（Free and Open Indo-Pacific，FOIP）概念的四方安全合作，「作為一種可能與東協區域論壇並行的軌道」。[006]這類倡議對東南亞諸國構成邊緣化威脅，讓東協不安。魯德與懷特的建議迅速遭到東協排斥（見第六章），說明東協對任何可能使本身重要性被貶的發展都非常在意。同時，東協啟動「東協國防部長擴大會議」（ADMM-Plus），「像東協區域論壇一樣，處理非傳統安全挑戰」[007]（見第四章）。也因此，誠如東協外交官陶沙克．夏勒帕拉努帕（Termsak Chalermpalanupap）所說，東協若想建立一個以東協領導、或以東協為核心的秩序，就得重新檢討它的作業方法。據納塔里加瓦說，「對所謂『東協之道』的依賴，與較正式的、以規則為基礎的東協不一樣，在即將出現的未來，東協需要處理兩者之間這樣一種明顯的『短板』或『差距』。」[008]如果納塔里加瓦說得沒錯，兩者之間這種差距不可能很快拉近。問題在於這兩者是否需要相互排斥。

瞻望未來，在聆聽、匯整許多學者專家與區域問題分析家的意見看法之後，我的關鍵心得是「不確定」。同時面對、必須處理的問題太多，而且沒有人確定事情將如何發展：「自由開放印太」構想將如何演進？這個地區會不會出現一種結合在一起、或更有包容性的秩序？[009]南海會不會在不久的將來建立一種行為準則也是未知數。許多人同意納塔里加瓦的說法，認為東協與中國談判行為準則的成敗，將是「東協的試金石」。[010]東帝汶最終會不會成為東協第十一個會員國？[011]東協政治領導的重要問題是另一個未知數。[012]川普的「美國優先」政策對東南亞有什麼影響也在未定之天。或許中美角逐是最大的不確定因素。很顯然中國決心要成為亞太地區霸主，但美國不願放棄它的主宰地位。[013]東協能否繼續在這兩強之間保持平衡？全球知名的新加坡外交官、通常態度樂觀、人稱「務實理想主義者」的許通美認為，東協想保持平衡會極端具有挑戰性。[014]許通美希望「智慧能在東協家族佔得上風」，無獨有偶的是，納塔里加瓦也寫道「不遺禍給東協後代子孫是今天東協決策人的職責」。[015]

在《注定一戰？中美能否避免修昔底德陷阱》（*Destined for War? Can America and China Escape Thucydides's Trap?*）一書中，格雷厄姆・艾利森認為，美國與中國正一步步走向一場兩邊都不願打的戰爭（不過，根據他的觀點，這場戰爭並非不可避免）。[016]就像保羅・甘迺迪所著《霸權興衰史》，或者是一九九〇年代初期其他關於「中國威脅論」的學術著作，這本書也引發廣泛討論。珍—皮耶・雷曼（Jean-Pierre Lehmann）說，我們今天並非活在「後冷戰」

時代，而是「戰前」時代（不過像艾利森一樣，他也認為在亞洲的這場戰爭並非必然定局）。在回顧有關第一次世界大戰起源的有關辯論時，雷曼指出，「選項總是存在」，但「問題是無論當年與現在，我們都做了太多錯誤選項」。[017] 這讓我想到我在本書前文提到的《二十年危機：一九一九至一九三九年》。《二十年危機》是我寫這本書的動機。哈雷．卡爾在《二十年危機》中寫道，儘管戰爭陰影已經籠罩全球，但事情仍有轉機，並非無可挽回。就在卡爾這本書出版前夕，第二次世界大戰在歐洲爆發。我們應該做好準備，應付難以置信的世事發展。電影《一級恐懼》（*Primal Fear*，譯注：一九九六年首映的美國恐怖片）的主題曲「別說沒有給你警告」（Don't Say You've Never Been Warned），似乎很能說明如今的狀況。[018] 有些分析家指出，我們正走入一個「新冷戰」時代（或類似新冷戰時代）。他們將美國副總統彭斯二〇一八年十月四日有關川普政府對中國政策的演說，比為溫斯頓．邱吉爾（Winston Churchill）一九四六年「鐵幕」演說的新版。[019] 肯尼思．沃爾茲（Kenneth Waltz）也提醒我們，「熱戰的源頭出自冷戰，而冷戰的源頭則來自國際舞台上的無政府主義秩序」。[020] 還有一派觀點認為，「在現代與未來的戰爭中，不存在戰爭或和平的區分——只有戰爭與和平的並存」，或許我們已經生活在這個新環境裡了。[021]

引用拉惹勒南（S. Rajaratnam，新加坡第一任外長）在另一時空背景下的著述，東南亞似乎又一次：

……徘徊在十字路口，望著指向許多方向的路標，不知何去何從……我們知道它們都有明確的方向。但其中只有一個指著正確方向，而且直到我們抵達以後——或許更可能的狀況是，直到我們沒能抵達目標以後——我們才知道哪一個指著正確方向。[022]

我希望能透過這本書，讓讀者們更了解冷戰過後近三十年來的東南亞國際政治，世事發展脈絡，以及我們如何走到今天這種局面。誠如美國歷史學家大衛・麥卡勒（David C. McCullough）所說，「歷史是猶如危難時刻中的航海指南」，[023] 而當下的我們，確實生活在一個充滿危機的時代。[024]

謝辭

對於研究國際史以及當代（二戰戰後）東南亞政治史的我來說，這本書（以及它的前傳）稱得上是一件里程碑之作。我願藉此感念幾位在這項研究旅程中幫助我、引領我、影響我的良師益友。首先我要感謝四位已經作古的先生：我在倫敦大學亞非學院（ＳＯＡＳ）的研究生導師與指導教授羅夫・史密斯（Ralph Smith）教授；在倫敦政經學院（ＬＳＥ）教我東南亞國際政治的麥克・雷佛（Michael Leifer）教授；亦師亦友的尼古拉斯・塔林（Nicholas Tarling）教授；以及國防和戰略研究所（Institute of Defence and Strategic Studies，現改名為拉惹勒南國際研究學院）創始所長納桑（S.R. Nathan）。我要感謝同樣在ＳＯＡＳ教我東南亞政府與政治的羅伯・泰勒（Robert Taylor）教授。在我從ＳＯＡＳ畢業多年之後，泰勒教授仍是我的師友。

拉惹勒南國際研究學院（S. Rajaratnam School of International Studies）為我提供研究、撰

寫這本書的有利環境。我要向我在這所學院的同事，特別是穆沙希·阿里（Mushahid Ali）與鍾怡明（Chong Yee Ming，譯音），以及這本書書稿的匿名閱稿人申致謝忱。我還要感謝新加坡國立大學出版社（NUS Press）的彼得·夏波特（Peter Schoppert）、蘇南迪尼·阿羅拉·拉爾（Sunandini Arora Lal）與琳娜·柯（Lena Qua，譯音）為我提供的編輯指導意見。最後，謝偉倫（Weilun Chia，譯音）也是我由衷感謝的人。

EAEG	East Asian Economic Group	東亞經濟團體
EAI	Enterprise for ASEAN Initiative	東協企業方案
EAS	East Asia Summit	東亞峰會
EASR	East Asian Strategy Reports	東亞戰略報告
EASI	East Asia Strategic Initiative	東亞戰略倡議
FOIP	Free and Open Indo-Pacific	自由開放印太
FTA	Free Trade Agreement	自由貿易協定
FTAAP	Free Trade Area of the Asia-Pacific	亞太自由貿易區
FUNCINPEC	National United Front for an Independent, Neutral, Peaceful and Cooperative Cambodia	獨立、中立、和平與合作柬埔寨全國聯合陣線
ICG	International Crisis Group	國際危機團體
IDSS	Institute of Defence and Strategic Studies	國防和戰略研究所
IISS	International Institute for Strategic Studies	國際戰略研究所
ISIS	Islamic State in Iraq and Syria	伊拉克與敘利亞伊斯蘭國
JMSU	Joint Maritime Seismic Undertaking	聯合海洋地震工作協議
NLD	National League for Democracy	全國民主聯盟
NSC	National Security Council	國家安全會議
NTS	Non-traditional Security	非傳統安全
OBOR	One Belt One Road	一帶一路
PD	Preventive Diplomacy	預防性外交
PLAN	People's Liberation Army Navy	人民解放軍海軍
RCEP	Regional Comprehensive Economic Partnership	區域性全面經濟夥伴
RSIS	S. Rajaratnam School of International Studies	拉惹勒南國際研究學院
SLORC	State Law and Order Restoration Council	國家法律與秩序重建委員會
TPP	Trans-Pacific Partnership	跨太平洋夥伴關係
UNCLOS	United Nations Convention on the Law of the Sea	聯合國海洋法公約
WTO	World Trade Organization	世界貿易組織
ZOPFAN	Zone of Peace, Freedom and Neutrality	和平、自由與中立區

詞彙表

ADIZ	Air Defence Identification Zone	空防識別區
ADMM	ASEAN Defence Ministers Meeting	東協國防部長會議
ADMM-Plus	ASEAN Defence Ministers Meeting-Plus	東協國防部長擴大會議
AEC	ASEAN Economic Community	東協經濟共同體
AFTA	ASEAN Free Trade Area	東協自由貿易區
APEC	Asia-Pacific Economic Cooperation	亞太經濟合作
APT	ASEAN Plus Three	東協加三
ARF	ASEAN Regional Forum	東協區域論壇
ASC	ASEAN Security Community	東協安全共同體
ASCC	ASEAN Socio-Cultural Community	東協社會文化共同體
ASEM	Asia-Europe Meeting	亞歐會議
BRI	Belt and Road Initiative	一帶一路倡議
CAFTA	Central America Free Trade Agreement	中美洲自由貿易協定
CBM	Confidence Building Measures	信心營造措施
COC	Code of Conduct in the South China Sea	南海行為準則
CPP	Cambodian People's Party	柬埔寨人民黨
CPTPP	Comprehensive and Progressive Agreement for Trans-Pacific Partnership	跨太平洋夥伴關係全面進步協定
CSIS	Centre for Strategic and International Studies	戰略與國際研究中心
DOC	Declaration on the Conduct of Parties in the South China Sea	南海各方行為宣言
DOD	Department of Defense	國防部
EAEC	East Asian Economic Caucus	東亞經濟共策會

"How a World Ends, and What Comes in Its Wake", *Foreign Affairs*, Jan./Feb. 2019, https://www.foreignaffairs.com/articles/2018-12-11/how-world-order-ends, accessed 17 Dec. 2018.

021 R. Jordan Prescott, "Goodbye Conventional War. It's Been Fun", https://mwi.usma.edu/goodbye-conventional-war-fun/, accessed 22 Mar. 2019.

022 "Opening Address by Mr S. Rajaratnam, Minister for Foreign Affairs of the Republic of Singapore", in *New Directions in the International Relations of Southeast Asia: The Great Powers and Southeast Asia*, ed. Lau Teik Soon (Singapore: Institute of Southeast Asian Studies, 1973).

023 The quote is from https://www.goodreads.com/quotes/113207-history-is-a-guideto-navigation-in-perilous-times-history, accessed 21 Sept. 2017.

024 According to Henry Kissinger, we are living in an extremely grave period. "Henry Kissinger: 'We Are in a Very, Very Grave Period'".

2019.

010 Natalegawa, *Does ASEAN Matter?* pp. 115, 139. On 3 August 2018, ASEAN and China announced an agreement on a Single Draft South China Sea Code of Conduct Negotiating Text, finally opening the way for the start of negotiations on the elusive code of conduct.

011 For a discussion by an insider, see Natalegawa, *Does ASEAN Matter?* pp. 61–6.

012 See chapter 4.

013 Sino-US relations have deteriorated significantly from 2018. This is especially manifested in the ongoing spat over trade issues.

014 "An Independent, United and Neutral Asean is Key for Singapore and the Region: Tommy Koh", *Straits Times*, 16 Aug. 2018, https://www.straitstimes.com/singapore/an-independent-united-and-neutral-asean-is-key-for-singapore-and-the-region-tommykoh, accessed 20 Aug. 2018.

015 Natalegawa, *Does ASEAN Matter?* p. 131.

016 Allison, *Destined for War?*

017 Jean-Pierre Lehmann, "Learn from History to Scatter Asia's Gathering Clouds of War", *Straits Times*, 11 Oct. 2016. Lehman used World War I as his analogy. See also Thitinan Pongsudhirak, "Will Asia-Pacific Tensions Lead to Conflict?" *Today*, 1 Sept. 2016. Thitinan argued that "short of new rules and institutions that can govern the Asia-Pacific, the regional states will likely be heading towards dangerous outcomes that used to be unthinkable not too long ago".

018 See https://genius.com/Primal-fear-dont-say-youve-never-been-warned-lyrics, accessed 7 Nov. 2018.

019 "Pence's China Speech as Portent of 'New Cold War'", *New York Times*, 5 Oct. 2018; Walter Russell Mead, "Mike Pence Announces Cold War II", *Wall Street Journal*, 8 Oct. 2018; Mie Oba, "The Unpredictable, Conflicting Structure of the New Cold War", *The Diplomat*, 29 Dec. 2018. Not all agree. See, for example, Odd Arne Westad, "Has a New Cold War Really Begun? Why the Term Shouldn't Apply to Today's Great-Power Tensions", https://www.foreignaffairs.com/articles/china/2018-03-27/has-new-cold-war-really-begun, accessed 3 Jan. 2019; Harish C. Mehta, "Is There a 'New Cold War' in Asia Between China and the United States?" *Calcutta Journal of International Affairs* 3, 1 (Jan. 2019), https://www.globaljournalceners.org/article.php?e=52, accessed 4 Jan. 2019; "Joseph Nye: China, US Not in 'Cold War', but Cooperative Rivalry", http://www.china.org.cn/world/2019-01/11/content_74364478.htm, accessed 18 Jan. 2019.

020 Kenneth N. Waltz, "The Origins of War in Neorealist Theory", *Journal of Interdisciplinary History* 18, 4 (Spring 1988): 620. See also Richard Haass,

097 "ISIS Could Exploit Rohingya Crisis: KL", *Straits Times*, 9 Dec. 2016; "Malaysia Warns of ISIS Threat to Myanmar", *Straits Times*, 5 Jan. 2017.
098 Cited in Jera Lego, "Why Asean Can't Ignore the Rohingya Crisis", *The Diplomat*, 17 May 2017.
099 "Myanmar Crisis Could 'Unsettle Region'", *Straits Times*, 7 Sept. 2017.
100 "UN Official Slams 'Textbook Ethnic Cleansing' in Myanmar", *Straits Times*, 12 Sept. 2017.
101 "What Can Asean Do About the Rohingya Crisis?" *Today*, 22 Dec. 2016. See also Lego, "Why Asean Can't Ignore the Rohingya Crisis".
102 Acharya, "Myth of ASEAN Centrality?": 279; "ASEAN's Biggest Challenge Is to Stay United: Tommy Koh", 8 Aug. 2017, http://www.channelnewsasia.com/news/singapore/asean-s-biggest-challenge-is-to-stay-united-tommy-koh-9105084, accessed 22 Sept. 2017.
103 Kishore Mahbubani and Jeffery Sng, *The ASEAN Miracle: A Catalyst for Peace* (Singapore: NUS Press, 2017).
104 George Yeo, "Repositioning Asean for a New World", *Straits Times*, 8 Sept. 2005.

結論

001 Paul Ricoeur, "Narrative Time", *Critical Enquiry* 7, 1 (Autumn 1980): 174.
002 "Henry Kissinger, 'We Are in a Very, Very Grave Period'", 20 July 2018, https://www.ft.com/content/926a66b0-8b49-11e8-bf9e-8771d5404543, accessed 17 Aug. 2018.
003 Frank Kermode quoted in John Ellis, *Documentary: Witness and Self-revelation* (London: Routledge, 2011), p. 69.
004 Natalegawa, *Does ASEAN Matter?* p. 3.
005 See Ang, *Southeast Asia's Cold War*.
006 Termsak Chalermpalanupap, "The ASEAN Regional Forum: Genesis, Development, and Challenges", *ASEAN Matters for All of Us*, Issue 3 (6 Aug.) (Singapore: Institute of Southeast Asian Studies, 2018); Lucio Blanco Pilo III, "Making a 'Free Open Indo-Pacific' Appealing to Southeast Asia", https://amti.csis.org/making-foipappealing-southeast-asia/, accessed 17 Aug. 2018.
007 Termsak Chalermpalanupap, "ASEAN Regional Forum".
008 Natalegawa, *Does ASEAN Matter?* p. 3.
009 See John J. Mearsheimer, "The Rise and Fall of the Liberal International Order", paper presented at Notre Dame International Security Center, 11 Sept. 2018, for a useful discussion of "order", https://ndisc.nd.edu/assets/288231/rise_and_fall_of_the_liberal_international_order.september_11_2018.pdf, accessed 8 Jan.

083 "Islamic State Transforming into Functioning State with Terror as Tool".

084 "Asean Issues First Joint Statement on ISIS Crisis", *Sunday Times*, 28 Sept. 2014; "Malaysian ISIS Suspects Are 'Fresh Recruits'", *Sunday Times*, 28 Sept. 2014.

085 "ASEAN Ministers Sign Joint Declaration to Fight Security Threats", *Today*, 17 Mar. 2015.

086 "Malaysian Militants Plan to Start ISIS Faction in S-E Asia", *Straits Times*, 15 Nov. 2015.

087 "Conflict in Thai South Could Be Exploited by ISIS, Warn Analysts", *Straits Times*, 10 June 2017.

088 "Jakarta Attacks: Is ISIS' Presence in South-east Asia Overstated?" *Straits Times*, 16 Jan. 2016; "Jakarta Attacks Could Mark Start of ISIS Campaign in S-E Asia", *Straits Times*, 20 Jan. 2016; Joseph Chinyong Liow, "ISIS Reaches Indonesia: The Terrorist Group's Prospects in Southeast Asia", *Foreign Affairs*, 8 Feb. 2016; "'JI, Not ISIS, Is Bigger Threat' to South-east Asia", *Straits Times*, 29 Apr. 2016; "ISIS'May Set up Caliphate in S-E Asia'", *Straits Times*, 30 Apr. 2016; "S-E Asia Could Be Next ISIS Battleground, Say Experts", *Straits Times*, 26 Oct. 2016; "ISIS Plan for Mindanao Poses Threat to Indonesia", *Straits Times*, 8 Dec. 2016; "Manila Finds Strong Links Between ISIS and Rebels in South", *Straits Times*, 11 Feb. 2017.

089 "ISIS Losing Ground, but Extending Reach", *Sunday Times*, 20 Nov. 2016; "ISIS Terror Threat Greater Now, Says Shanmugam", *Straits Times*, 3 Dec. 2016.

090 "Rise in Number of Malaysians Arrested for Trying to Join ISIS", *Straits Times*, 2 Jan. 2017.

091 "Latest Video a Sign of ISIS' Focus on South-east Asia: Experts", *Straits Times*, 25 Sept. 2017.

092 "JI 'Regaining Strength' in Indonesia", *Today*, 28 Apr. 2017.

093 "Indonesian Militants' Presence in Marawi City Sparks Alarm", *Straits Times*, 12 June 2017.

094 "Defeat of Rebels in Marawi Could Spell More Trouble for S-E Asia, Say Analysts", *Today*, 30 May 2017. In August 2018 President Duterte signed a law (that enforced the 2014 peace deal with the Moro Islamic Liberation Front) granting greater autonomy to Muslims in the southern Philippines. The autonomous region is known as Bangsamoro.

095 "The Government Could Have Stopped This", 31 July 2012, https://www.hrw.org/report/2012/07/31/government-could-have-stopped/sectarian-violence-andensuing-abuses-burmas-arakan, accessed 15 Sept. 2017.

096 "UN Calls on Suu Kyi to Visit Crisis-Hit Rakhine", *Straits Times*, 10 Dec. 2016.

Southeast Asia 39, 1 (Apr. 2017): 1.

070 Ankit Panda, "Straight from the US State Department: The 'Pivot' to Asia Is Over", *The Diplomat*, 14 Mar. 2017.

071 "Final Plea for the TPP", *Today*, 19 Jan. 2017. The TPP was eventually revised and signed without the United States in March 2018 and is now known as the Comprehensive and Progressive Agreement for Trans-Pacific Partnership. The region still harbours hope that Washington will join in the future.

072 "US-Asean Ties Headed for Strategic Drift, Says Obama's Asia Adviser", *Straits Times*, 19 Jan. 2017.

073 "Trump Reassures ASEAN, Previews a Broader Asia Policy", https://www.brookings.edu/blog/order-from-chaos/2017/05/12/trump-reassures-asean-previews-a-broaderasia-policy/, accessed 29 Aug. 2017.

074 Richard Heydarian argued that if the Trump administration followed through on what Tillerson said, Manila could "outsource the costs of constraining Beijing's maritime assertiveness to Washington". See "Asean Braces for Trump", *Straits Times*, 27 Jan. 2017.

075 "Beijing Welcomes US Call for Diplomacy on South China Sea Issue", *Straits Times*, 7 Feb. 2017.

076 "Trump to Visit SE Asia, Attend US-Asean Summit in November", *Today*, 21 Apr. 2017. See also Thitian Pongsudhirak, "Trump's Pragmatic Pivot back to Asia", *Straits Times*, 6 June 2017; "Tillerson Visits Thailand with Focus on Ties and Pyongyang", *Straits Times*, 9 Aug. 2017; "US to Enlist Malaysia's Help to Rein in N. Korea", *Straits Times*, 9 Aug. 2017.

077 "US Wants Asean to Review Relations with N. Korea", *Straits Times*, 6 May 2017.

078 "The Asian Research Network: Survey on America's Role in the Indo-Pacific 2017", https://www.ussc.edu.au/analysis/the-asian-research-network-survey-on-americas-rolein-the-indo-pacific, accessed 6 Sept. 2017.

079 "How Do Southeast Asians View the Trump Administration?" https://www.iseas.edu.sg/images/centres/asc/pdf/ASCSurvey40517.pdf, accessed 6 Sept. 2017.

080 Hugh White, "Dawn of the Post-American Order in Asia", *Straits Times*, 30 Dec. 2017.

081 "Asean Strategy Works in Keeping Terrorism at Bay", *Straits Times*, 4 Aug. 2008.

082 "ISIS: Everything You Need to Know About the Rise of the Militant Group", 25 Sept. 2014, http://edition.cnn.com/interactive/2014/09/world/isis-explained/, accessed 13 Sept. 2017; "Islamic State Transforming into Functioning State with Terror as Tool", *Today*, 23 July 2015.

056 "Leong Malaysia", https://www.facebook.com/liewchintong.my/posts/10154842221445911, accessed 14 Sept. 2017.

057 "Indonesia Balances Maritime Sovereignty, Economic Ties to China", 25 Nov. 2016, https://www.voanews.com/a/indonesia-china-south-china-sea/3611198.html, accessed 6 Sept. 2016.

058 "Indonesia's Complicated Relations with China", *Asia Sentinel*, 5 Aug. 2016.

059 "China Demands Indonesia Rescind Decision to Rename Part of South China Sea", 2 Sept. 2017, http://www.channelnewsasia.com/news/asiapacific/china-demandsindonesia-rescind-decision-to-rename-part-of-south-9179992, accessed 6 Sept. 2017.

060 "China Lauds Singapore's 'Positive', 'Constructive' Role as Asean Coordinator", *Straits Times*, 6 Aug. 2017; "China Places Great Importance on Ties with S'pore: Premier Li", *Straits Times*, 20 Sept. 2017.

061 Campbell, *The Pivot*, pp. 220–1.

062 "Singapore a Solid-Rock Partner, Says US President Obama", *Straits Times*, 3 Aug. 2016.

063 "Trump Nominates KT McFarland as US Ambassador to Singapore", 20 May 2017, http://www.channelnewsasia.com/news/singapore/trump-nominates-ktmcfarland-as-us-ambassador-to-singapore-8867110, accessed 6 Sept. 2017.

064 "Singapore a Solid-Rock Partner".

065 "Singapore Key to US-Asia Relations: Congress Leaders", *Straits Times*, 8 June 2017. For an exposition of the geopolitics of the region and Singapore's relations with the United States and China, see speech by K. Shanmugam, minister for home affairs and minister of law, Asia Economic Forum on "The One-Belt One-Road Initiative: Impact and Implications", 28 Aug. 2017, https://www.mha.gov.sg/newsroom/speeches/Pages/Asia-Economic-Forum-on-The-One-Belt-One-Road-Initiative-Impact-and-Implications.aspx, accessed 6 Sept. 2017.

066 Tuong Vu, "Vietnam and China: Balancing Geography and History", *YaleGlobal Online*, 24 Aug. 2017, http://yaleglobal.yale.edu/content/vietnam-and-chinabalancing-geography-and-history, accessed 6 Sept. 2017. See also Do Thanh Hai,"Vietnam: Riding the Chinese Tide", *Pacific Review* 31, 2 (2018), http://www.tandfonline.com/doi/full/10.1080/09512748.2017.1377282, accessed 12 Apr. 2019.

067 Carlyle A. Thayer, "Background Briefing: ASEAN at 50: Still a Work in Progress", *Thayer Consultancy Background Brief*, 17 Aug. 2017.

068 "Military Power in Asia-Pacific 'Shifting Against US'", *Straits Times*, 21 Jan. 2016.

069 "Roundtable: The Trump Presidency and Southeast Asia", *Contemporary*

2017.

042 "China Gains Upper Hand in Myanmar", *Bangkok Post*, 27 May 2017, https://www.bangkokpost.com/news/world/1257494/china-regains-upper-hand-in-myanmar, accessed 12 Apr. 2019.

043 "China's Investments Changing Its Neighbours", *Straits Times*, 8 Dec. 2016.

044 The Chinese described the US-Myanmar rapprochement with a Chinese proverb:"The cooked duck flew out of the window" (the "cooked duck" was Myanmar).

045 "As U.S. Attention Wanes in Southeast Asia, China Woos Myanmar", *New York Times*, 19 July 2017.

046 Aung Zaw, "China's Charm Offensive Regains Its Foothold in Myanmar", *The Irrawaddy*, 9 Aug. 2017; Amara Thiha, "How China Is Courting Myanmar", *The Diplomat*, 12 Aug. 2017.

047 "From Russia to Thailand, with Love", *Straits Times*, 7 Apr. 2016.

048 "Thailand and Cambodia Strengthen Ties with China", *Straits Times*, 5 Apr. 2017.

049 See "Prayuth Will Invoke 'Absolute Powers' to Push Through Railway Deal with Beijing", *Today*, 14 June 2017; "Prayut Fast-Tracks Sino-Thai Rail Project", *Straits Times*, 17 June 2017.

050 Pongphisoot Busbarat, "Shopping Diplomacy: The Thai Prime Minister's Visit to the United States and Its Implications for Thai-US Relations", *ISEAS Perspective* 78, 20 Oct. 2017.

051 "Mahathir Takes Aim at China Investments in Key Party Speech", *Sunday Times*, 15 Jan. 2017; "Beijing Rebuts Critics Who Say It Is Stealing Locals' Rice Bowls", *Sunday Times*, 15 Jan. 2017; "Beijing, KL to Meet over Port Projects and Bandar Malaysia", *Straits Times*, 31 Mar. 2017. See also "Former Malaysian PM Mahathir Mohamad on the Rise of China", *Financial Times*, 26 May 2017.

052 "Manila Seeks Billions in Loans from China", *Straits Times*, 28 Jan. 2017.

053 For details, see Prashanth Parameswaran, "What's Behind the New China-Malaysia Defense Committee?" *The Diplomat*, 25 Apr. 2017.

054 "Healthy China-Malaysia Ties Could Hurt Ethnic Chinese", *Today*, 28 Aug. 2017; "Najib: China-Malaysia Bilateral Ties at Its Best Now", *The Star Online*, http://www.thestar.com.my/news/nation/2015/11/17/malaysia-china-bilateral-ties-at-its-best/,accessed 6 Sept. 2017.

055 See Elina Noor and T.N. Qistina, "Great Power Rivalries, Domestic Politics and Malaysian Foreign Policy", *Asian Security*, Sept. 2017, http://www.tandfonline.com/doi/abs/10.1080/14799855.2017.1354568?tab=permissions&scroll=top, accessed 14 Sept. 2017.

us-bashing-andthe-south-china-sea/, accessed 11 Aug. 2017.

026 "China Hails 'Golden Period' in Ties with Philippines", *Today*, 30 June 2017.

027 See, for example, "Duterte and End of Asean Neutrality?" *Straits Times*, 12 Jan. 2017; "Philippines Pledges to Uphold Asean's Values as New Chair", *Straits Times*, 16 Jan. 2017.

028 "Filipinos Favour US over China, but Gap Narrowing", *Straits Times*, 22 Sept. 2017. The survey revealed that four out of five Filipinos still favoured the US, but the percentage was below the Obama period of 92 per cent surveyed in 2015.

029 "Xi Praises Cambodia for Being a Good Neighbour", *Straits Times*, 14 Oct. 2016.

030 "Cambodia and China to Hold Naval Drills", *Straits Times*, 18 Feb. 2016; "Beijing Draws Cambodia Closer in Diplomatic Embrace", *Today*, 2 Sept. 2016; "FT Investigation: How China Bought Its Way into Cambodia", *Financial Times*, 8 Sept. 2016; "The 'Chinazation' of Cambodia", *Nikkei Asian Review*, 16 Mar. 2017.

031 "China, Cambodia Cosy up Ahead of Xi's Visit to Phnom Penh", *Today*, 7 Oct. 2016.

032 "Xi Praises Cambodia for Being a Good Neighbour".

033 "Breaking News: US Development Assistance to Be Slashed to Zero, Document", *Phnom Penh Post*, 25 Apr. 2017, http://www.phnompenhpost.com/national/breakingnews-us-development-assistance-may-be-slashed-zero-document, accessed 5 Sept. 2017.

034 "Cambodia Scraps Joint US Military Exercise", *Financial Times*, 18 Jan. 2017; "Cambodia Scraps US Military Aid Deal in Latest Snub to Washington", *Financial Times*, 5 Apr. 2017.

035 "US and Cambodia Fire Diplomatic Shots After Closure of NGO", *Southeast Asia Globe*, 24 Aug. 2017; "US Denies Conspiracy to Topple Cambodian Government", *Phnom Penh Post*, 30 Aug. 2017.

036 See "China Starts Controversial Lao Rail Project", *Asia Sentinel*, 7 Mar. 2017.

037 "Laos Signals a Tilt away from China as Obama Visits", *Today*, 29 Aug. 2016.

038 Edgar Pang, "'*Same-Same but Different*': Laos and Cambodia's Political Embrace of China", *ISEAS Perspective* 66, 5 Sept. 2017.

039 "China Captures Myanmar's Peace Process", *Asia Times*, 3 June 2017. See also Enze Han, "Borderland Ethnic Politics and Changing Sino-Myanmar Relations", in *War & Peace in the Borderlands of Myanmar: The Kachin Ceasefire, 1994–2011*, ed. Mandy Sadan (Amsterdam: NIAS Press, 2016), chapter 6.

040 "Myanmar Praises China for Action on Rebels", *Straits Times*, 23 Mar. 2017.

041 "Policy Shifts in Myanmar's Ties with Major Powers", *Straits Times*, 22 Apr.

Today, 21 Apr. 2017.

011 For details, see Clive Schofield, "A Landmark Decision in the South China Sea: The Scope and Implications of the Arbitral Tribunal's Award", *Contemporary Southeast Asia* 38, 3 (Dec. 2016).

012 See "Roundtable: The Arbitral Tribunal's Ruling on the South China Sea", *Contemporary Southeast Asia* 38, 3 (Dec. 2016).

013 "South China Sea Consensus 'Shows up Asean Faultlines'", *Straits Times*, 25 Apr. 2016; "China's Pact with Cambodia, Laos and Interference in ASEAN's Domestic Affairs: Former Sec-Gen", http://www.channelnewsasia.com/news/asiapacific/chinas-pact-with-cambodia-laos-an-interference-in-asean-s-domes-8095812, accessed 14 Aug. 2017; "China Responds to S'pore Diplomats' Remarks", *Straits Times*, 28 Apr. 2016; "China's Actions Lent Themselves to Misunderstanding: Bilahari", *Today*, 29 Apr. 2016.

014 Termsak Chalermpalanupap, "No ASEAN Consensus on the South China Sea", *The Diplomat*, 21 July 2016.

015 "Tribunal Ruling on S. China Sea Is Binding, Stresses Obama", *Straits Times*, 9 Sept. 2016.

016 Richard Javad Heydarian, "Asean Fails to Rise to the Occasion", *Straits Times*, 28 July 2016.

017 "Manila Seeks Billions in Loans from China", *Straits Times*, 28 Jan. 2017.

018 "China Still Building in S. China Sea", *Straits Times*, 12 Aug. 2017.

019 For the full text of the Chairman's Statement, see http://asean.org/chairmansstatement-30th-asean-summit/, accessed 31 Aug. 2017.

020 "Pointless Discussing Beijing's South China Sea Activities at Asean Meet: Duterte", *Today*, 28 Apr. 2017. For a more diplomatic perspective, see "Vivian: Asean Focused on Code of Conduct in S. China Sea", *Straits Times*, 6 May 2017.

021 "Work Starts on Code of Conduct for S. China Sea", *Straits Times*, 2 Sept. 2017.

022 "Beijing Vows Not to Occupy New Territory in S. China Sea: Manila", *Straits Times*, 16 Aug. 2017.

023 Ibid.; "Justice Carpio Bares Invasion of PH Islet", 20 Aug. 2017, *Inquirer.Net*, https://globalnation.inquirer.net/159857/antonio-carpio-maritime-dispute-south-chinasea-west-philippine-sea-sandy-cay-pag-asa-island, accessed 12 Apr. 2019.

024 "Beijing Moving Ahead Steadily with S. China Sea Construction", *Straits Times*, 27 Dec. 2017.

025 See Steve Mollman, "Political Scientist Richard Javad Heydarian on Rodrigo Duterte, US-Bashing, and the South China Sea", 17 Oct. 2016, https://qz.com/807203/political-scientist-richard-javad-heydarian-on-rodrigo-duterte-

135 "AIIB Gains from Inclusive Stance", *Straits Times*, 3 Apr. 2015; "Manila to Join China-Led AIIB", *Straits Times*, 21 Dec. 2015.

136 "World Not Excited About China's Belt and Road Plan", *Today*, 18 Mar. 2015.

137 Bal Kishan Sharma and Nivedita Das Kundu (eds), *China's One Belt One Road: Initiative, Challenges and Prospects* (New Delhi: Vij Books, 2016), p. 15.

138 "Shanmugam: US Risks Irrelevance in Asia", *Straits Times*, 17 June 2015. The OBOR is now more commonly referred to as the Belt and Road Initiative (BRI). In recent years its activities have come under increasing scrutiny by participating countries.

第八章　二〇一六到一七年：徘徊在歷史岔路

001 Headline in the *Straits Times*, 31 Dec. 2016.

002 Antonio Gramsci, *Selections of the Prison Note-books of Antonio Gramsci*, transl. Quentin Hoare and Geoffrey Nowell Smith (London: Lawrence & Wishart, 1971), p. 556.

002 Muthiah Alagappa, "Community Building: ASEAN's Milestone?" *RSIS Commentary*, 24 Mar. 2015; Endy M. Bayuni, "At 50, Asean Is a Neighbourhood, Not Yet Community", *Straits Times*, 29 July 2017; Barry Desker, "Is ASEAN a Community?"*RSIS Commentary*, 2 Aug. 2017.

004 "Asean Community Set to Be Formed in 'Historic Milestone'", *Straits Times*, 31 Dec. 2015.

005 Keynote speech by former ASEAN Secretary-General Ong Keng Yong, Selangor International Business Summit 2017 and Selangor-Asean Business Conference, 11 Sept. 2017, http://www.theedgemarkets.com/article/asean-economic-integrationprogress-hampered, accessed 14 Sept. 2017.

006 This episode was reported in most regional newspapers. Perhaps the most revealing account, based on Vietnamese sources, is Carlyle Thayer, "The ASEAN-China Special Meeting Mystery: Bureaucratic Snafu or Chinese Heavy-Handedness?" *The Diplomat*, 17 June 2016. See also the postscript "Revealed: The Truth Behind ASEAN's Retracted Kunming Statement", *The Diplomat*, 19 June 2016.

007 "Asean Stresses 'Serious' S. China Sea Concerns", *Straits Times*, 15 June 2016.

008 "Questions over Duterte's Foreign Policy", *Today*, 12 May 2016.

009 "Philippines Not Cutting Ties with Its Allies: Duterte", *Straits Times*, 14 Sept. 2016.

010 "Duterte Says He Is 'Not a Fan' of the US", *Straits Times*, 11 Sept. 2016; "Manila Right to Diversify Alliances, Says Russian Envoy", *Straits Times*, 5 Jan. 2017; "Russia Navy Visits Philippines as Part of Duterte's Pivot away from US",

121 "Beijing Defends Reclamation Work In South China Sea".

122 "No ASEAN Consensus on Chinese Reclamation", *Today*, 28 Apr. 2015;"Manila Urges Stronger Action on China", *Straits Times*, 29 Jan. 2015.

123 "Beijing Hits out at ASEAN over South China Sea", *Today*, 29 Apr. 2015; Tang Siew Mun explained why this statement was notable. See "Asean's Strongest Rebuke to China on Reclamation", *Straits Times*, 1 May 2015. This was very much an exception as ASEAN did not issue another such statement at the end of the 48th ASEAN Foreign Ministers Meeting in August 2015. The communique (issued a day late) noted the concerns but did not call for a halt to reclamation and other activities. Chinese Foreign Minister Wang apparently assured the ASEAN states that China had completed all its reclamation works (this was subsequently shown to be untrue). See "ASEAN Again Split on South China Sea Reclamation Issue", *Today*, 7 Aug. 2015; "Asean Scrambles to Put out Joint Statement on Sea Row", *Straits Times*, 7 Aug. 2015. At the ADMM Plus Meeting in November 2015, no joint statement was issued as the disagreements over the reference to the South China Sea dispute could not be reconciled.

124 "Beijing Hits out at ASEAN over South China Sea".

125 The commonly used term is FONOP (freedom of navigation operation). "3 Sino-US Scenarios in South China Sea Dispute", *Straits Times*, 19 May 2015; "US Tells Asian Allies That It Will Patrol Near S. China Sea Islands", *Today*, 14 Oct. 2015.

126 "US Directly Drawn into South China Sea Disputes", *Straits Times*, 30 Oct. 2015.

127 "China Slams US for 'Deliberate Provocation' in South China Sea", *Today*, 28 Oct. 2015.

128 "US Navy Ship Sails Near Disputed Island", *Straits Times*, 31 Jan. 2016; "China Fumes as US Warship Sails by Disputed Reef ", *Straits Times*, 11 May 2016.

129 "US Sets Schedule for S. China Sea Patrols for the First Time: Report", *Straits Times*, 3 Sept. 2017.

130 Matthew P. Goodman, "Yes, TPP Is About Who Writes the Rules", Pacific Forum, CSIS, *PacNet* #66, 6 Sept. 2016.

131 "Clinton Splits Again with White House, This Time over TPP", *Straits Tim*es, 9 Oct. 2015.

132 "TPP Deal 'Less About Economics, More About US Strategy in Asia'", *Straits Times*, 18 June 2015.

133 "Rules-Based Regional Order Backed by US, ASEAN", *Today*, 18 Feb. 2016.

134 Malcolm Cook, "Manila Takes US Pivot Well Beyond Sunnylands", *Nikkei Asian Review*, 17 Feb. 2016.

107 "China, Vietnam Agree to Seek Lasting Solution to Sea Dispute", *Straits Times*, 28 Oct. 2014; "China, Vietnam Turn to Dialogue", *Straits Times*, 28 Dec. 2014.
108 Hai, *Vietnam and the South China Sea*, p. 202.
109 "Xi Personally Behind Island-Building in the South China Sea", *South China Morning Post*, 28 July 2017.
110 "Beijing Finishes Runway on Disputed South China Sea Isle", *Today*, 9 Oct. 2014; "Upgraded Airstrip Set to Ignite China-Vietnam Row", *Straits Times*, 11 Oct. 2014.
111 "Manila Pushes Arbitration in China Sea Row", *Today*, 23 Oct. 2014.
112 "Philippines Releases Photos Showing China 'Reclamation'", *Straits Times*, 16 May 2014; "Land Reclamation by Beijing a Threat: Manila", *Straits Times*, 23 Jan. 2015.
113 "China Creating Huge Structure on Spratlys", *Straits Times*, 13 Mar. 2015.
114 "Chinese 'Land Reclamation' Ships at Reefs: Aquino", *Straits Times*, 6 June 2014; "New Photos to Show China's Work in Spratlys", *Straits Times*, 20 Apr. 2015; "China Building Runway on Subi Reef ", *Straits Times*, 28 July 2015.
115 "Beijing Reclaiming Land at Fourth Spratly Reef: Manila", *Straits Times*, 8 June 2014; "Manila Protest Against New Beijing Moves in Spratlys", *Straits Times*, 15 June 2014; "China 'Could Build Airstrip' on Spratly Reef ", *Straits Times*, 23 Nov. 2014; "Spratly Reef Project Justifiable: PLA General", *Straits Times*, 25 Nov. 2014.
116 "Beijing Defends Ship's Actions Against Manila in South China Sea", *Today*, 6 Feb. 2015.
117 "US 'Open' to Patrols with Philippines as S. China Sea Tensions Keep Rising", *Today*, 4 Feb. 2016.
118 "Beijing Reclaiming Land at Fourth Spratly Reef: Manila"; "Manila Protest Against New Beijing Moves in Spratlys"; "Beijing Defends Reclamation Work in South China Sea", *Today*, 9 Mar. 2015.
119 "Philippines Seeks Pause in S. China Sea Development Activities", https://www.voanews.com/a/philippines-seeks-pause-in-development-activities-in-disputed-southchina-sea/1970945.html, accessed 2 Aug. 2017.
120 "Spratly Reef Project Justifiable: PLA General", *Straits Times*, 25 Nov. 2014;"China Turns Tables on Rivals", *Straits Times*, 30 Apr. 2015; "Philippines Building on Disputed Isles: China", *Straits Times*, 6 May 2015; "Images Show Vietnam Reclaiming Land in South China Sea", http://www.reuters.com/article/us-southchinaseavietnam-idUSKBN0NT04820150508, accessed 4 Aug. 2017; "Vietnam 'Did Major Work in Disputed S. China Sea", *Straits Times*, 9 May 2015.

088 "Big Rise in Chinese Defence Budget Stirs Disquiet Among Neighbours", *Today*, 6 Mar. 2014.

089 "Obama Faces Budget Pressure in Pledge to Help Global Hot Spots", *Straits Times*, 5 Sept. 2014.

090 "US Restates Pivot Commitment After 'No Go' Remarks", *Straits Times*, 9 Mar. 2014.

091 "Meeting with Asean 'Shows Commitment of US to the Region'", *Straits Times*, 2 Apr. 2014.

092 "Obama's Asia Trip Lacks Trade Breakthrough", *Straits Times*, 30 Apr. 2014.

093 See, for example, "Obama Reaffirms 'Pivot' to Asia-Pacific", *Sunday Times*, 16 Nov. 2014.

094 Jonathan Eyal, "US' Asia Pivot Still a Work in Progress", *Straits Times*, 28 Apr. 2014.

095 "Thai Army Delegation Visits China for Regional Talks", *Today*, 12 June 2014; "Thailand, China in Military Alliance", *Straits Times*, 7 Feb. 2015.

096 "Thai Junta Says Alliance with US Is Still Intact", *Straits Times*, 30 June 2014.

097 Ibid.

098 "Thailand, China in Military Alliance".

099 Panitan Wattanayagorn quoted in "Why Thais Are Prickly over Diplomat's Criticism", *Straits Times*, 3 Feb. 2015. See also "Thailand Seeks Closer Relations with Russia as US Ties Cool", *Straits Times*, 21 Feb. 2016; "From Russia to Thailand, with Love", *Straits Times*, 7 Apr. 2016.

100 "China Inks Deal to Build 900km Thai Railway Line", *Straits Times*, 5 Dec. 2015.

101 "Thailand, US Resume High-Level Talks", *Straits Times*, 17 Dec. 2015.

102 See Sam Bateman, "New Tensions in the South China Sea: Whose Sovereignty over Paracels?" *RSIS Commentaries*, 14 May 2014. For a counter-response, see Huy Duong and Tuan Pham, "Sovereignty over Paracels: Article Lets off Beijing Lightly", *RSIS Commentaries*, 26 May 2014. The commentary argues that Bateman presented "an unbalanced perspective of the relative merits of Vietnam's and China's cases".

103 "ASEAN Urges Self-restraint in Disputes with China" and "Need for Urgency on Code of Conduct in South China Sea: PM", *Toda*y, 12 May 2014.

104 "Territorial Disputes 'Must Not Dominate China-Asean Agenda", *Straits Times*, 13 June 2014.

105 "US Set to Lift Arms Embargo on Vietnam", *Straits Times*, 25 Sept. 2014;"India to Sell Patrol Boats to Vietnam", *Straits Times,* 29 Oct. 2014.

106 "Defense Minister's China Visit Fosters Ties", *VNA*, 18 Oct. 2014.

066 The RCEP was conceived at the ASEAN Summit in Phnom Penh in 2012. It includes ASEAN 10, Australia, China, India, Japan, South Korea and New Zealand.

067 "China's Overture to Cement Ties with Asean", *Straits Times*, 12 Oct. 2013.

068 "China Offers 'Friendship Treaty' with ASEAN", *Today*, 14 Nov. 2014.

069 "Neighbours Deem China 'Belligerent': Poll", *Straits Times*, 11 Dec. 2013.

070 "Leave Asia to Asians, Says China", *Straits Times*, 22 May 2014; "Don't Bet on China's 'Asia for Asians Only' Vision Yet", *Straits Times*, 30 May 2014; Minxin Pei, "Why China Should Drop Its Slogan of 'Asia for Asians", *Straits Times*, 5 Dec. 2014.

071 "Frequent-Flier Kerry Yet to Win over Sceptics", *Straits Times*, 20 Feb. 2014.

072 "Asean's Show of Unity", *Straits Times*, 19 Aug. 2014.

073 "World Wants 'China's Money, US Leadership'", *Straits Times*, 2 June 2014.

074 "Assertive China a 'Boon to US Image'", *Straits Times*, 18 July 2014.

075 "Kerry Backs 'Substantive Code of Conduct' for South China Sea" and "US-Asean Ties of 'Highest Importance'", *Today*, 2 July 2013.

076 "Manila, Washington Widen Talks on Military Deal", *Today*, 17 July 2013.

077 "US Increases Military Aid to the Philippines", *Straits Times*, 1 Aug. 2013.

078 "Manila Plans to Reposition Troops to Counter China", *Straits Times*, 29 July 2013.

079 "Manila Wants to Host More US Troops", *Straits Times*, 10 Aug. 2013.

080 "US to Help Modernize Indonesia's Military", *Straits Times*, 25 Feb. 2014.

081 See "Partners & Friends: Japan, Australia Elevate Ties with New Defence and Trade Deals", *Straits Times*, 9 July 2014.

082 "Philippines Slams Military Build-up at Sea", *Straits Times*, 1 July 2013.

083 "China Hits out at US for Giving Tacit Backing to Philippines in Sea Dispute", *Today*, 12 Oct. 2013.

084 "South China Sea Issue Seen Dogging Asean-Beijing Meet", *Straits Times*, 29 Aug. 2013; "S. China Sea Row: 'Gradual' Talks on Code of Conduct", *Straits Times*, 17 Sept. 2013.

085 "Jakarta Against an Air Zone in S. China Sea", *Straits Times*, 20 Feb. 2014.

086 "China Reserves Right to Create Air Zone over South China Sea", *Japan Times*, 9 May 2015; "China Urged Not to Set up Air Zone over South China Sea", *Straits Times*, 11 May 2015.

087 "China May Not Strictly Enforce Latest Fishing Curbs", *Straits Times*, 11 Jan. 2011; "Uproar over China's New Fishing Law in S. China Sea", *Straits Times*, 11 Jan. 2014; Mark J. Valencia, "Why All the Fuss About 'New' Hainan Fishing Law", *Straits Times*, 17 Jan. 2014.

2013. Second Thomas Reef is also known as Ayungin Reef in Tagalog.

047 Almonte (as told to Vitug), *Endless Journey*, pp. 330–1.

048 "Manila Deals a Clever Hand with Knock-on Effects on Asean", *Straits Times*, 28 Jan. 2013.

049 Ibid.

050 "Beijing Rejects Manila's UN Mediation Effort", *Today*, 20 Feb. 2013.

051 "Getting Past Jurisdictional Hurdle Won't Be Easy", *Straits Times*, 28 Jan. 2013.

052 "China Urged to Face Philippines at UN Tribunal", *Today*, 30 Jan. 2013.

053 "Manila's UN Request Complicates Issue: China", *Today*, 24 Jan. 2013.

054 Ann Marie Murphy, "The End of Strategic Ambiguity: Indonesia Formally Announces Its Dispute with China in the South China Sea", *PacNet* #26, 1 Apr. 2014; "Jakarta Seeks Clarification from Beijing on Claims in South China Sea", *Today*, 8 Apr. 2014; "Jokowi Rejects Key Beijing Claim to South China Sea", *Straits Times*, 24 Mar. 2015; "Clarify South China Sea Claims, China Told", *Straits Times*, 13 Nov. 2015.

055 "Fishing Spat Won't Hurt Beijing Ties, Says Jakarta", *Straits Times*, 24 Mar. 2016.

056 "China Urged to Go to Court for Territorial Disputes", *Straits Times*, 12 Apr. 2014.

057 "Cool Responses to Push for Arbitration by Manila", *Straits Times*, 24 Jan. 2013. Jusuf Kalla made that remark at a press briefing held by the Bangkok-based Asian Peace and Reconciliation Council (established in September 2012).

058 The above paragraph is distilled/summarized from Walden Bello, "Converging Interests: Hanoi and Manila Confront Leviathan", *Philippine Daily Inquirer*, 12 Jan. 2014.

059 "KL's Boost for Naval Defence 'a Strategic Shift'", *Straits Times*, 28 Oct. 2013. James Shoal is entirely submerged underwater.

060 "Malaysia's Navy Chief Denies Chinese Incursion", *Straits Times*, 30 Jan. 2014.

061 "China's Navy Flexes Muscles in South China Sea", *Straits Times*, 28 Mar. 2013; "Getting Past Jurisdictional Hurdle Won't Be Easy".

062 "China Sends Big Fishing Fleet to Disputed Spratlys", *Straits Times*, 8 May 2013.

063 "Territorial Spats 'Must Not Harm Asean-China Trust'", *Straits Times*, 19 Apr. 2013.

064 "China to Start Code of Conduct Talks with Asean Soon", *Straits Times*, 3 May 2013.

065 "Asean, China to Start Talks on Maritime Code of Conduct", *Straits Times*, 1 July 2013.

(Boston: Houghton Mifflin Harcourt, 2017). See also Mark J. Valencia, "Are US-China Relations Beyond the Tipping Point?" *Straits Times*, 6 Aug. 2014.

028 "Obama, Xi Must Halt Rise of Risky Rivalry", *Straits Times*, 5 June 2013.

029 Ashley Tellis quoted in Valencia, "Are US-China Relations Beyond the Tipping Point?"

030 Former US Assistant Secretary of State for East Asian and Pacific Affairs Kurt Campbell quoted at an Indonesian conference at the Center for Strategic and International Studies (CSIS), Washington, DC, May 2013. See "Asia-Pacific 'Needs Region-wide Treaty to Preserve Peace'", *Straits Times*, 18 May 2013.

031 "Asia-Pacific 'Needs Region-wide Treaty to Preserve Peace'". See Natalegawa, *Does ASEAN Matter?* pp. 106–7.

032 "Jakarta Pushing for Indo-Pacific Peace Treaty", *Straits Times*, 8 Jan. 2014.

033 Natalegawa, *Does ASEAN Matter?* pp. 106–7.

034 "What to Make of Indonesia's Indo-Pacific Treaty", *Straits Times*, 16 Oct. 2014.

035 Ibid.

036 Carr, *Diary of a Foreign Minister*, p. 31.

037 This term was apparently first used by Chinese Vice President Xi Jinping in ashort speech when he visited Washington in February 2012, https://geopolicraticus.wordpress.com/2012/02/16/what-is-strategic-trust/, accessed 16 Aug. 2018. Vietnam's Prime Minister Nguyen Tan Dung also employed this term in his keynote speech at the 2013 Shangri-La Dialogue quoting a Vietnamese saying, "If trust is lost, all is lost", https://thediplomat.com/2014/07/strategic-trust-an-oil-rig-andvietnams-dilemma/, accessed 16 Aug. 2018. See also Natalegawa, *Does ASEAN Matter?* chapter 2.

038 "From Shangri-La to Sunnylands", *Straits Times*, 8 June 2013.

039 "China, Russia Respond to US Pivot to Asia", *Straits Times*, 17 July 2013.

040 "Russia's Alliance with China Presents a Challenge to US", *Today*, 10 Nov. 2014.

041 "S-E Asia Military Programmes Get More US Funds", *Straits Times*, 26 Aug. 2013.

042 "Back in Asia, Hagel Pursues Pivot in US Policy", *Today*, 3 Oct. 2013.

043 Christopher R. Hill, "Pivot away from Pivot: The Obama Anti-doctrine", *Today*, 28 Oct. 2013.

044 "Manila to Take South China Sea Fight to UN Tribunal", *Today*, 23 Jan. 2013.

045 "Philippine Boats 'Harassed by China'", *Straits Times*, 27 Jan. 2013. Bajo de Masinloc is the Filipino name for Scarborough Shoal, which the Chinese refer to as Huangyan Island.

046 "Wrecked Philippine Ship Could Be Next Flashpoint", *Straits Times*, 30 May

010 Lee Kuan Yew quoted in Pavin Chachavalpongpun, "Japan Vies with China for Asean's Favour", *Straits Times*, 10 Apr. 2014.

011 See "Tokyo Seeks Closer Ties with ASEAN", *Today*, 15 Jan. 2013.

012 "Japan Has Role to Play in Ensuring Law of Sea: Abe", *Straits Times*, 19 Jan. 2013. For a concise history of Indonesia and the South China Sea issue, see Shafiah F. Muhibat, "Nationalism, Sovereignty and Foreign Policy: Indonesia and the Disputes over the South China Sea", in *Indonesia in the New World: Globalisation, Nationalism and Sovereignty*, ed. Arianto A. Panturu, Mari Pangestu and M. Chatib Basri (Singapore: Institute of Southeast Asian Studies, 2018), chapter 4.

013 "View with Caution: Abe's Pivot to South-east Asia", *Today*, 21 Jan. 2013.

014 Quoted in William Choong, "US Should Focus on Easing China's Anxieties", *Straits Times*, 14 Jan. 2013.

015 For details of the India-ASEAN Dialogue, see "Delhi Dialogue V", 30 Dec. 2012, http://www.mea.gov.in/in-focus-article.htm?21125/Delhi+Dialogue+V#.WWQUmiTYj7Y.email, accessed 11 July 2014.

016 See "Keynote Address by H.E. Mr. Le Luong Minh, Secretary-General of ASEAN at the Inaugural Session, Delhi Dialogue V, 19 February 2013, New Delhi", http://asean.org/?static_post=keynote-address-by-he-mrle-luong-minh-secretary-generalof-asean-at-the-inaugural-session-delhi-dialogue-v-19-february-2013-new-delhi-2-2, accessed 11 July 2017.

017 "Asean Eyes India as 'Soft Balancer'", *Straits Times*, 11 Mar. 2013.

018 Ibid.

019 "Vietnam Courts India as Likely Protector in Sea Spat", *Straits Times*, 18 Jan. 2013.

020 "Asean Eyes India as 'Soft Balancer'".

021 "Revisiting That Pivot to Asia", *Today*, 13 Mar. 2013.

022 Quoted in "Asean Eyes India as 'Soft Balancer'"; "Watershed Moment for Indian Navy", *Straits Times*, 10 Aug. 2013.

023 "India Eyes Stronger Ties with S-E Asia", *Straits Times*, 5 July 2013.

024 "Out of APEC, India Eyes Indo-Pacific Influence", *Today*, 13 Nov. 2014.

025 "Watershed Moment for Indian Navy".

026 "China Now Building Its Own Aircraft Carrier", *Straits Times*, 1 Jan. 2016. China's sole aircraft carrier at this time was the 60,000-tonne *Liaoning*, which it had bought from Ukraine in 1998 and commissioned in late 2012.

027 Graham Allison, "Thucydides's Trap Has Been Sprung in the Pacific", *Financial Times*, 22 Aug. 2012. The book on this theme was published in 2017: Graham Allison, *Destined for War: Can America and China Escape Thucydides's Trap?*

075 For his bio-data, see "Hugh White (Strategist)", https://en.wikipedia.org/wiki/Hugh_White_(strategist), accessed 26 May 2017.

076 Hugh White, "Power Shift: Australia's Future Between Washington and China", *Quarterly Essay* 39 (2010): 1–74.

077 Hugh White, *The China Choice: Why America Should Share Power* (Oxford: Oxford University Press, 2012).

078 Tommy Koh was Singapore's ambassador to the United States from 1984 to 1990.

079 See Remy Davison, "The China Choice: Why America Needs to Share Power", 31 Aug. 2012, http://theconversation.com/the-china-choice-why-america-needs-toshare-power-9196, accessed 26 May 2017.

080 White, *The China Choice*, p. 144. White believed that at some point in the future Indonesia could join the concert of four.

081 Tommy Koh, "A Reply to Hugh White: Who Will Lead Asia", *Straits Times*, 29 Sept. 2012. Koh was actually rebutting not the book but an article by Hugh White, "Time for a Small Meeting of Big Powers", *Straits Times*, 19 Sept. 2012. The article is a distillation of the main thesis of the book.

082 Carr, *Diary of a Foreign Minister*, pp. 139–40.

083 See, for example, Hugh White, "China's Power and the Future of Australia", CIW 2017 Annual Lecture, 11 Apr. 2017, http://ciw.anu.edu.au/lectures_seminars/2017.php, accessed 26 May 2017; "Shangri-La Dialogue Should Address Asia's New Strategic Order", *Straits Times*, 23 May 2017.

第七章　二〇一三到一五年：南海爭議成為核心劇碼

001 Michael Richardson, "The Mechanics of US Engagement in Asia", *Straits Times*, 25 Mar. 2013.

002 Bridget Welsh quoted in "S'pore Calls for Review to Make ASEAN More Effective", *Today*, 12 Apr. 2013.

003 "Beijing Clarifies Maritime Search Rules", *Straits Times*, 1 Jan. 2013; "China 'Adds Destroyers to Marine Surveillance'", *Straits Times*, 1 Jan. 2013.

004 "Keeping the Peace a Priority for New Asean Chief ", *Straits Times*, 10 Jan. 2013.

005 Ibid.

006 "Japan to Review Statements on Wartime History", *Straits Times*, 30 Jan. 2013.

007 "The Philippines and Japan 'Closer' in Defence", *Straits Times*, 28 June 2013.

008 "Japan Helps Manila Build Patrol Boats", *Straits Times*, 28 July 2013.

009 "Japan Joins an Uncertain Club", *Straits Times*, 4 Mar. 2013; "Japan Joins Pacific Trade Talks at Last", *Straits Times*, 16 Mar. 2013.

057 Edgar Pang, '"Same-Same but Different': Laos and Cambodia's Political Embrace of China", *ISEAS Perspective*, 5 Sept. 2017.

058 Campbell, *The Pivot*, pp. 261–2.

059 Carr, *Diary of a Foreign Minister*, p. 67.

060 See Campbell, *The Pivot*, chapter 6.

061 "The Importance of Obama's Asian Pivot", *Times of India*, 24 Nov. 2012. Washington's condemnation of the Hun Sen-led Cambodian People's Party government's dissolution of the opposition Cambodia National Rescue Party ahead of the July 2018 general election only worsened Cambodia-US relations and pushed Phnom Penh even closer to Beijing.

062 Ibid.

063 Ibid.

064 Clymer, *A Delicate Relationship*, p. 319. When Aung San Suu Kyi's National League for Democracy formed the government in 2016, there was hope for further improvement in US-Myanmar relations. However, the Rohingya crisis, amongst other issues, slowed the process. In light of the Rohingya crisis, in December 2017 Washington reintroduced selected sanctions.

065 Campbell, *The Pivot*, pp. 220–4.

066 Ibid., pp. 224–7.

067 Ibid., pp. 227–30.

068 Ibid., pp. 260–1.

069 Carr, *Diary of a Foreign Minister*, pp. 31, 35, 40–1.

070 There is more than meets the eye in Malaysia-US relations, as revealed in a secret document exposed in July 2018. See "Malaysia's Najib Sought CIA Support Before Election Defeat", 20 July 2018, http://www.atimes.com/article/malaysias-najib-soughtcia-support-before-election-defeat/, accessed 20 Aug. 2018; "Najib Mum on Alleged Letter Seeking US Backing", *Straits Times*, 27 July 2018.

071 Campbell, *The Pivot*, pp. 262–3.

072 Quoted in Carr, *Diary of a Foreign Minister*, p. 10.

073 SEATO Council Meeting, Canberra, 27–29 June 1966; ANZUS Ministerial Meeting, Canberra, 30 June–1 July 1966, in *Foreign Relations of the United States (FRUS), 1964–1968*, Vol. 27, *Mainland Southeast Asia; Regional Affairs* (Washington, DC: United States Government Printing Office, 2000).

074 Airgram from the Embassy in Indonesia to the Department of States, Djakarta, 21 Feb. 1968, in *Foreign Relations of the United States, 1964–1968*, Vol. 26, *Indonesia, Malaysia-Singapore, Philippines* (Washington, DC: United States Government Printing Office, 2001).

ambassador to Singapore), see "Cambodia Acted in Asean's Best Interests: Ambassador", *Straits Times*, 9 Aug. 2012; "Cambodia Rebuts Criticism of Role in Asean", *Straits Times*, 17 Aug. 2012.

043 For an account of this episode, see Mark Valencia, "Is ASEAN Becoming a Big-Power Battleground?" *Straits Times*, 24 July 2012. The most detailed account of what occurred during the 45th ASEAN Ministerial Meeting is in Thayer, "ASEAN's Code of Conduct in the South China Sea", pp. 1–22. Australian Foreign Minister Bob Carr also provided interesting and useful snippets of this episode in his memoir; see Bob Carr, *Diary of a Foreign Minister* (Sydney: NewSouth, 2014), pp. 110–1, 116, 128. Indonesian Foreign Minister Natalegawa (2009–14) provides a first-person account in his memoir, *Does ASEAN Matter? A View from Within* (Singapore: Institute of Southeast Asian Studies, 2018), pp. 127–30.

044 Thayer, "ASEAN's Code of Conduct in the South China Sea", p. 14.

045 "Divided We Stagger", *The Economist*, 18 Aug. 2012.

046 Almonte (as told to Vitug), *Endless Journey*, p. 330.

047 "Row Overshadows Summit", *Straits Times*, 16 July 2012.

048 Valencia, "Is ASEAN Becoming a Big-Power Battleground?"

049 Koh, "Asean up to Tackling Sixth Challenge".

050 "Joint Statement of the 15th ASEAN-China Summit on the 10th Anniversary of the Declaration on the Conduct of Parties in the South China Sea: EnhancingPeace, Friendship and Cooperation", Phnom Penh, 19 Nov. 2010, http://www.asean.org/wp-content/uploads/images/2012/news/documents/Joint%20Statement%20of%20the%2015th%20ASEAN-China%20Summit%20on%20the%2010th%20Anniversary%20of%20the%20Declaration%20on%20the%20Conduct%20of%20Parties%20in%20the%20South%20China%20Sea.pdf, accessed 15 May 2017.

051 "Towards Two Giant Free Trade Pacts", *Straits Times*, 21 Nov. 2012.

052 See Carr, *Diary of a Foreign Minister*, pp. 32–3.

053 Ibid., p. 128. Carr gives a gist of the contents of the cables sent from Washington to Canberra in July/August 2012.

054 "Laos Swamped by Foreign Investment", 18 May 2011, https://khampoua.wordpress.com/tag/laotians/page/2/, accessed 18 May 2017.

055 "US Secretary of State Hillary Clinton Makes Historic Visit to Laos", https://www.independent.co.uk/news/world/asia/us-secretary-of-state-hillary-clinton-makeshistoric-visit-to-laos-7936239.html, accessed 16 Aug. 2018.

056 Bertil Lintner, "Little Laos Risks Losing It All to China", *Asia Times*, 13 May 2018.

asia-and-pacific/secretary-clintonsop-ed-americas-pacific-century/p30265, accessed 3 May 2017; speech by US President Barack Obama to the Australian Parliament (excerpt), 17 Nov. 2011, "Asia-Pacific Presence a Top US Priority", *Straits Times*, 19 Nov. 2011.

025 "U.S Joins East Asia Summit: Implications for Regional Cooperation—An Interview with Ann Marie Murphy", http://www.nbr.org/research/activity.aspx?id=183, accessed 3 May 2017.

026 See Kenton Clymer, *A Delicate Relationship: The United States and Burma/Myanmar Since 1945* (Ithaca: Cornell University Press, 2015), pp. 303–20.

027 Matthew P. Goodman, "Yes, TPP is About Who Writes the Rules", Pacific Forum, CSIS, *PacNet* #66, 6 Sept. 2016.

028 "US Seeks Support for Trans-Pacific Trade Pact", *Straits Times*, 19 Nov. 2011.

029 "China Eyes Apec Free Trade Zone", *Straits Times*, 30 Oct. 2014.

030 "16 Countries Take First Step to an Asian Free Trade Area", *Straits Times*, 1 Sept. 2012.

031 Kavi Chongkittavorn, "The Way Ahead for Asean", *Straits Times*, 3 Jan. 2014.

032 "16 Countries Take First Step to an Asian Free Trade Area".

033 Nina Silove, "The Pivot Before the Pivot: U.S. Strategy to Preserve the Power Balance in Asia", *International Security* 40, 4 (Spring 2016): 45–88. The author had access to the personal archive of Secretary of Defence Donald Rumsfeld.

034 Rizal Sukma, "US Policy Towards Southeast Asia: A New Paradigm?" paper presented at the 24th Asia-Pacific Roundtable, Kuala Lumpur, 7–9 June 2010.

035 "China's Military Warns of Confrontation over Seas", *Today*, 23 Apr. 2012.

036 "Slew of Chinese Agencies Complicates S. China Sea Issue", *Straits Times*, 24 Apr. 2012.

037 "Aquino in US for Talks on Strategic Partnership", *Straits Times*, 8 June 2012; "Aquino Urges US Backing in Spat with China", *Straits Times*, 9 June 2012.

038 "Aquino May Ask US to Deploy Spy Planes", *Straits Times*, 3 July 2012.

039 "Nine Dragons Stir up S. China Sea", *Straits Times*, 25 June 2012.

040 "US, Philippines Stress Diplomacy", *Straits Times*, 10 June 2012.

041 Hai, *Vietnam and the South China Sea*, pp. 187–91.

042 Tommy Koh, "Asean up to Tackling Sixth Challenge", *Straits Times*, 1 Sept. 2012. According to Carlyle Thayer, the record indicated that the failure was the result of Cambodia's handling of its role as ASEAN chair. Foreign Minister Hor Namhong was not conciliatory and rejected repeated attempts at compromise. See Carlyle A. Thayer, "ASEAN's Code of Conduct in the South China Sea: A Litmus Test for Community-Building", *Asia-Pacific Journal* 10, 34, 4 (Aug. 2012): 1–22. For the Cambodian perspective by Sin Serey (Cambodia's

第六章　二〇一〇到一二年：夾在美國與中國之間的東南亞

001 Lee Kuan Yew quoted in Peh, "Can US Squeeze into the 'Chinasean' Bed?"

002 Quoted in Henry Kissinger, "The Future of US-Chinese Relations", *Foreign Affairs*, Mar./Apr. 2012.

003 "Global Financial Crisis: Five Key Stages 2007–2011", *The Guardian*, 7 Aug. 2011.

004 Ivan Png, "Watch India: It May Outgrow China", *Straits Times*, 23 Feb. 2010.

005 Peh, "Can US Squeeze into the 'Chinasean' Bed?"

006 "Wen Drives His Way into Asean Hearts", *Straits Times*, 7 May 2011.

007 David W.F. Huang (ed.), *Asia Pacific Countries and the US Rebalancing Strategy* (New York: Palgrave Macmillan, 2016), p. 141.

008 For a brief account of Arroyo's presidency, see Almonte (as told to Vitug), *Endless Journey*, pp. 318–28.

009 "Manila to Push Ahead with Oil-Gas Exploration in South China Sea", *Straits Times*, 1 Mar. 2012.

010 "Aquino in US for Talks on Strategic Partnership", *Straits Times*, 8 June 2012.

011 Ian Storey, "Power Play in S. China Sea Stirs up Tensions", *Straits Times*, 27 July 2010.

012 Beijing neither confirmed nor denied the report that China had told American officials that the South China Sea sovereignty claim was its "core interest".

013 "Offering to Aid Talks, U.S. Challenges China on Disputed Islands", *New York Times*, 23 July 2010. See also Robert M. Gates, *Duty: Memoirs of a Secretary at War* (New York: Alfred A. Knopf, 2014), pp. 413–20.

014 "Beijing Slams US Remarks on South China Sea", *Straits Times*, 26 July 2010.

015 "Indonesia Rejects China's Stand on US", *Today*, 23 Sept. 2010.

016 Almonte (as told to Vitug), *Endless Journey*, pp. 329–30.

017 "US Will Help in Philippine Defence", *Straits Times*, 25 June 2011; "Manila Gets US Intelligence Pledge", *Straits Times*, 26 June 2011.

018 Barry Wain, "Asean Caught in a Tight Spot", *Straits Times*, 16 Sept. 2010.

019 "Philippines Urges ASEAN, China to Agree to Ensure Peace in South China Sea Report", *Philippine Daily Inquirer*, 11 Dec. 2005.

020 "'Urgent Need' for China, Asean Code of Conduct", *Straits Times*, 18 Jan. 2011.

021 Campbell, *The Pivot*, p. xxi.

022 Peh, "Can US Squeeze into the 'Chinasean' Bed?"

023 Campbell, *The Pivot*, p. 144.

024 Hillary Clinton, "America's Pacific Century", http://foreignpolicy.com/2011/10/11/americas-pacific-century/, accessed 3 May 2017. See also "Secretary Clinton's Op-Ed:'America's Pacific Century'", http://www.cfr.org/

076 "Vietnam Deploys Police to Pre-empt Anti-Chinese Protests", *AFP*, 9 Jan. 2008.

077 "Vietnam Enlists Allies to Stave off China's Reach", *New York Times*, 5 Feb. 2010.

078 See Renato Cruz De Castro, "China, the Philippines, and US influence in Asia", *Asian Outlook* 2 (July 2017) (Washington, DC: American Enterprise Institute for Public Policy Research).

079 "War Games with US Targeted China: Arroyo", *Straits Times*, 5 Apr. 2004.

080 "Philippines Government to Withdraw Troops from Iraq", 16 July 2004, https://www.wsws.org/en/articles/2004/07/phil-j16.html, accessed 20 Apr. 2017. For a brief insider account, see Almonte (as told to Vitug), *Endless Journey*, p. 322.

081 See Evelyn Goh (ed.), *Rising China's Influence in Developing Asia* (Oxford: Oxford University Press, 2016), p. 110, chapter 5.

082 "Manila, Beijing Will Discuss Oil Survey Plan in Spratlys with Other Claimants", *Manila Business World*, 7 Sept. 2004.

083 For the full text of the joint statement issued on 28 April 2005, see http://www.fmprc.gov.cn/nanhai/eng/zcfg_1/t193958.htm, accessed 19 Apr. 2017.

084 "Palace Official Says Lapsed Spratly Oil Deal Not to Affect Philippines' Security", *Philstar*, 2 Jan. 2009.

085 "Senators to Push for Immediate Debate on Bill Redefining Philippine Baselines", *Philstar*, 28 Apr. 2008.

086 "House Version of Baselines Bill 'on War Path': Enrile", *GMA News.TV*, 4 Feb. 2009.

087 "PRC FM Spokesman: China Reiterates Sovereignty over 'Huangyan Island', 'Spratlys'", *Xinhua*, 3 Feb. 2009.

088 "RP Enacts Law Claiming Disputed Islands", *Philstar*, 11 Mar. 2009.

089 "Tensions Growing in South China Sea", *Straits Times*, 18 Mar. 2009; "China Boosts Presence in South China Sea", *Straits Times*, 20 Mar. 2009.

090 Sam Bateman and Clive Schofield, "Outer Shelf Claims in the South China Sea: New Dimension to Old Disputes", *RSIS Commentaries*, 1 July 2009.

091 "South China Sea Part of Core Interests: Beijing", *Straits Times*, 6 July 2010.

092 "Chinese Exercises a Show of Assertiveness", *Straits Times*, 3 May 2010.

093 "Vietnam Enlists Allies to Stave off China's Reach", *New York Times*, 5 Feb. 2010.

094 "Beijing Delivers New Threats over Its Hegemony over the South China Sea", *Asia Sentinel*, 30 Apr. 2010.

095 See, for example, "Vietnam Bolstering Spratlys Firepower", *Straits Times*, 20 May 2010. It was reported that Vietnam was buying six submarines from Russia.

059 *Voice of Vietnam text website*, Hanoi, in Vietnamese, 17 Apr. 2001, *BBC Monitoring Global Newsline – Asia-Pacific Political.*

060 Mark J. Valencia, "South China Sea Beijing's Buffer", *Washington Times*, 24 Aug. 2001.

061 "Claims to Islands a Threat: Malaysia's Navy Chief ", *Straits Times*, 27 Apr. 2002.

062 Xu Yihe, "China Energy Watch: Spratlys Dispute Blocks Exploration", *Dow Jones Asian Equities Report*, 6 May 2002.

063 "Beijing Readies China Sea Exercises", *Washington Times*, 17 May 2001; "China Dismisses Vietnam Protest Against Naval Drill as 'Groundless'", *Beijing*, 11 June 2002 (AFP).

064 "Sea of Troubles Reflects Unease over China's Role", *South China Morning Post*, 9 June 2002.

065 Ibid.

066 "Malaysia Toying with Idea of Declaration to Solve Disputed Areas", *Bernama*, Kuala Lumpur, 23 July 2002.

067 "Chinese Foreign Minister Takes Wait-and-See Attitude on Spratlys Document", *Associated Press Newswires*, 29 July 2002.

068 "Asean Paves the Way for a South China Sea Code", *Straits Times*, 27 July 2002; "Asean Faces Difficulty in Beijing Negotiations".

069 "Philippine Plane Fired upon over Spratlys", *Straits Times*, 5 Sept. 2002; "Don't Neglect the Spratlys", *Far Eastern Economic Review*, 26 Sept. 2002.

070 "New Submarine Deployment Sends Message", *South China Morning Post*, 14 Oct. 2002.

071 "Taking Charge", *Far Eastern Economic Review*, 14 Nov. 2002. For the full text of the Declaration, see https://cil.nus.edu.sg/rp/pdf/2002%20Declaration%20on%20the%20Conduct%20of%20Parties%20in%20the%20South%20China%20Seapdf.pdf, accessed 18 Apr. 2017.

072 Barry Wain, "Taking Charge", *Far Eastern Economic Review*, 14 Nov. 2002; Ralf Emmers, "ASEAN, China and the South China Sea: An Opportunity Missed", *IDSS Commentaries*, 19 Nov. 2002.

073 Hai, *Vietnam and the South China Sea*, p. 223.

074 Mark J. Valencia, "China's Push for Offshore Oil: A Chance for Joint Deal", *Straits Times*, 29 Sept. 2004.

075 The above is from Hai, *Vietnam and the South China Sea*, pp. 223–4, chapter 5. This is the most recent and detailed study of the South China Sea dispute from the Vietnamese perspective. "Vietnam, China Clash Again over Spratlys", *Straits Times*, 19 July 2007.

038 *A Strategic Framework for the Asian Pacific Rim* (Department of Defense, Office of International Security Affairs, 1992).

039 "Work with China on Spratlys Row, US Urges Asean", *Straits Times*, 28 Mar. 1992.

040 Ibid.; "US Has to Help if Navy Is Attacked in Spratlys, Says Manglapus", *Straits Times*, 14 Mar. 1992.

041 "Washington's Priorities", *Far Eastern Economic Review*, 13 Aug. 1992, p. 18.

042 Ralph A. Cossa (ed.), "Security Implications of Conflict in the South China Sea: Exploring Potential Triggers of Conflict" (Honolulu: Pacific Forum CSIS Special Report, 1996), appendix G.

043 Jason Swergold, "U.S. Military Transformation and the Rise of China: Restructuring Regional Alliances", http://hdl.handle.net/2345/496, p. 36, accessed 24 Mar. 2017.

044 "Interview with Admiral Archie Clemins, Commander in Chief of the US Pacific Fleet", *Asian Defence and Diplomacy*, Sept. 1998, pp. 14–7.

045 "Exercises with Asian Allies 'to Continue'", *Straits Times*, 7 Apr. 1999.

046 *Philippines Broadcaster GMA-7*, 3 Oct. 1999, *BBC/SWB/FE*/3657/B/8.

047 Swergold, "U.S. Military Transformation and the Rise of China", p. 36.

048 "US Sees Flash Points in South China Sea", *Straits Times*, 9 Jan. 2000.

049 "Official Says Manila to Insist on Removal of Chinese Structures in Spratlys", *Quezon City GMA 7 Television*, 21 Feb. 2001, *FBIS-EAS*-20001-0221.

050 "How Does Manila Propose to Deal with Beijing on Spratly Islands Claim?" *BBC London (English), The World Today*, 22 Feb. 2001.

051 "President Says Spratlys Dispute Not to Hamper Ties with China", *Kyodo News Service*, Tokyo, in English, 8 Feb. 2001, *SWB/FE*/4067/B/6.

052 "South China Sea Accord", *NAPSNet Daily Report*, 4 Apr. 2001.

053 "Beijing Is Shifting Security Concerns from Land to Maritime Areas", *International Herald Tribune*, 12 Apr. 2001.

054 "Philippines Military Officer: China Upgrades Spratlys' Communication Facilities", *BBC Monitoring Global Newsline – Asia-Pacific Political*, *Philippine Daily Inquirer* website, in English, 16 Apr. 2001.

055 "Philippine ForMin Spokesman Describes Chinese Incursion in Spratlys 'Ill-Timed'", *Manila Times*, 31 Oct. 2001, *FBIS-EAS*-2001-1031.

056 "RP, China Officials Meet on Joint Fishing Rights", *Manila Standard*, 9 Dec. 2001.

057 "Philippines Rules out Military Exercises with US on Spratly Islands", *BBC Monitoring*, *Philippine Star*, 8 Feb. 2002.

058 "Vietnam Warned on Spratly Govts Plan", *Straits Times*, 14 Feb. 2001.

Change", *Far Eastern Economic Review*, 10 Feb. 2000; and "China Wants Strict S. China Sea Code", *Straits Times*, 21 Feb. 2000.

018 "Beijing Concerned over Fishing Boat Expulsions", *Xinhua News Agency*, 11 Jan. 2000, *BBC/SWB/FE*/3735/G/2.

019 "Lawmaker Says China Moving to Claim Disputed Shoal", *GMA-7 Radio-Television Arts*, 21 Jan. 2000, *BBC/SWB/FE*/3745/B/5.

020 "China Deployed Spy Ships in Spratlys, Legislator Says", *Manila Times*, 20 Mar. 2000, *BBC/SWB/FE*/3795/B/3.

021 "Philippine President Says China Visit 'More Successful Than I Expected'", *Xinhua News Agency*, 17 May 2000, *BBC/SWB/FE*/3844/G/2.

022 "Zhu Rongji Says He Is Full of Confidence in Prospects of Sino-Philippine Relations," *Beijing Zhongguo Xinwen She*, 17 May 2000, *FBIS-CHI*-2000-0517.

023 "Thailand to Host ASEAN-China Meeting on Spratlys", *The Nation*, 8 Mar. 2000, *BBC/SWB/FE*/3784/B/1.

024 "South China Sea, 'Code of Conduct'", *Straits Times*, 16 Mar. 2000.

025 "Beijing Warns Against Joint Military Games", *South China Morning Post*, 16 Mar. 2000.

026 "Bully in the South China Sea", *Wall Street Journal Asia*, 17 Mar. 2000.

027 "Malaysia's Plan for Submarine Raises Fears Among Thailand, China", *The Nation*, 1 Aug. 2000, *BBC/SWB/FE*/3909/B/6.

028 "PRC FM Spokesman on South China Sea Issue", *Xinhua News Agency*, 13 July 2000, *FBIS-CHI*-2000-0713.

029 "Asean Summit Will Not Discuss RP Proposal", *Manila Standard*, 1 Nov. 2001.

030 "Asean Faces Difficulty in Beijing Negotiations: Divisions Within Group Block Consensus on Code for South China Sea", *Wall Street Journal Asia*, 1 Aug. 2002.

031 Michael McDevitt, "China and the South China Sea: A Conference Summary Report", Pacific Forum, CSIS, *PacNet* #15, 16 Apr. 1999.

032 Ibid.

033 "Today Hsisha, Tomorrow …?" *Far Eastern Economic Review*, 28 Jan. 1974.

034 "America's Attitude to the Asian Region", *Asia-Pacific Defence Reporter*, Apr. 1980, pp. 25–8.

035 "Help Wanted in Protecting Vital Sea Lines", *Asia-Pacific Defence Reporter*, Annual Reference Edition, Dec. 1984/Jan. 1985, pp. 53–7.

036 *A Strategic Framework for the Asian Pacific Rim: Looking Toward the 21st Century* (prepared by the Office of the US Assistant Secretary of Defense for International Security Affairs [East Asia and Pacific Region], Apr. 1990).

037 "US 'Will Not Interfere' in Spratly Conflicts", *Straits Times*, 23 Oct. 1991.

106 "Crisis Makes Integration 'More Urgent'", and "PM Lee: Asean Must Address Rohingya Issue or Risk Losing Credibility", *Straits Times*, 2 Mar. 2009.

第五章　二〇〇〇到一〇年：南海爭議

001 Jose T. Almonte, "Coordinating Asean's Position on the South China Sea Issue", speech at the ASEAN Experts on the Law of the Sea Conference, 27–28 Nov. 1997, *Towards One Southeast Asia: Collected Speeches*, Jose T. Almonte (Quezon City: Institute for Strategic and Development Studies, 2004), p. 201.

002 Rodolfo Severino (former ASEAN secretary-general) quoted in Barry Wains, "More Claims", *Far Eastern Economic Review*, 15 Apr. 2004, p. 20.

003 The maritime dispute between Vietnam and China goes back to before the end of the Cold War, notably over the Paracels in 1974 and Johnson Reef in 1988.

004 See 1992 ASEAN Declaration on South China Sea, https://cil.nus.edu.sg/rp/pdf/1992%20ASEAN%20Declaration%20on%20the%20South%20China%20Sea-pdf.pdf, accessed 21 Mar. 2017.

005 Barry Wain, "At Loggerheads with Beijing", *Wall Street Journal Asia*, 6–8 Oct. 2000.

006 Andrew Scobell, "Slow-Intensity Conflict in the South China Sea", presented at the Second Annual Conference of Foreign Policy Research Institute Asia Programme on "Flashpoints in East Asia", Philadelphia, 12 May 2000.

007 Do Thanh Hai, *Vietnam and the South China Sea: Politics, Security and Legality* (London: Routledge, 2017), p. 222.

008 "PRC Spokeswoman Restates Claim to Spratly Islands, Surrounding Waters", *Hong Kong AFP*, *FBIS-CHI*-2000-1226.

009 "Premier Zhu Rongji, Malaysia's Mahathir Hold Talks on Bilateral Ties", *Xinhua News Agency*, 18 Aug. 1999, *BBC/SWB/FE*/3618/G/1; "Malaysia and China to Boost Ties in Defence", *Straits Times*, 3 June 1999.

010 "China-Malaysia Ties at Their Best", *Straits Times*, 24 Nov. 1999.

011 "Malaysian Navy Chief, Chinese Fleet Delegation Discuss Relations", *Nanyang Siang Pau*, 14 July 2000, *BBC/SWB/FE*/3893/B/3.

012 "China Wants to Set Right Image: Najib", *Straits Times*, 29 Nov. 2000.

013 Wain, "At Loggerheads with Beijing".

014 Mark J. Valencia, "Beijing Is Setting the Stage for Trouble in the South China Sea", *International Herald Tribune*, 3 July 2000.

015 *GMA-7 Radio-Television Arts*, 21 Nov. 1999, *SWB/FE*/3699/B/6.

016 *Kyodo News Service*, 22 Nov. 1999, *BBC/SWB/FE*/3700/B/9.

017 The above is summarized from Chen Hurng Yu, "A Solution to Conflict in the Spratlys" (Taiwan Security Research), *Taipei Times*, 23 Dec. 1999; "China's Sea

092 Samak Sundaravej, who became prime minister after the ouster of Thaksin Shinawatra in 2006, was seen as pro-Thaksin. Pavin Chachavalpongpun quoted in Veasna, "Cambodia-Thailand Sovereignty Disputes": 158.

093 Veasna, "Cambodia-Thailand Sovereignty Disputes": 162.

094 For a concise account of the Preah Vihar dispute, see Veasna, "Cambodia-Thailand Sovereignty Disputes": 152–72.

095 "Preah Vihear Temple: Disputed Land Cambodian, Court Rules", *BBC Asia*, 11 Nov. 2013.

096 Pavin Chachavalpongpun, "Bangkok May Not Be Ready to Lead Asean", *Straits Times*, 18 Nov. 2008.

097 "One ASEAN Issue: No Clear Leader", *Today*, 30 May 2008. See also "Asean Charter a No-Go in Jakarta?" *Straits Times*, 26 July 2008. It was reported that several Indonesian legislators were upset by Singapore Prime Minister Lee Hsien Loong's remarks on members' slow ratification, with one quoted as saying, "we are still examining the Charter but Lee's remarks have negatively affected us".

098 "Asean Summit Now Set for Feb. 24", *Straits Times*, 16 Dec. 2008; "Thai Opposition Leader Becomes PM", *The Guardian*, 15 Dec. 2008.

099 See "It Seemed Like a Bad Dream", *Straits Times*, 14 Apr. 2009; Donald K. Emmerson, "ASEAN's Pattaya Problem", *PacNet* #30, 23 Apr. 2009.

100 The ASEAN Community date was brought forward to 2015 from 2020 at the 12th ASEAN Summit in January 2007 in Cebu, Philippines. See "Cebu Declaration on the Acceleration of the Establishment of an ASEAN Community by 2015", http://asean.org/?static_post=cebu-declaration-on-the-acceleration-of-the-establishmentof- an-asean-community-by-2015, accessed 24 Apr. 2017.

101 "Asean Human Rights Body Launched", *Straits Times*, 24 Oct. 2009. For a defence of the AICHR, see "Human Rights Struggle", *Straits Times*, 23 Oct. 2009.

102 S. Kesavapany, "Cooperation Trumps Confrontation", *Straits Times*, 27 July 2009.

103 "Extended House Arrest of Aung San Suu Kyi Prompts Wave of Criticism", http://www.abc.net.au/worldtoday/content/2009/s2653461.htm, accessed 16 Mar. 2017.

104 The NLD was of the view that the referendum was a farce and refused to register for the election, thus disqualifying itself as a political party. It was dissolved on orders from the junta.

105 See Kenton Clymer, *A Delicate Relationship: The United States and Burma/Myanmar Since 1945* (Ithaca: Cornell University Press, 2015), chapter 14.

en/articles/2010/12/rudd-d31.html, accessed 14 Mar. 2017.

080 Quoted in Greg Sheridan, "An Inclusive Vision for the Asia-Pacific", *Straits Times*, 22 June 2010.

081 Ibid.

082 "S'pore Seeks 'Strong and Cohesive' Asean", *Straits Times*, 13 Jan. 2007.

083 Michael Vatikiotis, "Asean Charter Hangs in the Balance", *Straits Times*, 9 Jan. 2008. See also "Indonesian Thinker Takes Asean Charter to Task", *Straits Times*, 9 Jan. 2008. For a concise debate of the charter, see book review by William Choong of Tommy Koh et al. (eds), *The Making of the Asean Charter* (Singapore: World Scientific, 2009), *Straits Times*, 10 Mar. 2009; and the rejoinder, Tommy Koh, "Why You Shouldn't Yawn at Asean", *Straits Times*, 29 Apr. 2009.

084 "Key Grouping Central to Regional Balance", *Straits Times*, 10 Apr. 2010.

085 "One ASEAN Issue: No Clear Leader", *Today*, 30 May 2008. For an insider's revelation of the pecking order within ASEAN, see Dominic Faulder, *Anand Panyarachun and the Making of Modern Thailand* (Singapore: Editions Didier Millet, 2018), pp. 264–7. See also "Letter from Najib's Office Sent to CIA Belittling S'pore as Too Small to Make an Impact in Southeast Asia", https://www.theonlinecitizen.com/2018/07/20/letter-from-najibs-office-sent-to-cia-belittling-spore-as-too-small-tomake- an-impact-in-southeast-asia/, accessed 4 Jan. 2019.

086 John McBeth, *The Loner: President Yudhoyono's Decade of Trial and Indecision* (Singapore: Straits Times Press, 2016), p. 111.

087 Ibid., pp. 111, 117.

088 "One ASEAN Issue: No Clear Leader", *Today*, 30 May 2008.

089 Rizal Sukma, "Indonesia Needs a Post-ASEAN Foreign Policy", *Jakarta Post*, 30 June 2009. See also Jusuf Wanandi, "Indonesia's Foreign Policy and the Meaning of ASEAN", *PacNet* #27, 16 May 2008; "Indonesia May Be Outgrowing Asean", *Straits Times*, 11 July 2009; Barry Desker, "Is Indonesia Outgrowing Asean?" *Straits Times*, 29 Sept. 2010.

090 The International Court of Justice in 1962 awarded the temple to Cambodia, but the 4.6 square kilometres of land remain disputed. See also Tim Huxley, "Grasp Nettle of Security Problems", *Today*, 22 July 2008; Michael Vatikiotis, "The Faltering Asean Way", *Straits Times*, 28 Oct. 2008; K. Kesavapany, "ASEAN in Disarray?" *Straits Times*, 29 Oct. 2008.

091 Duncan McCargo quoted in Veasna Var, "Cambodia-Thailand Sovereignty Disputes: Implications for Cambodia's Strategic Environment and Defence Organisation", *Strategic Analysis* 41, 2 (2017): 157.

The first US envoy to ASEAN was Scot Marciel, who was concurrently deputy assistant secretary of state. In his senate confirmation hearing, he said he would focus on the Myanmar issue. See "US to Confirm 1st Asean Envoy", *Today*, 11 Apr. 2008.

069 Surin Pitsuwan, "US-ASEAN Cooperation", *PacNet* #15, 3 Apr. 2008.

070 See, for example, Simon Tay, "Asean Needs an Obama Policy", *Straits Times*, 25 Feb. 2009.

071 "Clinton Declares: US back in Asia", *Straits Times*, 23 July 2009.

072 "US 'Committed to Asean for Long Haul'", *Straits Times*, 2 Nov. 2009. The Second US-ASEAN Leaders Meeting took place in New York on 24 September 2010 on the margins of the annual 65th UN General Assembly.

073 Peh, "Can US Squeeze into the 'Chinasean' Bed?"

074 Yang Razali Kassim, "ASEAN at 40: The End of a Two-Speed Grouping?" *RSIS Commentaries*, 6 Sept. 2007; Simon Tay, "It's Time for Asean to Deliver", *Straits Times*, 16 July 2008.

075 "Singapore Sets Itself Three Challenges as New Asean Chairman", *Straits Times*, 21 Aug. 2007.

076 Ibid.

077 "Asean 'Holds Key to Building Stable East Asian Region'", *Straits Times*, 23 Aug. 2007.

078 "Singapore Sees Crucial Role for Asean in Shaping Asian Security", *Straits Times*, 12 Feb. 2008.

079 Both Barry Desker's and Yudhoyono's quotes are from "Rudd's Asia-Pacific Plan Lost at Sea?" *Crikey*, 31 May 2010, https://www.crikey.com.au/2010/05/31/ruddsasia-pacific-plan-lost-at-sea/, accessed 14 Mar. 2017. The report noted that Vietnam and the Philippines were apparently supportive, while Singapore, Indonesia and Malaysia were sceptical. The proposal was also controversial within Australia. See also Rodolfo C. Severino, "What's the Point of a New Asia-Pacific Architecture?"*Straits Times*, 7 Jan. 2009. Rudd attempted to promote his idea in his Singapore lecture in August 2008 by adding that ASEAN would "remain the absolute core of the region's architecture". Rudd spoke of his idea again at the Shangri-La Dialogue in June 2009. See "Rudd Makes a Plug for his Asia-Pacific Vision", *Straits Times*, 13 Aug. 2008; "With ASEAN at Its Heart …", *Today*, 13 Aug. 2008; Tommy Koh, "Australia Must Respect Asean's Role", *Straits Times*, 24 June 2009. By the time Rudd resigned his prime ministership in 2010, his Asia Pacific Community proposal had been quietly put aside due to lack of support, particularly from the ASEAN countries and, according to WikiLeaks, the United States as well. See https://www.wsws.org/

053 Amitav Acharya, "Challenges for an Asean Charter", *Straits Times Interactive*, 24 Oct. 2005; Rizal Sukma, "Asean: New Challenges, New Horizons, New Targets", 20th Asia-Pacific Roundtable, Kuala Lumpur, 29 May–1 June 2006.

054 "Asean Slams Myanmar for Lack of Democracy", *Straits Times*, 30 July 2007.

055 See Ong Keng Yong, "EU's Lessons for Asean", *Straits Times*, 11 June 2008.

056 "Asean Revamp: From Family Business to Global Player". See also "Interview with ASEAN Secretary-General Ong Keng Yong: Moving away from Family Way", *Straits Times*, 24 Feb. 2006.

057 "Progress Made on Asean Charter", *Today*, 7 Aug. 2007. Vietnam was initially unwilling to support the charter and agreed only when ASEAN scrapped the proposed punitive measures for errant members. The final agreed charter continued the policy of upholding the principle of non-interference in the internal political affairs of member states. See "Vietnam Ratifies Asean Charter", *Straits Times*, 20 Mar. 2008.

058 "Charter Turns Asean into Rules-Based Legal Organisation", *Straits Times*, 8 Jan. 2008.

059 "Surin to Urge Asean Members to Ratify Charter", *Straits Times*, 8 Jan. 2008.

060 "Monks' Protest Is Challenging Burmese Junta", *New York Times*, 24 Sept. 2007.

061 "Manila Ratifies Asean Charter", *Straits Times*, 8 Oct. 2008.

062 "Bush to Visit S'pore for Asean-US Summit", *Straits Times*, 5 May 2007. Singapore's Prime Minister Lee Hsien Loong in a speech marking the 40th anniversary of ASEAN and 30 years of US-ASEAN ties disclosed it.

063 "Bush No-Show 'Sends Asean the Wrong Signal'", *Straits Times*, 21 July 2007; "Condoleezza Rice to Skip Asean Forum in Manila", *Straits Times*, 25 July 2007.

064 "Asean Sees Vital Role for US in Region: PM", *Straits Times*, 8 Sept. 2007.

065 "Bush No-Show 'Sends Asean the Wrong Signal'".

066 "Free Trade Pact with US Unlikely: Asean Chief ", *Straits Times*, 24 July 2007; "Rice's No-Show a 'Dampener' But …", *Today*, 24 July 2007.

067 "ASEAN at 40: Coming of Age or Mid-Life Crisis?" *PacNet* #33, 5 Sept. 2007. See also interview with Christopher Hill (US assistant secretary of state for East Asian and Pacific affairs), *Straits Times*, 1 Aug. 2007. Hill said the perception that the US was uninterested in the region was "to some extent an anachronism" stemming from a view that Washington was not engaged during the 1997 financial crisis. The United States' focus on the Middle East did not mean it was neglecting ASEAN.

068 "Asean Leaders Get an Invite to Texas from Bush", *Straits Times*, 8 Sept. 2007; "Plans for Bush-Asean Summit Hit Brick Wall", *Straits Times*, 20 Dec. 2007.

consensus and peaceful resolutions of disputes. See Shaun Narine, "The English School and ASEAN", *Pacific Review* 19, 2 (June 2006): 204. See also Jurgen Haake, "The Concept of Flexible Engagement and the Practice of Enhanced Interaction: Intramural Challenges to the 'ASEAN Way'", *Pacific Review* 12, 4 (1999): 581–611; Samuel Sharpe, "An ASEAN Way to Security Cooperation in Southeast Asia?" *Pacific Review* 16, 2 (2003): 231–50.

042 "Security Panel and Charter Top Asean Agenda in Manila", *Straits Times*, 28 July 2007.

043 See Shao Binhong (ed.), *Looking for a Road: China Debates Its and the World's Future* (Leiden: Brill, 2017), chapter 3, p. 57.

044 Xu Jin, "China's Future East Asian Security Policy Framework: A 'Four-Wheel' Structure Design", in *Looking for a Road*, ed. Shao (Leiden: Brill, 2017), chapter 3, p. 57.

045 See Termsak Chalermpalanupap, "State of Play of the ARF@25"; Alice D. Ba, "The ARF's Elusive Pursuit of Preventive Diplomacy"; Tang Siew Mun, "Rethinking the ASEAN Regional Forum", all in *ASEAN Focus* 5, Oct. 2018, https://www.iseas.edu.sg/images/pdf/ASEANFocus%20Oct%202018.pdf, accessed 12 Apr. 2019.

046 "Asean Must Help Shape Security in the Region", *Straits Times*, 20 Feb. 2006.

047 "Asean Not Yet a United Entity for S'poreans", *Straits Times*, 24 Feb. 2007. See also Simon Tay, "Asean Integration Also About Mindset", *Straits Times*, 10 Sept. 2008; "Sex up the Image, Asean", *Straits Times*, 12 Sept. 2008; "People to People Ties Vital in Asean", *Straits Times*, 17 Apr. 2009.

048 "Regional Integration Will Be a Challenge to Asean: Surin", *Straits Times*, 19 May 2007.

049 See Rodolfo C. Severino, "Why Asean Should Have a Charter", *Straits Times*, 5 Dec. 2005.

050 "Brunei Sultan Lauds S'pore's Efforts on Asean Charter", *Straits Times*, 28 June 2007.

051 Joint Communique of the 37th ASEAN Ministerial Meeting, Jakarta, 29–30 June 2004, https://asean.org/?static_post=joint-communique-of-the-37th-asean-ministerialmeeting- jakarta-29-30-june-2004-2, accessed 14 Apr. 2019.

052 See 2004 Joint Communique of the 37th ASEAN Ministerial Meeting, paragraph 6, https://asean.org/joint-communique-of-the-37th-asean-ministerial-meeting-jakarta/, accessed 2 Mar. 2017; "Jaya Picked to Join Senior Leaders on Asean Charter Panel", *Straits Times*, 8 Aug. 2005; "ASEAN's Vision 2020", *Straits Times*, 12 Dec. 2005; "Work on Asean Charter Gets Rolling" and "Rewriting the ASEAN Way", *Straits Times*, 13 Dec. 2005.

and See Seng Tan, "The ASEAN Regional Forum and Preventive Diplomacy: Built to Fail?" *Asian Security* 7, 1 (2011): 44–60.

029 See Tan See Seng, "ARF: Ad Hoc Regional Forum?" *Straits Times*, 30 July 2010.

030 Tang Siew Mun, "Rethinking the ASEAN Regional Forum", *ASEAN Focus* 5 (2018): 11.

031 "First Meeting of Asean Defence Ministers", *Straits Times*, 8 May 2006; "Asean Reaffirms Security Community", *Straits Times*, 10 May 2006.

032 Bhubhindar Singh and See Seng Tan (eds), *From "Boots" to "Brogues": The Rise of Defence Diplomacy in Southeast Asia* (RSIS Monograph No. 21, 2011), pp. 5–9, 40.

033 The eight dialogue partners are Australia, China, India, Japan, New Zealand, South Korea, the Russian Federation and the United States.

034 See "Towards a Better Security Framework", *Straits Times*, 15 June 2010; Barry Desker, "A Step Closer to Security Community", *Straits Times*, 20 Oct. 2010.

035 For discussions on the ADMM and ADMM-Plus, see Singh and Tan, *From "Boots" to "Brogues"*; Tomotaka Shoji, "ASEAN Defense Ministers' Meeting (ADMM) and ADMM Plus: A Japanese Perspective", *NIDS Journal of Defense and Security* 14 (Dec. 2013): 3–17, 70–131.

036 The focus of the ADMM-Plus is in the following six areas: maritime security, counterterrorism, humanitarian assistance and disaster relief, peacekeeping operations, military medicine, and humanitarian mine action; see "Roundtable: The ADMMPlus and the Future of Defense Diplomacy", *Asia Policy* 22 (July 2016): 72.

037 Brendan Taylor, "The Shangri-La Dialogue: Thriving, but Not Surviving?" in *From "Boots" to "Brogues"*, ed. Singh and Tan, pp. 59–60.

038 "DPM Teo Signs Asean Joint Declaration", *Straits Times*, 12 May 2010.

039 Siew Mun Tang, "ASEAN and the ADMM-Plus: Balancing Between Strategic Imperatives and Functionality" in "Roundtable: The ADMM-Plus and the Future of Defense Diplomacy": 77.

040 Emmers and Tan, "ASEAN Regional Forum and Preventive Diplomacy": 48. The article argues that the ASEAN Way was not the most important reason for the failure of the ARF to move from CBM to PD.

041 Amitav Acharya notes that the term is "vague and contested" (*Constructing a Security Community in Southeast Asia: ASEAN and the Problem of Regional Order*, 2001). S. Jayakumar (former foreign minister of Singapore), however, provides a few descriptors of the ASEAN Way in various sources: informality, organization minimalism, inclusiveness, intensive consultations leading to

Leste Stance", *Straits Times*, 18 Nov. 2011.

009 Michael Vatikiotis, "Asean Is Having a Hard Time Breathing", *Straits Times*, 3 May 2007.

010 "Asean Advisers Call for Radical Policy Change", *Straits Times*, 9 Dec. 2006.

011 "Asean's Myanmar Sidestep", *Today*, 20 Nov. 2006; "Sanctions on Myanmar Won't Work: Asean Sec-Gen Ong", *Today*, 12 June 2007.

012 See "Until Suu Kyi Is Freed, US Ban on Myanmar Stays", *Toda*y, 26 July 2007.

013 "Asean and EU to Start Free Trade Talks", *Straits Times*, 5 May 2007; "Free Trade Pact with US Unlikely: Asean Chief ", *Straits Times*, 24 July 2007.

014 Hadi Soesastro, "ASEAN Plus Three, East Asia Summit and APEC: Ensuring Productive Synergy", 21st Asia Pacific Roundtable, Kuala Lumpur, 4–8 June 2007.

015 "Slow Progress on Asian Security", *Wall Street Journal Asia*, 17–19 Sept. 2000.

016 See, for example, "Replace Asean", *Wall Street Journal Asia*, 3–5 Aug. 2001; "Regional Perspective: Making the ARF Relevant Post-September 11", *The Nation*, 8 July 2002.

017 "Asia-Pacific Ministers Set to Strengthen Regional Forum Chairman's Role", *Kyodo News Service*, Tokyo, in English, 14 July 2001.

018 "Top Security Role for Asean Regional Forum" and "Security Partners 'Can Now Discuss Sensitive Issues'", *Straits Times*, 26 July 2001.

019 *Voice of Vietnam text website*, Hanoi, in Vietnamese, 18 May 2001. Vietnam: ASEAN Regional Forum Preparatory Session Opens in Hanoi.

020 "Top Security Role for Asean Regional Forum".

021 "Regional Perspective". See also Barry Desker, "Is the ARF Obsolete? Three Moves to Avoid Irrelevance", *IDSS Commentaries*, 20 July 2006.

022 See "Reassessing Multilateralism: A New Agenda for the ASEAN Regional Forum: A Report of the IDSS Project on the Future of the ASEAN Regional Forum", Institute of Defence and Strategic Studies, June 2002.

023 "Jaya: Go Beyond Regional Matters to Global Issues", *Straits Times*, 19 June 2003.

024 Indonesian Foreign Minister Marty Natalegawa quoted in "ARF Set to Move on from Building Trust", *Straits Time*s, 29 July 2005.

025 See Khong Yuen Foong, "Predicting the Future of the ASEAN Regional Forum", *Trends, Business Times*, 30–31 July 1994.

026 "Amity Treaty Shows ARF Not Just Talk Shop", *Straits Times*, 29 July 2005.

027 "ARF Set to Move on from Building Trust", *Straits T*imes, 29 July 2005.

028 Ralf Emmers, "ASEAN Regional Forum: Time to Move Towards Preventive Diplomacy", *IDSS/RSIS Commentaries*, 25 Oct. 2007. See also Ralf Emmers

131 "Asean Chief Says E. Asia Community Will Not Exclude US", *Straits Times*, 17 June 2006.

132 "US, Asean to Boost Ties with Yearly Summit", *Straits Times*, 3 Feb. 2006.

133 "US Poised to Take Asean Ties to New Level, Says Bush Aide", *Straits Times*, 11 Feb. 2006.

134 "US Keen to Boost Asean Trade via S'pore", *Straits Times*, 3 Apr. 2006.

135 "US, Asean to Sign Scaled-Down Trade Arrangement", *Straits Times*, 20 Aug.2006.

136 "Kuala Lumpur Declaration on the East Asia Summit Kuala Lumpur", 14 Dec. 2005, http://asean.org/?static_post=kuala-lumpur-declaration-on-the-east-asia-summitkuala-lumpur-14-december-2005; "Chairman's Statement of the First East Asia Summit", Kuala Lumpur,14 Dec. 2005, http://dfat.gov.au/international-relations/regional-architecture/asean/Pages/chairmans-statement-of-the-first-east-asia-summit.aspx, accessed 8 Feb. 2017.

137 "Some Proposals for the East Asia Summit", *Straits Times*, 19 Nov. 2005.

138 "Building Block".

139 "Asean Chief Says E. Asia Community Will Not

140 Beijing offered to host the Second EAS.

第四章　二〇〇七到一〇年：前行幾步，倒退幾步

001 Goh Sui Noi, "A Second Wind for Asean?" *Straits Times*, 21 Jan. 2007.

002 Ong Keng Yong quoted in "Asean Revamp: From Family Business to Global Player", *Straits Times*, 12 Jan. 2007.

003 Quoted in Peh Shing Huei, "Can US Squeeze into the 'Chinasean' Bed?" *Straits Times*, 15 Mar. 2010.

004 "Jakarta Backs Timor Leste's Asean Bid", *Straits Times*, 26 July 2006. Tan See Seng noted, "Timor has arguably seen itself not as part of Asean, but more as part of the Pacific Forum group of states in the South Pacific"; see Tan See Seng,"Saving Timor: Responsibility Belongs to All", *Straits Times*, 14 June 2006.

005 For the various views, see Tan, "Saving Timor"; Yang Razali Kassim, "Timor as a Failed State: A Slap in the Face of ASEAN?" *PacNet* #29, 22 June 2006.

006 "Timor Leste Behind in Bid to Join Asean", *Straits Times*, 17 July 2010.

007 "Timor Leste's Bid to Join Asean Faces Objections", *Straits Times*, 20 Mar. 2011.

008 For details of which countries supported and which did not support Timor-Leste's admission into ASEAN, see Barry Wain, "Closing the Asean Door on Timor Leste", *Straits Times*, 5 May 2011; "S'pore Rebuts Article on Its Timor

Ties with KL, Jakarta" and "Yudhoyono, Howard Set to Mend Matters", *Straits Times*, 2 Apr. 2005; "KL and Canberra Can't Quite Bridge the Gulf ", *Straits Times*, 8 Apr. 2005; "Howard's Closer Ties Get Big Thumbs Up", *Straits Times*, 11 Apr. 2005.

117 "Howard's Asean Headache", *Straits Times*, 4 May 2015; "Australia Set to Sign Non-aggression Pact", *Straits Times*, 21 May 2005.

118 "Australia to Sign Asean Non-aggression Treaty", *Straits Times Interactive*, 28 July 2005. New Zealand confirmed in May that Auckland would sign the treaty.

119 "Mahathir Criticises East Asia Summit", *Straits Times Interactive*, 8 Dec. 2005. Mahathir predicted that the EAS would be ineffective and its views diluted to accommodate the wishes of Europe and the United States.

120 "Growing Regional Cooperation Threatens US Influence in E. Asia", *Straits Times*, 19 Nov. 2005; Jane Skanderup, "APEC 2005: Economics Takes Center Stage", *PacNet #50*, 23 Nov. 2005. President George Bush met the seven ASEAN APEC members in Busan, and the outcome was a joint vision statement for an ASEAN-US Enhanced Partnership. One item of the partnership was a plan for a region-wide ASEAN-US Trade and Investment Framework Agreement.

121 See, for example, Jonathan Eyal, "Who's in, Who's out: That's the Issue", *Straits Times*, 14 May 2005. For an insider account of the US attitude towards the EAS, see Victor D. Cha, *Powerplay: The Origins of the American Alliance System in Asia* (Princeton: Princeton University Press, 2016), pp. 1–4, 207–8, 219. Cha was the director of Asian affairs at the National Security Council from December 2004 to 2007.

122 "No Invitation in Sight for Washington", *Straits Times*, 14 May 2005.

123 "West Is Welcome in Asean Plus 3: China", *Straits Times*, 1 Nov. 2005.

124 "No Invitation in Sight for Washington".

125 "Rice's No-Show in Laos Will Be Seen as a Snub", *Straits Times*, 22 June 2005;"Rice Skipping Asean Meeting", *Straits Times*, 1 July 2005; "Rice's Asia Test", *Straits Times*, 9 July 2005.

126 "China Opens Door to Possible US Role", *Straits Times*, 2 Dec. 2005.

127 "EAC: More an East Asian Cacaphony", *Straits Times*, 3 Jan. 2016.

128 "Economy First for East Asian Bloc: MM Lee", *Straits Times*, 10 Dec. 2005.

129 "US, Asean Agree on Five-Year Plan for Closer Ties", *Straits Times*, 28 July 2006.

130 "But US Adopts Wait and See Attitude", *Straits Times*, 2 Dec. 2005; "Building Block", *Newsweek*, 12 Dec. 2005; "Asean Ministers Upbeat After Talks with Rice", *Straits Times*, 14 Sept. 2005; "Americans Building on Strong Ties with Asean", *Straits Times*, 23 Sept. 2005.

Asia-Europe Partnership", Hanoi, 8–9 Oct. 2004, http://www.aseminfoboard.org/events/5th-asem-summit-asem5, accessed 1 Feb. 2017. Not all members of the EU shared the same view of how to manage the Myanmar issue and ASEAN. Myanmar along with Cambodia and Laos officially joined the ASEM process in 2004, the first enlargement of ASEM since its establishment in 1996, which saw ten new EU states and the three ASEAN states.

104 "Asean May Need Face-Saving Solution to Myanmar Issue", *Straits Times*, 24 Mar. 2005.

105 "Don't Push Myanmar into a Corner", *Straits Times*, 23 May 2005. Written by Singapore's former ambassador to Cambodia, Verghese Mathews, this was the first indication that Yangon was waiting for an appropriate time and forum to pass up its turn as chair after Malaysia.

106 "Myanmar Gives up Asean Chair", *Straits Times*, 27 July 2005.

107 "Myanmar Still Keeps Europe Wary of Asia", *Straits Times*, 15 Oct. 2005.

108 See, for example, "Asean Foreign Ministers Press Yangon for Reforms", *Straits Times*, 16 Dec. 2005.

109 "Asean Unease: Myanmar Must Act", *Straits Times*, 9 Apr. 2005.

110 Kyaw San Wai, "Myanmar's Foreign Policy Responses to Western Sanctions", p. 45.

111 "Myanmar Generals Cannot Survive Indefinitely, Says MM", *Straits Times*, 10 Oct. 2007; Stephen McCarthy, "Burma and Asean: Estranged Bedfellows", *Asian Survey* 48, 6 (Nov./Dec. 2008): 911–35.

112 "Asean's Myanmar Sidestep", *Today*, 20 Nov. 2006.

113 See Point 10, "Chairman's Statement of the Eighth ASEAN+3 Summit", Vientiane, 29 Nov. 2004, http://asean.org/?static_post=chairman-s-statement-of-the- 8th-asean-3-summit-vientiane-29-november-2004, accessed 7 Feb. 2017. For a brief account of the origins of the EAS idea, see Rodolfo Severino, "How Many Voices Should East Asia Have?" *Straits Times*, 11 Apr. 2005. The EAS was one of the recommendations of the East Asia Vision Group, established in 1998.

114 See Point 56, "Joint Communique of the 38th ASEAN Ministerial Meeting", Vientiane, http://asean.org/joint-communique-of-the-38th-asean-ministerial-meetingvientiane/, accessed 7 Feb. 2017.

115 "Remake Asean to Ride on Asia's Boom", *Straits Times*, 7 Sept. 2005.

116 For a peek into the different views within ASEAN regarding the EAS, see "E. Asia Summit's Birthing Pains", *Straits Times Interactive*, 22 Feb. 2005; "KL Wants Summit to Exclude India, NZ, Australia", *Straits Times*, 18 Mar. 2005. For Australia's relations with Indonesia and Malaysia, see "New Page in Aussie

083 "New Asean Chief Calls for Closer Economic Ties", *Straits Times*, 7 Jan. 2003.

084 "Jakarta to Moot Asean Security Community", *Straits Times*, 21 July 2003. For a discussion of ASEAN as a "security community", see Amitav Acharya, "Asean Needs New Tools for New Threats", *Straits Times*, 6 Apr. 2003; Leonard C. Sebastian and Chong Ja Ian, "Towards an Asean Security Community", *Straits Times*, 7 Oct. 2003.

085 "Productive Sentosa Retreat for Leaders", *Straits Times*, 9 Sept. 2003.

086 "Asean's Bali Boost", *Straits Times*, 15 Sept. 2003.

087 "Jakarta Jilted", *Far Eastern Economic Review*, 10 June 2004.

088 See Declaration of ASEAN Concord II (commonly referred to as Bali Concord II), signed on 7 October 2003.

089 "ASEAN Summit: Taking the Helm", *Far Eastern Economic Review*, 16 Oct. 2003.

090 "Peacekeeping Role Not for Asean for Now: Jaya", *Straits Times*, 5 Mar. 2004; "Jakarta Jilted".

091 "Is Asean Serious About Economic Integration?" *Straits Times*, 9 Dec. 2004.

092 Kyaw San Wai, "Myanmar's Foreign Policy Responses to Western Sanctions", master's thesis, Nanyang Technological University, 2012–13, p. 7.

093 "EU Sees Myanmar Situation as a Hurdle", *Straits Times*, 28 July 2001; "EU's Interest in Asean Waning", *Straits Times*, 9 Apr. 2002.

094 "Asem: A Forum to Balance US Power", *Straits Times*, 2 Oct. 2002.

095 For a timeline, see "Timeline: The Life of Aung San Suu Kyi", https://www.weforum.org/agenda/2016/02/timeline-the-life-of-aung-san-suu-kyi2/, accessed 1 Feb. 2017. For the SLORC perspective, see "Suu Kyi 'Being Protected from Assassins'", *Straits Times*, 16 June 2003; "Darts Fly at Myanmar Minister", *Straits Times*, 20 June 2003.

096 "Junta's Detention of Suu Kyi Tests Asean Credibility", *Straits Times*, 17 June 2003.

097 "Asean Urges Myanmar to Accept Role of the UN", *Straits Times*, 17 June 2003.

098 "Expel Myanmar", *Today*, 21 July 2003.

099 "EU Sets out to Halt Drift in Asia Relations", *Straits Times*, 23 July 2003.

100 "Asean-EU Ties May Yet Enter New Era", *Straits Times*, 25 July 2003; "EU and Southeast Asia: Stronger Ties in the Making?" *South China Morning Post*, 29 July 2003; "Asean Unease: Myanmar Must Act", *Straits Times*, 9 Apr. 2005.

101 "Asean-EU Dialogue Falters over Myanmar", *Straits Times*, 2 July 2004.

102 Ibid.; "Asean and EU Thrash out Myanmar Problem", *Straits Times*, 3 July 2004.

103 See 5th ASEM Summit (ASEM5), "Further Revitalising and Substantiating the

067 "US Security Policy in Asia and the Pacific: Restructuring America's Forward Deployment", Hearing before the Subcommittee on Asia and the Pacific of the Committee on International Relations, House of Representatives, 108th Congress, 26 June 2003, p. 38.

068 "Asean Back in Spotlight as Big Players Come A-wooing", *Straits Times*, 26 Apr. 2002.

069 "Turning Tide Brings Asean out from Spell in Backwaters", *South China Morning Post*, 3 May 2002; Pamela Sodhy, "US-Malaysian Relations During the Bush Administration: The Political, Economic and Security Aspects", *Contemporary Southeast Asia* 25, 3 (2003): 363–86.

070 Robert H. Taylor, *Ne Win: A Political Biography* (Singapore: Institute of Southeast Asian Studies, 2015).

071 "Asean Agrees on Pact with US to Fight Terrorism", *Straits Times*, 27 July 2002; "US, ASEAN in Pact to Combat Regional Terrorism", *Australian Financial Review*, 2 Aug. 2002; "Double-Edged Deal", *South China Morning Post*, 2 Aug. 2002.

072 "Bush Announces Trade Initiative with ASEAN", *Kyodo News*, 27 Oct. 2002; "Asean-US Free Trade Pact Still a Long Way Off ", *Straits Times Interactive*, 6 Apr. 2002.

073 The above is from Woolcott, *Hot Seat*, pp. 298–300.

074 "New World Order Is in the Making", *Straits Times*, 20 Oct. 2001.

075 "S'porean 'To Be Next Secretary-General'", *Straits Times*, 6 June 2002.

076 "Analyst Stresses Need for Asean to Integrate in Meeting Threat from China", *Radio Australia* (English), Correspondent's Report, 7 July 2002.

077 "Landmark Agreement on Asean Trade Plan", *Straits Times*, 7 July 2002.

078 "ASEAN Breaks with Tradition to Liberalise Markets", *Reuters News*, 6 July 2002; "A Slow and Wobbly Club", *Today*, 6 Nov. 2002.

079 "Singapore Plan for Single Asean Market", *Straits Times*, 5 Nov. 2002. For an early analysis of the AEC proposal (which was not elaborated on at the ASEAN Summit), see Denis Hew, "Towards an ASEAN Economic Community by 2020: Vision or Reality", *ISEAS Viewpoints*, 16 June 2003. In Hew's words, "at the end of the day, it could very well be the political dimensions of forming an economic community that would pose the greatest challenge for ASEAN".

080 "A Slow and Wobbly Club".

081 ASEAN and India signed a framework agreement to begin formal negotiations to set up a free trade area (Asean-India Regional Trade and Investment Area) within ten years in November 2003.

082 "At the Helm: Ong Starts as Asean Chief ", *Today*, 1 Jan. 2003.

ASEAN (Singapore: Institute of Southeast Asian Studies, 2001).

052 Press Statement by the Chairman of the Seventh ASEAN Summit and the Fifth ASEAN+3 Summit, Brunei Darussalam, 5 Nov. 2001.

053 "Reinventing ASEAN", *Straits Times*, 3 Nov. 2001. The issue of terrorism in Southeast Asia is more complex than some make it out to be. Giovanna Dell'Orto in *AP Correspondents in Action: World War II to the Present* (Cambridge: Cambridge University Press, 2016), pp. 56–7, notes how Indonesian terrorism was often misunderstood as the media struggled "to be willing to see it as something other than just al-Qaida and this is all linked to 9/11". See also John T. Sidel, "Other Schools, Other Pilgrimages, Other Dreams: The Making and Unmaking of Jihad in Southeast Asia", in *Southeast Asia over Three Generations*, ed. James T. Siegel and Audrey R. Kahin (Ithaca: Southeast Asia Program, Cornell University, 2003), pp. 347–81.

054 2001 ASEAN Declaration on Joint Action to Counter Terrorism, Bandar Seri Begawan, 5 Nov. 2001.

055 "Editorial: Asean Needs to Fight Terrorism Together", *Bangkok Post*, 23 Feb. 2002; "Unity Against Terrorism", *New Straits Times*, 24 Feb. 2002.

056 "Failure to Fight Terrorism Could Be Disastrous for Asean Economy", Bernama, The Malaysian News Agency, 5 Apr. 2002.

057 "Change Approaches in Dealing with Asean, Malaysia Urged", *New Straits Times*, 6 Apr. 2002.

058 "Close Ranks Against Terrorism: BG Lee", *Business Times*, 12 Oct. 2001.

059 "DPM BG Lee Comments on Singapore's Opposition and Asean's Challenges", BBCTV (English), *Asia Today*, 8 Nov. 2001.

060 See Jim Roffe, "Security in Southeast Asia: It's Not About the War on Terrorism", *Asia-Pacific Security Studies* 1, 3 (May 2002): 1–4.

061 Ibid.: 2.

062 Mark Hong, "A Turning Point for East Asia", *Straits Times Interactive*, 24 Oct. 2002.

063 See Kumar Ramakrishna, "Terrorism in Southeast Asia: The Ideological and Political Dimensions", *Southeast Asian Affairs 2004* (Singapore: Institute of Southeast Asian Studies, 2004), pp. 54–9.

064 Ibid., p. 54.

065 "PM Warns Against Taking US-ASEAN Ties for Granted".

066 "An Overview of US-East Asia Policy", James A. Kelly, assistant secretary of state for East Asian and Pacific affairs, Testimony before the House Relations Committee, Washington DC, 2 June 2004, https://2001-2009.state.gov/p/eap/rls/rm/2004/33064.htm, accessed 19 Jan. 2017.

037 "Trips by Asean Leaders to Restore Group's Credibility".

038 Speech by Dato' Seri Dr Mahathir bin Mohamad (Prime Minister) at the ASEAN Business Forum's conferment of the ASEAN Achievement Millennium Awards, Singapore, 10 Sept. 2001.

039 "Malaysia's Mahathir Mourns Singapore's 'Strong Leader' Lee", http://news.asiaone.com/news/singapore/malaysias-mahathir-mourns-singapores-strong-leader-lee, accessed 9 Jan. 2017.

040 Speech by Senior Minister Lee Kuan Yew at the ASEAN Business Forum's conferment of the ASEAN Achievement Millennium Awards; Speech by Dato' Seri Dr Mahathir bin Mohamad (Prime Minister) at the ASEAN Business Forum's conferment of the ASEAN Achievement Millennium Awards.

041 "Asians Generally Optimistic About Region's Future, but Two Worries Crop Up", *Straits Times*, 28 May 2001; "Asia's Top Threat: The Economy", *Straits Times*, 10 Sept. 2001.

042 "Thai Soldiers See Southern Muslims as Trouble-makers", *Straits Times*, 13 Apr. 2001.

043 A third plane deliberately crashed into the Pentagon and damaged part of the western side of the building.

044 The following account is summarized from various sources, in particular: Zachary Abuza, "Tentacles of Terror: Al Qaeda's Southeast Asian Network", *Contemporary Southeast Asia* 24, 2 (Dec. 2002): 427–65; Kumar Ramakrishna and See Seng Tan (eds), *After Bali: The Threat of Terrorism in Southeast Asia* (Singapore: World Scientific, 2003).

045 See Abuza, "Tentacles of Terror": 427–46.

046 Ibid.: 456.

047 Ibid.: 458–9.

048 "Asean Talks Focus on Anti-terror Measures", *Straits Times*, 22 Feb. 2002.

049 David Martin Jones and Mike L. Smith, "The Strange Death of the ASEAN Way", *Australian Financial Review*, 12 Apr. 2002, pp. 4–8. See also "Editorial: Security the Priority", *South China Morning Post*, 16 Jan. 2002. The editorial noted, "the threat of global terrorism has highlighted Southeast Asia's inability to tackle regional security problems". The predominantly Muslim populations of some countries, ASEAN's lack of cohesion, and the non-interference policy were cited as reasons.

050 David Rothkopf, *Running the World: The Inside Story of the National Security Council and the Architects of American Power* (New York: Public Affairs, 2005), pp. 42–30.

051 Simon S.C. Tay, Jesus P. Estanislao and Hadi Soesastro (eds), *Reinventing*

Nov. 2000.

017 "SM Lee Says Asean Must Get Its Act Together if It Must Cope with Other Challenges", CNBC (English), *Wall Street Journal Asia*, 24 Nov. 2000.

018 "WTO Entry by China 'A Plus as Well as a Challenge'", *Straits Times*, 28 July 2001.

019 "Big Investors Skipping Asean", *Straits Times*, 19 Sept. 2001. The year 2001 saw the sharpest decline in the GDP growth of ASEAN since its formation in 1967. See "Year Ender ASEAN Getting out of Low Ebb (Part 1)", *Xinhua News Agency*, 15 Dec. 2001.

020 Alejandro Reyes, "Southeast Asia Adrift", *Asiaweek*, 1 Sept. 2000.

021 Ibid.

022 "The Grouping's 'To-Do' List", *Straits Times*, 26 July 2000.

023 Reyes, "Southeast Asia Adrift".

024 Interview with Michael Leifer, BBC London, *East Asia Today*, 25 July 2000. See also interview with Robert Templer (Strategic Intelligence), BBCTV (English), *Asia Business Report*, 22 Nov. 2000; "North-east Asia's Challenge", *Business Times*, 28 Nov. 2000.

025 "PM Goh Sees Merit in Developing Asean Plus Three into East Asian Summit", TV3 (English), *Nightline*, 26 Nov. 2000. See also "North-east Asia's Challenge".

026 "PM Says Asean Must Pull Its Act Together", *Straits Times*, 17 Jan. 2001.

027 Singapore Trade and Industry Minister George Yeo quoted in "S'pore, KL 'Can Help Push Asean Forward'", *Straits Times*, 4 Mar. 2001.

028 "PM Says Asean Must Pull Its Act Together".

029 See "The United States Security Strategy for the East Asia-Pacific Region (EASR)", http://www.dod.gov/pubs/easr98/easr98.pdf, accessed 9 Nov. 2016.

030 Kurt M. Campbell, *The Pivot: The Future of American Statecraft in Asia* (New York: Twelve, 2016), pp. 144–5.

031 "PM Warns Against Taking US-Asean Ties for Granted", *Straits Times*, 8 Sept. 2000.

032 *Xinhua News Agency Domestic Service*, Beijing, in Chinese, 26 July 2001.

033 "Asean Must Get Its Act Together Vis-a-vis China", *Business Times*, 24 July 2001.

034 Ibid.

035 "Trips by Asean Leaders to Restore Group's Credibility", *Straits Times*, 18 Aug. 2001.

036 Speech by Senior Minister Lee Kuan Yew at the ASEAN Business Forum's conferment of the ASEAN Achievement Millennium Awards, Singapore, 10 Sept. 2001.

chapter 17. For academic discussions on the meaning of being in the "driver's seat" or its equivalent term "ASEAN centrality", see Amitav Acharya, "The Myth of ASEAN Centrality?" *Contemporary Southeast Asia* 39, 2 (Aug. 2017): 273–9; See Seng Tan, "Rethinking 'ASEAN Centrality' in the Regional Governance of East Asia", *Singapore Economic Review* 63, 1 (2018), DOI: 10.1142/S0217590818400076.

005 "Asean Bid to Build on Trade Ties", *Straits Times*, 30 Apr. 2001.

006 "East Timor Seeks to Join Asean, S. Pacific Forum", *Straits Times*, 1 Aug. 2000.

007 "Regaining Asean's Lost Ground", *Straits Times*, 25 July 2000. Full text of remarks by Professor S. Jayakumar, Singapore minister for foreign affairs and law, at the 33rd ASEAN Ministerial Meeting, Bangkok, 24 July 2000.

008 Rodolfo Severino quoted in "Asean Can Overcome Threat of Redundancy", *Straits Times*, 8 Aug. 2001.

009 For a discussion of the limitations of the troika mechanism, see "Asean Sets up System to Promote Regional Peace", *Business Times*, 26 July 2000; "ASEAN Troika Given More Powers to Deal with Regional Security Matters", *The Nation*, 25 July 2000, *BBC/SWB/FE*/3902 B/2.

010 "Asean Looks Set to Adopt Troika Plan", *Straits Times*, 24 July 2000.

011 Excerpts from Singapore Foreign Minister Prof. S. Jayakumar's remarks to the Singapore media at the close of the 33rd AMM/Seventh ARF/PMC meetings in Bangkok, 24–29 July 2000. For an account of the confusion leading to InterFET, see Surin, "How East Timor Reshaped ASEAN".

012 "Asean Bid to Build on Trade Ties". The idea of an informal retreat was first tested in Singapore in 1999 and Bangkok in 2000. See also "Burmese, Vietnamese Foreign Ministers Hold News Conference on ASEAN Talks", *BBC Monitoring Global Newsline-Asia-Pacific Political*, 30 Apr. 2001.

013 The Thai prime minister in his opening address at the 33rd AMM in Bangkok said, "Asean must evolve into a concert of relevance, dynamism and coherence —relevant not only to itself, but also to the outside world." See "Ties That Bind", *Far Eastern Economic Review*, 10 Aug. 2000. See also Jusuf Wanandi, "Asean's Future at Stake", *Straits Times*, 9 Aug. 2000.

014 Excerpts from Jayakumar's remarks at the close of the 33rd AMM/7th ARF/PMC meetings in Bangkok.

015 "Investment in Southeast Asia Plunges", *International Herald Tribune*, 27 July 2000. Only Singapore showed a substantial rise in FDI in 1999. FDI in the region dropped from US$21.5 billion in 1997 to US$16.8 billion in 1998 and US$13.1 billion in 1999.

016 "All Eyes on How Asean Can Restore Its Prestige", *Straits Times Interactive*, 22

115 "US Commitment to Security and Prosperity in Asia" (Secretary of State Madeleine Albright) (transcript), 1 Aug. 1998, US Department of State Dispatch, DSB 1, Vol. 9, No. 7, ISSN: 1051-7693, Factiva.

116 "SM Lee Comments on ASEAN's Policy of Non-Interference", BBC London, *East Asia Today*, 25 Nov. 1998.

117 See "Chairman Statement, the Fifth Meeting of the ASEAN Regional Forum, Manila", 27 July 1998, https://www.mofa.go.jp/region/asia-paci/asean/conference/arf98/forum.html, accessed 20 Mar. 2019.

118 Jurgen Haake, *ASEAN's Diplomatic and Security Culture: Origins, Developments and Prospects* (London: RoutledgeCurzon, 2003), p. 195.

119 Ralf Emmers, Mely Caballero-Anthony and Amitav Acharya (compiled), *Studying Non-traditional Security in Asia: Trends and Issue*s (Singapore: Marshall Cavendish, 2006).

120 Ibid., p. v.

121 See Tan and Boutin, *Non-traditional Security Issues in Southeast Asia*, which is the first book published from the Ford Foundation-funded NTS project and covers the relationship between regional institutions and governance and NTS as well as environmental security; Caballero-Anthony et al., *Non-traditional Security in Asia*, which has chapters on migration, piracy, small arms and drug trafficking, health issues such as diseases and AIDS, and resource development; Mely Caballero-Anthony and Alistair D.B. Cook (eds), *Non-traditional Security in Asia: Issues, Challenges and Framework for Action* (Singapore: Institute of Southeast Asian Studies, 2013), which has chapters on health, food, water, natural disasters, internal conflict, forced migration, energy, transnational crime and cybersecurity.

122 Caballero-Anthony and Cook, *Non-traditional Security in Asia*, p. 1.

123 The following account is taken from Ang, "South China Sea Dispute Revisited".

124 "East Asia Peace Hinges on Ties Between US, Japan, China", *Straits Times*, 15 May 1999.

第三章　二〇〇〇到〇六年：攜手共進二十一世紀

001 Prime Minister Lee Hsien Loong's ASEAN Day Lecture at the 40th anniversary celebrations of ASEAN. See "Asean: Still Attractive at 40", *Straits Times*, 8 Aug. 2007.

002 "Reinventing ASEAN", *Straits Times*, 3 Nov. 2001.

003 "Asean's Ideas the 'Driving Force' Within East Asia", *Straits Times*, 22 Feb. 2000.

004 Ho, "Some Observations on the Security Architecture in Southeast Asia",

Okorotchenko was the Asia head of sovereign ratings at Standard & Poor's in Singapore. She, however, qualified her assessment by reminding readers that a resurgence of oil prices, a sudden and disorderly unwinding of imbalances in the American economy, as well as the state of the Chinese economy could stall, if not derail, the positive trajectory.

097 For a first person account of this episode leading to InterFET, see Surin Pitsuwan,"How East Timor Reshaped ASEAN", *Bangkok Post*, 19 May 2002. Surin was the foreign minister of Thailand from November 1997 to February 2001.

098 See Woolcott, *Hot Seat*, pp. 264–5.

099 "East Timor Now Looks to ASEAN", *International Herald Tribune*, 8 Dec. 1999.

100 Ibid.

101 "US Backs Aussies in E. Timor", *Straits Times*, 6 Dec. 1999.

102 "East Asian Grouping Idea Revived by Malaysia", *Straits Times*, 22 Aug. 1998;"Mahathir: An Outspoken Asean Visionary", *Straits Times*, 30 Nov. 2000.

103 "Programme of Action Will Be Proposed at Summit: Badawi", *Straits Times*, 22 Aug. 1992.

104 "EAEC May Be Seen as an Attempt to 'Drive in a Wedge'", *Straits Times*, 23 Jan. 1992; "North-east Asia's Challenge", *Business Times*, 28 Nov. 2000.

105 Termsak, "ASEAN 10: Meeting The Challenges".

106 "APEC at 20: Still Relevant, but For How Long?" *Straits Times*, 31 Oct. 2009.

107 Termsak, "ASEAN 10: Meeting The Challenges".

108 Tang Shiping, "Forging a Sense of Community", *Straits Times*, 2 July 2007.

109 See Goh, *Struggle for Order*, pp. 54–7; Richard Stubbs, "ASEAN Plus Three: Emerging East Asian Regionalism?" *Asian Survey* 43, 3 (2002): 440–55.

110 Hadi Soesastro, "East Asia Economic Cooperation: In Search of an Institutional Identity", Plenary Session Four, 4 June 2000, 14th Asia-Pacific Roundtable, Kuala Lumpur, 3–7 June 2000.

111 Andrew T.H. Tan and J.D. Kenneth Boutin (eds), *Non-traditional Security Issues in Southeast Asia* (Singapore: Select, 2001), p. 5.

112 David Capie and Paul Evans, *The Asia-Pacific Security Lexicon* (Singapore: Institute of Southeast Asian Studies, 2002), p. 139.

113 The above is summarized from Capie and Evans, *Asia-Pacific Security Lexicon*, pp. 139–46.

114 Mely Caballero-Anthony, Amitav Acharya and Ralf Emmers (eds), *Nontraditional Security in Asia: Dilemmas in Securitisation* (London: Ashgate, 2006), chapter 11.

infrastructure, (4) protect human resource development, (5) protect the environment and promote sustainable development, (6) strengthen regional peace and security, (7) enhance ASEAN's role as an effective force of peace, (8) justice and moderation in Asia-Pacific and in the world, (9) promote ASEAN awareness and its standing in the international community, and (10) improve ASEAN's structures and mechanisms.

080 "Top Priority in Asean: Boost Confidence".

081 Quoted in Ahmad and Ghoshal, "Political Future of ASEAN": 759.

082 "Is ASEAN Dead?" *Sunday Times*, 20 Dec. 1998.

083 Khong Yuen Foong, "Whither ASEAN?" in *Singapore: The Year in Review 1998*, ed. Ooi Giok Ling and Ramkishen Rajan (Singapore: Times Academic Press, 1999), pp. 88–101. See also Tommy Koh, "Grouping Will Emerge Victorious", *Sunday Times*, 20 Dec. 1998.

084 "Heeding ASEAN's Legacy", *Far Eastern Economic Review*, 17 Feb. 2000, p. 29.

085 Ahmad and Ghoshal, "Political Future of ASEAN": 776.

086 Jusuf Wanandi, "Revamp Needed to Become a Community", *Sunday Times*, 20 Dec. 1998.

087 Ibid.

088 "South-east Asia's Influence Hurt", *Straits Times*, 17 May 2001.

089 "Asia Will Recover, but Not at Same Pace: SM", *Straits Times*, 27 Mar. 1999.

090 Ang, *Lee Kuan Yew's Strategic Thought*, p. 82; "SM Lee Fields Wide-Ranging Questions from CNN Viewers", CNN (English), Q&A Asia, 11 Dec. 1998 (transcript).

091 Full transcript of interview with Senior Minister Lee Kuan Yew, Singapore, by Hong Seok Hyun (Publisher-President) and Kim Young Hie (Editor-at-Large), Joogang, Ilbo, Seoul, Korea, 23 Feb. 1998.

092 "Asian Crisis 'a Blip on Long-Term Trend'", *Straits Times*, 11 Dec. 1999.

093 "SM Lee Fields Wide-Ranging Questions from CNN Viewers". See also "S-E Asia Will Have a Tough Time Against China", *Straits Times*, 27 Mar. 1999.

094 "East Asia Peace Hinges on Ties Between US, Japan, China", *Straits Times*, 15 May 1999. Lee was alluding to the debate with ASEAN about the principle of noninterference and the South China Sea dispute amongst some ASEAN member states.

095 "Can S-E Asia Ride the Next FDI Wave?" In their article, Thangavelu and Yong noted that belying the output recovery, there was a decline in the flow of foreign direct investment.

096 "The Asian Financial Crisis: 10 Years On", *Straits Times*, 30 June 2007. In 2007

for Unified Cambodia", *Straits Times*, 17 Dec. 1998. For Habibie's confirmation of Cambodia's admission, see *Radio Republic of Indonesia*, 17 Dec. 1998, *SWB/FE*/3413/S1/10.

059 See "Thailand: Foreign Ministers 'Firmly' Support Burma's ASEAN Entry", *Hong Kong AFP*, 29 Apr. 1997, *FBIS-EAS*-97-119; "Thailand: Philippine Ambassador Defends Burma's ASEAN Entry", *Bangkok Post*, 11 June 1997, *FBIS-EAS*-97-162.

060 Almonte, *Endless Journey*, p. 293.

061 Ibid.; "Myanmar and China: But Will the Flag Follow Trade?" *The Economist*, 8 Oct. 1994, pp. 31–2.

062 See "China Steps in Where US Fails", *Far Eastern Economic Review*, 23 Nov. 2000, pp. 20, 22.

063 *Phnom Penh Post*, 23 Aug.–5 Sept. 1996, *FBIS-EAS*-96-167.

064 *Reaksmei Kampuchea*, 10–11 July 1996, *FBIS-EAS*-96-137.

065 *China Radio International*, 2 July 1996, *SWB/FE*/2656/B/3.

066 *Reaksmei Kampuchea*, 20 July 1996, *FBIS-EAS*-96-141.

067 *Reaksmei Kampuchea*, 14 July 1996, *FBIS-EAS*-96-137.

068 For Hun Sen's visit to China, see *SWB/FE*/2668/B/3; *SWB/FE*/2669/G/1; *SWB/FE*/2670/G/1; *SWB/FE*/2673/G/3.

069 "Dancing with the Dragon", *Far Eastern Economic Review*, 11 Dec. 1997, pp. 26–7.

070 *Phnom Penh Post in English*, 19 Dec. 1997–1 Jan. 1998, *FBIS-EAS*-97-363.

071 *FO 371*/166667, DU 1022/5, 6 June 1962, "Notes on Conversation with Prince Sihanouk about Cambodia's Attitude to Present-Day South East Asian Problems".

072 "Cambodia Town on Rampage over Toxic Waste", *Straits Times*, 21 Dec. 1998.

073 For information on both visits, see *Xinhua News Agency*, 31 Mar. 1999, *SWB/FE*/3499/G/4, and 22 Apr. 1999, *SWB/FE*/3517/B/1.

074 See "Ranariddh to Woo Chinese Investors", *Business Times*, 18 June 1999.

075 *Xinhua News Agency*, 16 June 1999, *SWB/FE*/3564/B/1.

076 *Moneakseka Khmer*, 23 Mar. 1999, *SWB/FE*/3496/B/1.

077 Ralf Emmers, "Regional Hegemonies and the Exercise of Power in Southeast Asia: A Study of Indonesia and Vietnam", *Asian Survey* 45, 4 (2005): 658.

078 "Top Priority in Asean: Boost Confidence", *Straits Times*, 16 Dec. 1998.

079 For the full text of the Hanoi Plan of Action, see *SWB/FE*/3413/S1/1-9. The action plan is divided into ten categories: (1) strengthen macroeconomic and financial cooperation, (2) enhance greater economic integration, (3) promote science and technology development and develop information technology

it would set off a new round of currency devaluation in Asia and exacerbate the financial turmoil, hurting the entire region, including China. Prices of Chinese products on the international market were also already very low.

041 Sng and Pimpraphai, *History of the Thai-Chinese*, p. 414.

042 Ong Keng Yong, email correspondence, 5 Oct. 2016.

043 Zakaria Haji Ahmad and Baladas Ghoshal, "The Political Future of ASEAN After the Asian Crisis", *International Affairs* 75, 4 (1999): 760.

044 See Chua Teng Hoe, "ASEAN's Principle of Non-Interference: A Case of Indifference or Flexibility?" Master's thesis, Institute of Defence and Strategic Studies, Nanyang Technological University, 1999–2000.

045 Almonte (as told to Vitug), *Endless Journey*, p. 293; Kenton Clymer, *A Delicate Relationship: The United States and Burma/Myanmar Since 1945* (Ithaca: Cornell University Press, 2015), chapter 13.

046 Deepak Nair, *Learning Diplomacy: Cambodia, Laos, Myanmar and Vietnam Diplomats in ASEAN*, Trends in Southeast Asia, No. 14 (Singapore: Institute of Southeast Asian Studies, 2016), p. 12.

047 Jusuf Wanandi, "The ASEAN-10 and Its International and Regional Implications", in *A Pacific Peace: Issues and Responses: Papers Presented at the 11th Asia-Pacific Roundtable, June 5–8, 1997, Kuala Lumpur*, ed. Mohamed Jawhar Hassan (Kuala Lumpur: ISIS, 1998), pp. 197–203.

048 Termsak Chalermpalanupap, "ASEAN 10: Meeting the Challenges", Plenary Session 5, 1 June 1999, 13th Asia-Pacific Roundtable, 30 May–2 June 1999, Kuala Lumpur.

049 Clymer, *Delicate Relationship*, pp. 287–9.

050 "Isolated Myanmar Driven by Black Economy", *Straits Times*, 21 May 2001.

051 "Flag of Cambodia Joins Rest of Asean", *Straits Times*, 12 Dec. 1998. Also see interview with Jonathan Birchall of the *Financial Times* (from Hanoi) in BBC London, *East Asia Today*, 14 Dec. 1998.

052 "Cambodia in Asean: Yes, but When", *Straits Times*, 10 Dec. 1998.

053 *Voice of Vietnam*, 13 Dec. 1998, *SWB/FE*/3411/S1/2.

054 "PM Urges Asean Action Plan", *Straits Times*, 15 Dec. 1998; *Kompas*, 15 Dec. 1998, *SWB/FE*/3411/S1/3.

055 *Kompas*, 15 Dec. 1998, *SWB/FE*/3411/S1/3. For another account of the sequence of events, see Michael Vatikiotis, "Awkward Admission", *Far Eastern Economic Review*, 24 Dec. 1998, p. 17.

056 *Vietnam TV*, 15 Dec. 1998, *SWB/FE*/3411/S1/1.

057 *National Voice of Cambodia*, 15 Dec. 1998, *SWB/FE*/3412/S1/6.

058 *Voice of Vietnam*, 16 Dec. 1998, *SWB/FE*/3413/S1/9-10; "Leaders Express Hope

022 Edited transcript of Senior Minister Goh Chok Tong's TV interview with the BBC, "Financial Crisis, 10 Years On", *Straits Times*, 6 July 2007.

023 See Paul Dibb, David D. Hale and Peter Prince, "The Strategic Implications of Asia's Economic Crisis", *Survival* 40, 2 (Summer 1998): 5–26.

024 See Mark T. Berger, "Bringing History Back In: The Making and Unmaking of the East Asian Miracle", http://library.fes.de/pdf-files/ipg/ipg-1999-3/artberger.pdf, pp. 237–52, accessed 24 Oct. 2016.

025 David B.H. Denoon and Evelyn Colbert, "Challenges for the Association of Southeast Asian Nations (ASEAN)", *Pacific Affairs* 71, 4 (Winter 1998–99): 505.

026 Keynote address by Professor S. Jayakumar, minister for foreign affairs and minister for law at the ASEAN Roundtable 1997, "ASEAN in the New Millennium", 4 Aug. 1997, Singapore, http://www.nas.gov.sg/archivesonline/data/pdfdoc/sj19970804s.pdf, accessed 12 Apr. 2019.

027 In 2007 Thangavelu was the director of the Singapore Centre for Applied and Policy Economics at the National University of Singapore. Yong was a research fellow at the centre. See "Can S-E Asia Ride the Next FDI Wave?" *Straits Times*, 9 June 2007.

028 Berger, "Bringing History Back In", p. 250.

029 Speech by George Yeo, former minister for foreign affairs, Ninth S. Rajaratnam Lecture, 11 Nov. 2016, Singapore.

030 Denoon and Colbert, "Challenges for the Association of Southeast Asian Nations": 506.

031 See David Rothkopf, *Running The World: The Inside Story of the National Security Council and the Architects of American Power* (New York: Public Affairs, 2005), pp. 344–5, chapter 11.

032 Ibid., p. 348.

033 Quoted in Bill Powell, "Here's to a Rapid Recovery", *Newsweek*, 2 Feb. 1998.

034 Evelyn Goh, *The Struggle for Order: Hegemony, Hierarchy, & Transition in Post-Cold War East Asia* (Oxford: Oxford University Press, 2013), p. 55.

035 Berger, "Bringing History Back In".

036 Dibb et al., "Strategic Implications of Asia's Economic Crisis": 5.

037 See Berger, "Bringing History Back In".

038 Jeffrey Bartholet, "Who Will Lead the East?" *Newsweek*, 2 Feb. 1998.

039 Jeffery Sng and Pimpraphai Bisalputra, *A History of the Thai-Chinese* (Singapore: Editions Didier Millet, 2015), pp. 413–5.

040 "Asian Financial Crisis and China", *Hong Kong Ta Kung Pao*, 2 Nov. 1998, FBIS-CHI-98-310. The author pointed out that if China devalued the renminbi,

BusinessWeek, 27 Apr. 1998, p. 24.

006 See Paul Dibb, "The End of the Asian Miracle? Will the Current Economic Crisis Lead to Political and Social Instability?" *SDSC Newsletter*, Summer 1998, p. 1.

007 Ang, *Lee Kuan Yew's Strategic Thought*, pp. 72, 75.

008 Ibid., chapter 4.

009 Ibid., p. 75.

010 "Speech by the Prime Minister, Luncheon of Korean Business Associations'Regional Co-Operation: Challenges for Korea And Australia', Korea – 31 January 1989+", https://pmtranscripts.pmc.gov.au/release/transcript-7475, accessed 19 Mar. 2019.

011 For a discussion of GATT and its limitations, see "GATT, Its Purposes, History, with Pros and Cons", https://www.thebalance.com/gatt-purpose-history-pros-cons-3305578, accessed 15 Aug. 2018.

012 Frank Frost, *Engaging the Neighbours: Australia and ASEAN Since 1974* (Canberra: ANU Press, 2016), p. 83.

013 Richard Woolcott, *The Hot Seat: Reflections on Diplomacy from Stalin's Death to the Bali Bombings* (Sydney: HarperCollins, 2003), chapter 16. For an account of the discussions leading to the first leaders meeting on Blake Island (1993), see Paul Keating, *Engagement: Australia Faces the Asia-Pacific* (Sydney: Macmillan, 2000), chapter 4.

014 "1993 Leaders' Declaration", https://www.apec.org/Meeting-Papers/Leaders-Declarations/1993/1993_aelm, accessed 15 Aug. 2018.

015 Frost, *Engaging the Neighbours*, pp. 85–7.

016 Ibid., pp. 84–7.

017 "Speech by Lee Kuan Yew, Senior Minister of Singapore for the Asahi Forum in Tokyo, 29 October 1993", http://www.nas.gov.sg/archivesonline/data/pdfdoc/lky19931029.pdf, accessed 20 Mar. 2019.

018 Speech by Senior Minister Lee Kuan Yew at the Asia Society Conference, 19 May 1994, quoted in Ang, *Lee Kuan Yew's Strategic Thought*, p. 80. The United States was going through a brief recession in the early 1990s.

019 "US-Japan Move on Security 'Positive'", *Straits Times*, 3 June 1996; "US Needs Consistent Policy Towards Asia", *Straits Times*, 5 June 1996.

020 Lee Kuan Yew quoted in Ang, *Lee Kuan Yew's Strategic Thought*, p. 80.

021 Transcript of keynote address by Dr Tony Tan Keng Yam, deputy prime minister and minister for defence, at the first general meeting of the Council for Security Cooperation in the Asia Pacific, 4 June 1997, Singapore. The term "East Asia"includes Southeast Asia.

072 The above narrative is drawn from Ang, "South China Sea Dispute Revisited": 201–15.

073 Mahbubani, Institute of Policy Studies.

074 Ibid.

075 Leifer, *ASEAN Regional Forum*, pp. 57–9.

076 Yuen Foong Khong, "Making Bricks Without Straw in the Asia Pacific?" (Review Article), *Pacific Review* 10, 2 (1997): 296. See also David Dickens, "Lessening the Desire for War: The ASEAN Regional Forum and Making of Asia Pacific Security", Centre for Strategic Studies, Victoria University of Wellington, Working Paper 11/98.

077 See "Chairman's Statement, The Third ASEAN Regional Forum, Jakarta, Indonesia, 23 July 1996", https://www.asean.org/uploads/archive/5187-9.pdf, accessed 5 Sept. 2016.

078 The above is summarized from See Chak Mun, "Singapore-India Strategic Relations: Singapore's Perspective", in *The Merlion and the Ashoka: Singapore-India Strategic Ties*, ed. Anit Mukherjee (Singapore: World Scientific, 2016), chapter 3.

079 "Korea and Kashmir Clashes 'Too Big' for ARF", *Straits Times*, 20 June 1999.

080 "ARF Senior Officials Agree on Membership Criteria", *Straits Times*, 11 May 1996.

081 "Chairman's Statement, The Third ASEAN Regional Forum, Jakarta, Indonesia, 23 July 1996".

第二章　一九九七到九九年：亞洲金融危機的漣漪

001 Alexander Downing (foreign minister of Australia) quoted in Graeme Cheeseman,"Asian-Pacific Security Discourse in the Wake of the Asian Economic Crisis", *Pacific Review* 12, 3 (1999): 333–56.

002 See Nayan Chanda, "Vietnam's Withdrawal from Cambodia: The ASEAN Perspective", in *Vietnam's Withdrawal from Cambodia: Regional Issues and Realignments*, ed. Gary Klintworth (Canberra: Australian National University, 1990), chapter 8.

003 See Bilahari Kausikan, "The Ages of ASEAN", in *The Inclusive Regionalist: A Festschrift Dedicated to Jusuf Wanandi*, ed. Hadi Soesastro and Clara Joewono(Jakarta: Centre for Strategic and international Studies, 2007), chapter 34.

004 R.B. Smith, *Changing Visions of East Asia, 1943–93: Transformations and Continuities*(London: Routledge, 2007), p. 203.

005 Robert J. Barro, "The East Asian Tigers Have Plenty to Roar About",

Parliamentary Library, Parliament Research Service (Australia), Current Issues Brief, Number 3, 1995–96; "Deputy Foreign Minister Vu Khoan's Exclusive Interview", *Vietnam Southeast Asia Today*, Special Issue, 25 July 1995.

057 "Reaction to SRV Offer to Host ASEAN Summit", *The Nation*, 30 Nov. 1995, *FBIS-EAS*-95-231. Brunei, which had been a member since 1985, had not hosted a summit although it had hosted two annual ministerial meetings.

058 Carlyle A. Thayer, *Multilateral Institutions in Asia: The ASEAN Regional Forum* (Hawaii: Asia-Pacific Center for Security Studies, Dec. 2000), p. 5.

059 Presentation by Kishore Mahbubani, permanent secretary, Singapore Ministry of Foreign Affairs, at the policy forum organized by the Institute of Policy Studies, 20 Sept. 1996.

060 For a discussion of Japanese decision making, see Midford, "Japan's Leadership Role in East Asian Security Multilateralism": 367–97.

061 Midford, "Japan's Leadership Role in East Asian Security Multilateralism": 387–8.

062 Thayer, *Multilateral Institutions in Asia*, p. 5.

063 Michael Leifer, *The ASEAN Regional Forum*, Adelphi Paper 302 (London: IISS, 1996), pp. 26–7; Rosemary Foot, "China in the ASEAN Regional Forum: Organisational Processes and Domestic Modes of Thought", *Asian Survey* 38, 5 (May 1998): 425–40; Mahbubani, Institute of Policy Studies.

064 Ho, "ASEAN Regional Forum", p. 251.

065 Ibid.

066 See Foot, "China in the ASEAN Regional Forum": 425–40.

067 Mahbubani, Institute of Policy Studies.

068 See Ian James Storey, "Creeping Assertiveness: China, the Philippines and the South China Sea Dispute", *Contemporary Southeast Asia* 21, 1 (April 1999): 95–118.

069 1992 ASEAN Declaration on South China Sea signed by the six ASEAN foreign ministers in Manila, 22 July 1992, https://cil.nus.edu.sg/rp/pdf/1992%20 ASEAN% 20Declaration%20on%20the%20South%20China%20Sea-pdf.pdf, accessed 21 Mar. 2017.

070 Jose T. Almonte (as told to Marites Danguilan Vitug), *Endless Journey: A Memoir* (Quezon City: Cleverheads, 2015), chapter 28.

071 For a list of Ramos' proposals, see Jose T. Almonte, "Coordinating Asean's Position on the South China Sea Issue", speech before the ASEAN Experts on the Law of the Sea Conference, 27–28 Nov. 1997, in Jose T. Almonte, *Towards One Southeast Asia* (Quezon City: Institute for Strategic and Development Studies, 2004), pp. 195–236.

042 Ibid., p. 297.

043 Ang Cheng Guan, *Singapore, ASEAN and the Cambodian Conflict 1978–1991* (Singapore: NUS Press, 2013), p. 168.

044 "What Makes the 4th Asean Summit Historic", *Straits Times*, 23 Jan. 1992.

045 See Paul Midford, "Japan's Leadership Role in East Asian Security Multilateralism: The Nakayama Proposal and the Logic of Reassurance", *Pacific Review* 13, 3 (2000): 367–97.

046 "Call to Set up Regional Security Forum", *Straits Times*, 19 Jan. 1992; "What Makes the 4th Asean Summit Historic"; Singapore Declaration, 28 Jan. 1992, http://asean.org/?static_post=singapore-declaration-of-1992-singapore-28-january-1992, accessed 18 Aug. 2016; "S'pore to Push for More Talks Among Members with Dialogue Partners", *Straits Times*, 27 July 1992. See also Peter Ho, "The ASEAN Regional Forum: The Way Forward?" in *ASEAN-UN Cooperation in Preventive Diplomacy*, ed. Sarasin Viraphol and Werner Pfenning (Bangkok: Ministry of Foreign Affairs, 1995), p. 252; Peter Ho, "Some Observations on the Regional Architecture in Southeast Asia", in *50 Years of ASEAN and Singapore*, ed. Tommy Koh, Sharon Seah Li-Lian and Chang Li Lin (Singapore: World Scientific, 2017), chapter 17.

047 Koh, "ASEAN Charts a New Regional Order".

048 In Leifer's opinion, ASEAN's diplomacy in the Cambodian conflict was effective in the 1980s but eventually "lost its edge when the United Nations Security Council assumed responsibility for resolving that issue".

049 Michael Leifer, "ASEAN: Now for the Next 25 Years", *International Herald Tribune*, 12 Aug. 1992.

050 Ibid.

051 "Inevitable That Asean Membership Will Grow: KL Minister", *Straits Times*, 17 Jan. 1992.

052 Nguyen Vu Tung, "Vietnam's Membership of ASEAN: A Constructivist Interpretation", *Contemporary Southeast Asia* 29, 3 (2007): 483–505.

053 *Hanoi Radio*, 16 Apr. 1973, *BBC/SWB/FE*/4272/i.

054 Carlyle Thayer, "China and Vietnam: An Uneasy Modus Vivendi?" *Thayer Consultancy*, 6 July 2012.

055 To facilitate the participation of Laos and Vietnam in the meetings of the functional committees and subcommittees, the fourth meeting of the 27th ASEAN Standing Committee held in Jakarta (June 1994) approved the "Guidelines for the Participation of Observer Countries in ASEAN Meetings".

056 See Frank Frost (Foreign Affairs, Defence and Trade Group), "Vietnam's Membership of ASEAN: Issues and Implications", Department of the

026 Sheldon W. Simon, *The Economic Crisis and ASEAN States' Security* (Strategic Studies Institute, US Army War College, 23 Oct. 1998), p. 19.

027 Jason Swergold, "U.S. Military Transformation and the Rise of China: Restructuring Regional Alliances", http://hdl.handle.net/2345/496, accessed 17 Nov. 2016.

028 "Why American Economic and Security Presence Vital for Asia", *Straits Times*, 17 Dec. 1991.

029 Michael Yahuda, *The China Threat* (Kuala Lumpur: Institute of Strategic and International Studies, 1986), p. 1.

030 Memorandum of Conversation between George H.W. Bush and Zhao Ziyang.

031 Margaret Thatcher, *Statecraft: Strategies for a Changing World* (London: HarperCollins, 2002), p. 180.

032 John Wong and Zheng Yongnian (eds), *The Nanxun Legacy and China's Development in the Post-Deng Era* (Singapore: Singapore University Press, 2001), pp. 3, 21; see also chapters 1, 2.

033 Memorandum of Conversation between George H.W. Bush and Chairman Deng Xiaoping.

034 Zheng Yongnian and John Wong (eds), *Goh Keng Swee on China: Selected Essays* (Singapore: World Scientific, 2013), p. 2; see in particular chapter 8, "What's Gone Wrong in China?" Goh Keng Swee was an economic adviser to China's top leadership from 1985 to 1990.

035 Gary Klintworth, "Greater China and Regional Security", *Australian Journal of International Affairs* 48, 2 (Nov. 1994); Denny Roy, "The 'China Threat' Issue", *Asian Survey* 36, 8 (Aug. 1996).

036 For a discussion on the origins of the "China Threat" theory or theories, see Yong Deng, *China's Struggle for Status: The Realignment of International Relations* (Cambridge: Cambridge University Press, 2008), pp. 104–19.

037 See Ang Cheng Guan, "The South China Sea Dispute Revisited", *Australian Journal of International Affairs* 54, 2 (July 2000).

038 *Voice of Vietnam*, 7 July 1992, *SWB/FE*/1428/A2/1.

039 "Settle Spratlys Dispute Amicably: ASEAN Ministers", *Straits Times*, 22 July 1992; "Spratlys Declaration 'Gives Asean New Role in Dispute'", *Straits Times*, 31 July 1992. For the declaration, see https://cil.nus.edu.sg/rp/pdf/1992%20ASEAN%20Declaration%20on%20the%20South%20China%20Sea-pdf.pdf, accessed 18 Aug. 2016.

040 "Spratlys Declaration 'Gives Asean New Role in Dispute'".

041 R.E. Elson, *Suharto: A Political Biography* (Cambridge: Cambridge University Press, 2001), p. 265.

015 "President Clinton Convenes APEC Summit on Blake Island on 20 November 1993", *Seattle Times*, 17 and 21 Nov. 1993, http://www.historylink.org/index.cfm?DisplayPage=output.cfm&file_id=5333, accessed 9 May 2016.

016 Paul Kennedy, *The Rise and Fall of the Great Powers* (New York: Vintage Books, 1987).

017 "Address Before a Joint Session of the Congress on the Cessation of the Persian Gulf Conflict", 6 Mar. 1991, https://www.presidency.ucsb.edu/documents/addressbefore-joint-session-the-congress-the-cessation-the-persian-gulf-conflict, accessed 6 May 2016.

018 See Charles Krauthammer, "The Unipolar Moment", *Foreign Affairs: America and the World* (1990–91): 23–33; "The Unipolar Moment Revisited", *National Interest* (Winter 2002/03): 5–17.

019 Krauthammer, "Unipolar Moment"; " Unipolar Moment Revisited". See also Hal Brands, *Making the Unipolar Moment: U.S. Foreign Policy and the Rise of the Post-Cold War Order* (Ithaca: Cornell University Press, 2016). Brands argued that the "unipolar moment" was a relatively brief period from 1989 to 1992 when the United States enjoyed "an extraordinarily favourable configuration of power and influence in the international area, and whose values, preferences, and overall global leadership seemed as privileged as ever before" (p. 274).

020 See Ang Cheng Guan, *Lee Kuan Yew's Strategic Thought* (London: Routledge, 2013), p. 71.

021 "Imperial Cycles: Bucks, Bullets and Bust", *New York Times*, 10 Jan. 1988, http://www.nytimes.com/1988/01/10/books/imperial-cycles-bucks-bullets-and-bust.html?pagewanted=all, accessed 16 May 2016.

022 Ang, *Lee Kuan Yew's Strategic Thought*, p. 71.

023 "Speech by Mr Lee Kuan Yew, Senior Minister of Singapore, at Asahi Shimbun Symposium in Tokyo on 9 May 1991", http://www.nas.gov.sg/archivesonline/speeches/record-details/74075a2d-115d-11e3-83d5-0050568939ad, accessed 8 Apr. 2019.

024 "Speech by Mr Lee Kuan Yew, Senior Minister of Singapore, at the Harvard-Fairbank Center Conference in New York: 'East Asia in the New Era: The Prospects of Cooperation' on 11 May 1992", http://www.nas.gov.sg/archivesonline/data/pdfdoc/lky19920511.pdf, accessed 8 Apr. 2019; "Speech by Mr Lee Kuan Yew, Senior Minister of Singapore, at the 1992 Pacific Rim Forum in San Diego on 13 May 1992", http://www.nas.gov.sg/archivesonline/speeches/record-details/74088d56-115d-11e3-83d5-0050568939ad, accessed 8 Apr. 2019; Ang, *Lee Kuan Yew's Strategic Thought*.

025 Ang, *Lee Kuan Yew's Strategic Thought*.

Visionaries: The Soviet Failure at the End of the Cold War", Oxford Scholarship Online (Apr. 2014), http://www.oxfordscholarship.com/view/10.1093/acprof:oso/9780199938773.001.0001/acprof-9780199938773, accessed 18 Apr. 2016.

007 See Ang, *Southeast Asia's Cold War*, chapter 6.

008 Lecture by the prime minister of Singapore at the Thai National Defence College, Bangkok, 19 Sept. 1989, http://www.nas.gov.sg/archivesonline/data/pdfdoc/lky19890919.pdf, accessed 3 May 2016. See also Jane Perlez, "One Envoy's Take on China's Hardball Diplomacy", *New York Times*, 31 Mar. 2016, http://nyti.ms/1RPxGOH, accessed 10 May 2016; Edward Wong, "Queen Elizabeth II Says Chinese Officials Were 'Very Rude' on State Visit", *New York Times*, 11 May 2016, http://www.nytimes.com/2016/05/12/world/asia/china-britain-queen-xi-jinping.html?smid=fb-nytimes&smtyp=cur, accessed 12 May 2016.

009 Paul Keating, *Engagement: Australia Faces the Asia-Pacific* (Sydney: Macmillan, 2000), p. 24; David Shambaugh, "Prospects for Asian Security After the Cold War", in *After the Cold War: Security and Democracy in Africa and Asia*, ed. William Hale and Eberhard Kienle (London: I.B. Tauris, 1997), chapter 5.

010 Keating, *Engagement*, p. 24.

011 "Remarks at Maxwell Air Force Base War College in Montgomery, Alabama", 13 Apr. 1991, https://www.presidency.ucsb.edu/documents/remarks-maxwell-air-forcebase-war-college-montgomery-alabama, accessed 5 May 2016.

012 "Toast by the Prime Minister at a Dinner for Commonwealth Heads of Government on Wednesday, 25 Oct. 1989 at the Shangri-La Hotel [Kuala Lumpur]", http://www.nas.gov.sg/archivesonline/speeches/record-details/73c5fe19-115d-11e3-83d5-0050568939ad, accessed 6 May 2016.

013 First Ministerial Meeting, Canberra, 6–7 Nov. 1989, http://www.apec.org/~/media/Files/MinisterialStatements/Annual/1989/89_amm_jms.pdf, accessed 9 May 2016. (The ministers were from Australia, Brunei, Canada, Indonesia, Japan, Republic of Korea, Malaysia, New Zealand, the Philippines, Singapore, Thailand and the United States); APEC Leaders Economic Vision Statement, Blake Island, Seattle, 20 Nov. 1993. In addition to the original 12 countries, the 1993 meeting included China (President Jiang Zemin) as well as representatives from Taiwan and Hong Kong, http://www.apec.org/~/media/Files/LeadersDeclarations/1993/1993_LeadersDeclaration.pdf, accessed 9 May 2016.

014 Andres Martinez, "The 1990s: Exuberant Interlude Between Cold War and Sept. 11", *Sunday Times*, 8 May 2016.

Universality: The Geopolitics of Human Rights", IPS-Nathan Lectures, 29 Apr. 2016, http://lkyspp2.nus.edu.sg/ips/event/201516-ips-nathan-lectures-lecture-iv-afalse-universality-human-rights-and-democracy, accessed 22 Sept. 2017.

052 Rodolfo C. Severino, "Asean in Need of Stronger Cohesion", *Straits Times*, 9 Dec. 2006.

053 Termsak Chalermpalanupap, "The ASEAN Regional Forum: Genesis, Development, and Challenges", *ASEAN Matters for All of Us*, Issue 3 (6 Aug.) (Singapore: Institute of Southeast Asian Studies, 2018).

054 Marty Natalegawa, *Does ASEAN Matter? A View from Within* (Singapore: Institute of Southeast Asian Studies, 2018), p. 61.

055 "ASEAN Charter: The Model Decision", *Straits Times*, 9 Sept. 2005.

056 Ibid.

057 "Pavlovian Conditioning and 'Correct Thinking' on the South China Sea", *Straits Times*, 1 Apr. 2016.

058 "CSCAP Retreat: Reviewing of Regional Security Order and Architecture", *Think Tank 40* (Apr. 2017), S. Rajaratnam School of International Studies, p. 13.

第一章　一九九〇到九六年：凝視一片空白的招牌

001 "Speech by Prime Minister Lee Kuan Yew at the Foreign Correspondents' Club, Hong Kong, on 26 October 1990", http://www.nas.gov.sg/archivesonline/speeches/record-details/73fe558e-115d-11e3-83d5-0050568939ad, accessed 5 May 2016.

002 Tommy Koh, "ASEAN Charts a New Regional Order", *Wall Street Journal Asia*, 21 Aug. 1992.

003 Bartholomew Sparrow, *Brent Scowcroft and the Call of National Security: The Strategist* (New York: Public Affairs, 2015), pp. 266, 295. Robert Gates was deputy director of the CIA (1987–89), national security advisor (1989–91) and director of the CIA (1991–93). George H.W. Bush was inaugurated as the 41st president of the United States on 20 January 1989. For a discussion on dating the end of the Cold War, see, John Mueller, "What Was the Cold War About? Evidence from Its Ending", *Political Science Quarterly* 119, 4 (2004–05).

004 Peter Duignan and L.H. Gann, *The Cold War: End and Aftermath* (Stanford: Hoover Institution on War, Revolution, and Peace, 1996), p. 8.

005 Memorandum of Conversation between George H.W. Bush and Zhao Ziyang, 26 Feb. 1989, http://digitalarchive.wilsoncenter.org/document/133956, accessed 9 May 2016.

006 See, for example, Kimie Hara, "Rethinking the 'Cold War' in the Asia-Pacific", *Pacific Review* 12, 4 (1999): 515–36; Sergey Radchenko, "Unwanted

038 Johnes, "On Writing Contemporary History": 25.

039 "G. Barraclough, 76, Historian", http://www.nytimes.com/1985/01/10/world/g-barraclough-76-historian.html, accessed 30 Mar. 2016.

040 Kandiah, "Contemporary History"; Catterall, "What (If Anything) Is Distinctive About Contemporary History?": 450.

041 Marwick, "A New Look, a New Departure": 8.

042 See Ang Cheng Guan, *Southeast Asia's Cold War: An Interpretive History* (Honolulu: University of Hawai'i Press, 2018).

043 Yuen Foong Khong, "The Elusiveness of Regional Order: Leifer, the English School and Southeast Asia", *Pacific Review* 18, 1 (2005): 23.

044 John Tosh, *The Pursuit of History: Aims, Methods and New Directions in the Study of Modern History* (London: Pearson Longman, 2006), p. 66.

045 The terms have been described by international relations scholars as "slippery" and "complex" respectively, and they have been much discussed and debated in international relations literature. See, for example, Khong, "Elusiveness of Regional Order": 23–41; See Seng Tan, "Spectres of Leifer: Insights on Regional Order and Security for Southeast Asia Today", *Contemporary Southeast Asia* 34, 3 (Dec. 2012): 309–37; Amitav Acharya, *Constructing Global Order: Agency and Change in World Politics* (Cambridge: Cambridge University Press, 2018), chapter 1.

046 A concise and useful article on regionalism is Edward D. Mansfield and Etel Solingen, "Regionalism", *Annual Review of Political Science* 13 (2010): 145–63, http://web.waseda.jp/gsaps/eaui/educational_program/PDF_2/KU_KIM%20DongHun_Reading2_Regionalism.pdf, accessed 14 Aug. 2018.

047 Hedley Bull and Adam Watson (eds), *Expansion of International Society* (Oxford: Oxford University Press, 1984), p. 1. For a useful discussion of order, see also John J. Mearsheimer, "The Rise and Fall of the Liberal International Order", paper presented at Notre Dame International Security Center, 11 Sept. 2018, https://ndisc.nd.edu/assets/288231/rise_and_fall_of_the_liberal_international_order.september_11_2018.pdf, accessed 8 Jan. 2019.

048 Jorn Dosch, "Southeast Asia: ASEAN and the Challenge of Regionalism in the Asia-Pacific", in *The New Global Politics of the Asia-Pacific: Conflict and Co-operation in the Asian Century*, Michael K. Connors, Remy Davison and Jorn Dosch (London: Routledge, 2018), pp. 161–2.

049 Quoted in Hughes-Warrington, *Fifty Key Thinkers on History*, p. 118.

050 John Ellis, *Documentary: Witness and Self-revelation* (London: Routledge, 2011), p. 70.

051 Bilahari Kausikan, "Dealing with an Ambiguous World Lecture IV: The Myth of

(Winter 1962–63): 158fn15. For more on contemporary history as a subfield of history, see the anniversary issue editorials of *Journal of Contemporary History* 1, 1 (1966); 11, 4 (Oct. 1976); 21, 2 (Apr. 1986); 32, 1 (Jan. 1997); 39, 4 (2004); Evans, "Journal of Contemporary History and Its Editors", and Hart, "Journal of Contemporary History", both in *Journal of Contemporary History* 50, 4 (2015): 710–37 and 738–49 respectively.

022 See, for example, Wright, "Contemporary History in the Contemporary Age", chapter 10.

023 Johnes, "On Writing Contemporary History": 21.

024 W.H. Burton and D. Thompson (eds), *Studies in the Nature and Teaching of History* (New York: Humanities Press, 1967), pp. 116–8, see chapter titled "The Nature and Teaching of Contemporary History".

025 Anthony D'Amato quoted in W. David Clinton, *The Realist Tradition and Contemporary International Relations* (Baton Rouge: Louisiana State University Press, 2007), p. 82. D'Amato was a professor of law. He passed away in April 2018.

026 Blumenson, "Can Official History Be Honest History?": 158.

027 Llewellyn Woodward, "The Study of Contemporary History", *Journal of Contemporary History* 1, 1 (1966): 6.

028 See *The WikiLeaks Files: The World According to US Empire*, introd. Julian Assange (London: Verso, 2015).

029 David Thomson, "The Writing of Contemporary History", *Journal of Contemporary History* 2, 1 (Jan. 1967): 26.

030 Brian Brivati, Julia Buxton and Anthony Seldon (eds), *The Contemporary History Handbook* (Manchester: Manchester University Press, 1996), pp. xi–xii.

031 Interview with Brij V. Lal in Carolien Stolte and Alicia Schrikker (eds), *World History: A Genealogy, Private Conversations with World Historians, 1996–2016* (Leiden: Leiden University Press, 2017), p. 45.

032 Wang Gungwu (ed.), *Nation-Building: Five Southeast Asian Histories* (Singapore: Institute of Southeast Asian Studies, 2005), p. 11.

033 Eric Hobsbawm, *The Age of Extremes* (New York: Vintage Books, 1996), p. xi.

034 See Donald C. Watt, "Contemporary History: Problems and Perspectives", *Journal of the Society of Archivists* 3, 10 (1969): 511–25.

035 Thomson, "Writing of Contemporary History": 30.

036 Quoted in Gaddis, *On Contemporary History*, p. 22; Peter Catterall, "What (If Anything) Is Distinctive About Contemporary History?" *Journal of Contemporary History* 32, 4 (1997): 450.

037 Watt, "Contemporary History": 512–3.

2000), p. 118.

011 Nicholas Tarling, *Imperialism in Southeast Asia* (London: Routledge, 2001); *Nationalism in Southeast Asia* (London: Routledge, 2004); *Regionalism in Southeast Asia: To Foster the Political Will* (London: Routledge, 2006).

012 Nicholas Tarling, *Southeast Asia and the Great Powers* (London: Routledge, 2010), p. 2.

013 Bruce Mazlish, "Revisiting Barraclough's Contemporary History", *Historically Speaking* 8, 6 (July/Aug. 2007): 45.

014 For a genealogy of the writing of contemporary history, see Gordon Wright, "Contemporary History in the Contemporary Age", in *The Future of History: Essays in the Vanderbilt University Centennial Symposium*, ed. Charles F. Delzell (Nashville: Vanderbilt University Press, 1977); John Lewis Gaddis, *On Contemporary History: An Inaugural Lecture Delivered Before the University of Oxford on 19 May 1993* (Oxford: Clarendon Press, 1995); Terry Smith, *What Is Contemporary Art?* (Chicago: University of Chicago Press, 2009), p. 253.

015 H. Stuart Hughes, *History as Art and as Science: Twin Vistas on the Past* (Chicago: University of Chicago Press, 1964), chapter 5: "Is Contemporary History Real History?"

016 Arthur Schlesinger Jr., "On the Writing of Contemporary History", *The Atlantic*, 22 Dec. 2017, http://www.theatlantic.com/magazine/archive/1967/03/on-the-writingof- contemporary-history/305731/, accessed 18 Mar. 2019.

017 Richard J. Evans, "The Journal of Contemporary History and Its Editors", *Journal of Contemporary History* 50, 4 (2015): 710–37.

018 Arthur Marwick, "A New Look, a New Departure: A Personal Comment on Our Changed Appearance", *Journal of Contemporary History* 32, 1 (Jan. 1997): 5–8.

019 Martin Johnes, "On Writing Contemporary History", *North American Journal of Welsh Studies* 6, 1 (Winter 2011); "Category: Contemporary History", 12 Sept. 2017, https://martinjohnes.wordpress.com/category/contemporary-history/, accessed 28 Mar. 2019.

020 Michael D. Kandiah, "Contemporary History", Making History, http://www.history.ac.uk/makinghistory/resources/articles/contemporary_history.html, accessed 28 Mar. 2016; Bradley W. Hart, "The Journal of Contemporary History: Fifty Years of Change and Continuity", *Journal of Contemporary History* 50, 4 (2015): 738–49.

021 K.R. Greenfield, "An Adventure in the Writing of Contemporary History", talk before the Trinity College Historical Society, Durham, NC, 19 April 1950, revised for a talk at New York University, 19 Mar. 1953, cited in Martin Blumenson, "Can Official History Be Honest History?" *Military Affairs* 26, 4

注釋

引言

001 Frank Ninkovich, "Trumpism, History and the Future of U.S. Foreign Relations", H-Diplo | ISSF Policy Series, 18 Apr. 2017, https://issforum.org/roundtables/policy/1-5ad-ninkovich, accessed 18 Sept. 2017.

002 Edward Hallett Carr, *The Twenty Years' Crisis, 1919–1939: An Introduction to the Study of International Relations* (New York: HarperCollins, 2001), p. ix.

003 Zara Steiner, "On Writing International History: Chaps, Maps and Much More", *International Affairs* 73, 3 (1997): 531–46. See also Patrick Finney (ed.), *International History* (Houndmills: Palgrave Macmillan, 2005); Marc Trachtenberg, *The Craft of International History: A Guide to Method* (Princeton: Princeton University Press, 2006).

004 Jonathan Haslam, "The Cold War as History", *Annual Review of Political Science* 6 (2003): 77–98.

005 Ralph B. Smith, *An International History of the Vietnam War*, Vol. 1: *Revolution Versus Containment, 1955–61* (London: Macmillan, 1983); Vol. 2: *The Struggle for Southeast Asia, 1961–65* (London: Macmillan, 1985); Vol. 3: *The Making of a Limited War, 1965–66* (London: Macmillan, 1991). The first two volumes were published within ten years after the end of the Vietnam War in 1975.

006 Donald E. Weatherbee, *International Relations in Southeast Asia: The Struggle for Autonomy* (Lanham: Rowman & Littlefield, 2015).

007 Robert Dayley and Clark D. Neher, *Southeast Asia in the New International Era* (Boulder: Westview, 2013).

008 Amitav Acharya, *The Quest for Identity: International Relations of Southeast Asia* (Singapore: Oxford University Press, 2000); *The Making of Southeast Asia: International Relations of a Region* (Ithaca: Cornell University Press, 2012).

009 Evelyn Goh, *The Struggle for Order: Hegemony, Hierarchy, and Transition in Post-Cold War East Asia* (Oxford: Oxford University Press, 2013).

010 Marnie Hughes-Warrington, *Fifty Key Thinkers on History* (London: Routledge,

Zheng Yongnian and John Wong, eds. *Goh Keng Swee on China: Selected Essays*. Singapore: World Scientific, 2013.

—— *Regionalism in Southeast Asia: To Foster the Political Will*. London: Routledge, 2006.

—— *Southeast Asia and the Great Powers*. London: Routledge, 2010.

—— *Neutrality in Southeast Asia: Concepts and Contexts*. New York: Routledge, 2017.

Tay, Simon S.C., Jesus P. Estanislao and Hadi Soesastro, eds. *Reinventing ASEAN*. Singapore: Institute of Southeast Asian Studies, 2001.

Thatcher, Margaret. *Statecraft: Strategies for a Changing World*. London: HarperCollins, 2002.

Thayer, Carlyle A. *Multilateral Institutions in Asia: The ASEAN Regional Forum*. Honolulu: Asia-Pacific Center for Security Studies, 2000.

The WikiLeaks Files: The World According to US Empire, introd. Julian Assange. London: Verso, 2015.

Tien Hung-Mao and Tun-jen Cheng, eds. *The Security Environment in the Asia-Pacific*. Armonk: M.E. Sharpe, 2000.

Trachtenberg, Marc. *The Craft of International History: A Guide to Method*. Princeton: Princeton University Press, 2006.

Verico, Kiki. *The Future of the ASEAN Economic Integration*. London: Palgrave Macmillan, 2016.

Viraphol, Sarasin and Werner Pfenning, eds. *ASEAN-UN Cooperation in Preventive Diplomacy*. Bangkok: Ministry of Foreign Affairs, 1995.

Wang Gungwu. *Nation-Building: Five Southeast Asian Histories*. Singapore: Institute of Southeast Asian Studies, 2005.

Weatherbee, Donald E. *International Relations in Southeast Asia: The Struggle for Autonomy*. Lanham: Rowman & Littlefield, 2015.

White, Hugh. *The China Choice: Why America Should Share Power*. Oxford: Oxford University Press, 2012.

Wong, John and Zheng Yongnian. *The Nanxun Legacy and China's Development in the Post-Deng Era*. Singapore: Singapore University Press, 2001.

Woolcott, Richard. *The Hot Seat: Reflections on Diplomacy from Stalin's Death to the Bali Bombings*. Sydney: HarperCollins, 2003.

Wright, Gordon. "Contemporary History in the Contemporary Age". In *The Future of History: Essays in the Vanderbilt University Centennial Symposium*, ed. Charles F. Delzell. Nashville: Vanderbilt University Press, 1977.

Yahuda, Michael. *The China Threat*. Kuala Lumpur: Institute of Strategic and International Studies, 1986.

Yong Deng. *China's Struggle for Status: The Realignment of International Relations*. Cambridge: Cambridge University Press, 2008.

Shao Binhong. *Looking for a Road: China Debates Its and the World's Future*. Leiden: Brill, 2017.
Sharma, B.K. and Nivedita Das Kundu, eds. *China's One Belt One Road: Initiative, Challenges and Prospects*. New Delhi: Vij Books, 2016.
Sidel, John. *The Islamist Threat in Southeast Asia: A Reassessment*. Washington, DC: East-West Center in Washington, 2007.
Siegel, James T. and Audrey R. Kahin, eds. *Southeast Asia over Three Generations*. Ithaca: Southeast Asia Program, Cornell University, 2003.
Simon, Sheldon W., ed. *The Many Faces of Asian Security*. Lanham: Rowman & Littlefield, 2001.
Singh, Bhubhindar and See Seng Tan. *From Boots to Brogues: The Rise of Defence Diplomacy in Southeast Asia*. Singapore: S. Rajaratnam School of International Studies, 2011.
Smith, Jeff M., ed. *Asia's Quest for Balance: China's Rise and Balancing in the Indo-Pacific*. Lanham: Rowman & Littlefield, 2018.
Smith, Ralph B. *An International History of the Vietnam War*, Vol. 1: *Revolution Versus Containment, 1955–61*. London: Macmillan, 1983.
____ *An International History of the Vietnam War*, Vol. 2: *The Struggle for Southeast Asia, 1961–65*. London: Macmillan, 1985.
____ *An International History of the Vietnam War*, Vol. 3: *The Making of a Limited War, 1965–66*. London: Macmillan, 1991.
Smith, R.B. *Changing Visions of East Asia, 1943–93: Transformations and Continuities*. London: Routledge, 2007.
Smith, Terry. *What Is Contemporary Art?* Chicago: University of Chicago Press, 2009.
Sng, Jeffery and Phimpraphai Bisalputra. *A History of the Thai-Chinese*. Singapore: Editions Didier Millet, 2015.
Soesastro, Hadi and Clara Joewono, eds. *The Inclusive Regionalist: A Festschrift Dedicated to Jusuf Wanandi*. Jakarta: Centre for Strategic and International Studies, 2007.
Sparrow, Bartholomew H. *Brent Scowcroft and the Call of National Security: The Strategist*. New York: Public Affairs, 2015.
Stolte, Carolien and Alicia Schrikker, eds. *World History: A Genealogy, Private Conversations with World Historians, 1996–2016*. Leiden: Leiden University Press, 2017.
Tan, Andrew T.H., ed. *Security and Conflict in East Asia*. London: Routledge, 2015.
Tarling, Nicholas. *Imperialism in Southeast Asia*. London: Routledge, 2001.
____ *Nationalism in Southeast Asia*. London: Routledge, 2004.

Political Change. New York: Routledge, 2017.
Klintworth, Gary. *Vietnam's Withdrawal from Cambodia: Regional Issues and Realignments*. Canberra: Australian National University, 1990.
Kranrattanasuit, Naparat. *ASEAN and Human Trafficking: Case Studies of Cambodia, Thailand and Vietnam*. Leiden, Boston: Brill Nijhoff, 2014.
Lee, Jones. *ASEAN, Sovereignty and Intervention in Southeast Asia*. London: Palgrave Macmillan, 2012.
Liow, Joseph Chinyong. *Ambivalent Engagement: The United States and Regional Security in Southeast Asia After the Cold War*. Washington, DC: Brookings Institution Press, 2017.
Mahbubani, Kishore and Jeffery Sng. *The ASEAN Miracle: A Catalyst for Peace*. Singapore: NUS Press, 2017.
Maier-Knapp, Naila. *Southeast Asia and the European Union: Non-traditional Security Crises and Cooperation*. New York: Routledge, 2015.
McBeth, John. *The Loner: President Yudhoyono's Decade of Trial and Indecision*. Singapore: Straits Times Press, 2016.
Mukherjee, Anit, ed. *The Merlion and the Ashoka: Singapore-India Strategic Ties*. Singapore: World Scientific, 2016.
Natalegawa, Marty. *Does ASEAN Matter? A View from Within*. Singapore: Institute of Southeast Asian Studies, 2018.
Nguitragool, Paruedee. *Environmental Cooperation in Southeast Asia: ASEAN's Regime for Trans-boundary Haze Pollution*. New York: Routledge, 2011.
Pekkanen, Saadia, John Ravenhill and Rosemary Foot, eds. *Oxford Handbook of the International Relations of Asia*, chapter 5. Oxford: Oxford University Press, 2014.
Quayle, Linda. *Southeast Asia and the English School of International Relations*. London: Palgrave Macmillan, 2013.
Rodan, Garry and Caroline Hudges. *The Politics of Accountability in Southeast Asia: The Dominance of Moral Ideologies*. Oxford: Oxford University Press, 2014.
Rothkopf, David J. *Running the World: The Inside Story of the National Security Council and the Architects of American Power*. New York: Public Affairs, 2005.
Savic, Ivan and Zachary C. Shirkey. *Uncertainty, Threat, and International Security: Implications for Southeast Asia*. New York: Routledge, 2017.
See Seng Tan and Amitav Acharya, eds. *Asia-Pacific Security Cooperation: National Interests and Regional Order*. Armonk: M.E. Sharpe, 2004.
Shambaugh, David. "Prospects for Asian Security After the Cold War". In *After the Cold War: Security and Democracy in Africa and Asia*, ed. William Hale and Eberhard Kienle. London: I.B. Tauris, 1997.

104–25. Washington, DC: Georgetown University Press, 2014.

Frost, Frank. *Engaging the Neighbours: Australia and ASEAN Since 1974*. Canberra: ANU Press, 2016.

Gaddis, John Lewis. *On Contemporary History: An Inaugural Lecture Delivered Before the University of Oxford on 19 May 1993*. Oxford: Clarendon Press, 1995.

Ganesan, N. and Ramses Amer, eds. *International Relations in Southeast Asia: Between Bilateralism and Multilateralism*. Singapore: Institute of Southeast Asian Studies, 2010.

Ganguly, Sumit, Andrew Scobell and Joseph Chinyong Liow, eds. *The Routledge Handbook of Asian Security Studies*, chapters 15–21. London: Routledge, 2010.

Goh, Evelyn. *The Struggle for Order: Hegemony, Hierarchy, and Transition in Post-Cold War East Asia*. Oxford: Oxford University Press, 2013.

Gunaratna, Rohan and Stefanie Kam, eds. *Handbook of Terrorism in the Asia-Pacific*. Singapore: World Scientific, 2016.

Gramsci, Antonio. *Selections of the Prison Note-books of Antonio Gramsci*, transl. Quentin Hoare and Geoffrey Nowell Smith. London: Lawrence and Wishart, 1971.

Haake, Jurgen. *ASEAN's Diplomatic and Security Culture: Origins, Developments and Prospects*. London: RoutledgeCurzon, 2003.

Hoadley, Stephen and Jurgen Ruland, eds. *Asian Security Reassessed*, chapter 1. Singapore: Institute of Southeast Asian Studies, 2006.

Hobsbawm, Eric. *The Age of Extremes*. New York: Vintage Books, 1996.

Huang, David W.F., ed. *Asia Pacific Countries and the US Rebalancing Strategy*. New York: Palgrave Macmillan, 2016.

Hughes, H. Stuart. *History as Art and as Science: Twin Vistas on the Past*. Chicago: University of Chicago Press, 1964.

Hughes-Warrington, Marnie. *Fifty Key Thinkers on History*. London: Routledge, 2000.

Koh, Tommy, Sharon Seah Li-Lian and Chang Li Lin. *50 Years of ASEAN and Singapore*. Singapore: World Scientific, 2017.

Keating, Paul. *Engagement: Australia Faces the Asia-Pacific*. Sydney: Macmillan, 2000.

Kennedy, Paul. *The Rise and Fall of the Great Powers*. New York: Vintage Books, 1987.

Key Issues in Asia Pacific Security. Senior Policy Seminar 2001, East-West Center, Honolulu, 2001.

Kingsbury, D. *Politics in Contemporary Southeast Asia: Authority, Democracy and*

ed. Amitav Acharya and Barry Buzan, pp. 117–47. London: Routledge, 2010.
____, ed. *International Security in the Asia-Pacific*. Cham: Palgrave Macmillan, 2018.
Clinton, W. David. *The Realist Tradition and Contemporary International Relations*. Baton Rouge: Louisiana State University Press, 2007.
Clymer, Kenton J. *A Delicate Relationship: The United States and Burma/ Myanmar Since 1945*. Ithaca: Cornell University Press, 2015.
Collins, Alan. *The Security Dilemmas of Southeast Asia*. London: Macmillan, 2000.
Connors, Michael K., Remy Davison and Jorn Dosch. *The New Global Politics of the Asia-Pacific: Conflict and Cooperation in the Asian Century*. London: Routledge, 2018.
Cossa, Ralph A. "Security Implications of Conflict in the South China Sea: Exploring Potential Triggers of Conflict". Honolulu: Pacific Forum CSIS Special Report, 1996.
Dayley, Robert and Clark D. Neher. *Southeast Asia in the New International Era*. Boulder: Westview, 2013.
De Cunha, Derek, ed. *Southeast Asian Perspectives on Security*. Singapore: Institute of Southeast Asian Studies, 2000.
Denoon, David B.H., ed. *US-China Relations*, Vol. 2: *China, the United States, and the Future of Southeast Asia*. New York: New York University Press, 2017.
Do Thanh Hai. *Vietnam and the South China Sea: Politics, Security and Legality*. London: Routledge, 2017.
Duignan, Peter and Lewis H. Gann. *The Cold War: End and Aftermath*. Stanford: Hoover Institution on War, Revolution, and Peace, 1996.
Ellings, Richard J. and Aaron L. Friedberg, eds. *Strategic Asia: Power and Purpose 2001–02*. Seattle: National Bureau of Asian Research, 2001.
Ellis, John. *Documentary: Witness and Self-revelation*. London: Routledge, 2011.
Elson, R.E. *Suharto: A Political Biography*. Cambridge: Cambridge University Press, 2001.
Fealy, Greg and Carlyle A. Thayer. "Problematising 'Linkages' Between Southeast Asian and International Terrorism". In *Security Politics in the Asia-Pacific: A Regional-Global Nexus?* ed. William T. Tow. Cambridge: Cambridge University Press, 2009.
Finney, Patrick, ed. *International History*. Houndmills: Palgrave Macmillan, 2005.
Fitriani, Evi. *Southeast Asians and the Asia-Europe Meeting: State's Interests and Institution's Longevity*. Singapore: Institute of Southeast Asian Studies, 2014.
Freedman, Amy L. "Malaysia, Thailand, and the ASEAN Middle Power Way". In *Middle Powers and the Rise of China*, ed. Gilley Bruce and Andrew O'Neil, pp.

Southeast Asia, 1400–1830. Cambridge: Cambridge University Press, 2015.
Ang Cheng Guan. *Lee Kuan Yew's Strategic Thought*. London: Routledge, 2013.
____ *Singapore, ASEAN and the Cambodian Conflict 1978–1991*. Singapore: NUS Press, 2013.
____ *Southeast Asia's Cold War: An Interpretive History*. Honolulu: University of Hawai'i Press, 2018.
Archer, Clive, Alyson J.K. Bailes and Anders Wivel, eds. *Small States and International Security*, chapters 1, 12. London: Routledge, 2014.
Bond, Christopher S. and Lewis M. Simons. *Southeast Asia and the Road to Global Peace with Islam*. Hoboken: John Wiley & Sons, 2009.
Brands, H.W., ed. *The Use of Force After the Cold War*. College Station: Texas A&M University Press, 2000.
Brands, Hal. *Making the Unipolar Moment: U.S. Foreign Policy and the Rise of the Post-Cold War Order*. Ithaca: Cornell University Press, 2016.
Brivati, Brian, Julia Buxton and Anthony Seldon, eds. *The Contemporary History Handbook*. Manchester: Manchester University Press, 1996.
Bundy, W.P. *Foreign Affairs: America and the World*. New York: Pergamon, 1982.
Burton, W.H. and D. Thompson, eds. *Studies in the Nature and Teaching of History*. New York: Humanities Press, 1967.
Caballero-Anthony, Mely, Amitav Acharya and Ralf Emmers, eds. *Non-traditional Security in Asia: Dilemmas in Securitisation*. London: Ashgate, 2006.
Caballero-Anthony, Mely and Alistair D.B. Cook. *Non-traditional Security in Asia: Issues, Challenges and Framework for Action*. Singapore: Institute of Southeast Asian Studies, 2013.
Campbell, Kurt M. *The Pivot: The Future of American Statecraft in Asia*. New York: Twelve, 2016.
Capie, David H. and Paul M. Evans. *The Asia-Pacific Security Lexicon*. Singapore: Institute of Southeast Asian Studies, 2002.
Carr, Bob. *Diary of a Foreign Minister*. Sydney: NewSouth, 2014.
Carr, Edward Hallett. *The Twenty Years' Crisis, 1919–1939: An Introduction to the Study of International Relations*. New York: HarperCollins, 2001.
Case, Williams. *Populist Threats and Democracy's Fate in Southeast Asia: Thailand, the Philippines and Indonesia*. New York: Routledge, 2017.
Chalermpalanupap, Termsak. "The ASEAN Regional Forum: Genesis, Development, and Challenges". *ASEAN Matters for All of Us*, Issue 3 (6 Aug.). Singapore: Institute of Southeast Asian Studies, 2018.
Chong, Alan. "Southeast Asia: Theory Between Modernisation and Tradition?" In *Non-Western International Relations Theory: Perspectives on and Beyond Asia*,

Society of Archivists 3, 10 (1969): 511–25.

Weatherbee, Donald E. "Southeast Asia and ASEAN: Running in Place". *Southeast Asian Affairs* (2012): 3–22.

Weissmann, M. "The South China Sea Conflict and Sino-ASEAN Relations: A Study in Conflict Prevention and Peace Building". *Asian Perspective* 34, 3 (2010): 35–69.

Welch, Anthony. "China-ASEAN Relations in Higher Education: An Analytical Framework". *Frontiers of Education in China* 7, 4 (2012): 465–85.

Wen Zha. "Personalized Foreign Policy Decision-Making and Economic Dependence: A Comparative Study of Thailand and the Philippines' China Policies". *Contemporary Southeast Asia* 37, 2 (2015): 242–68.

Wenjuan Nie. "China's Domestic Strategic Debate and Confusion over the South China Sea Issue". *Pacific Review* 31, 2 (2018): 188–204.

White, Hugh. "Power Shift: Australia's Future Between Washington and China". *Quarterly Essay* 39 (2010): 1–74.

Woodward, Llewellyn. "The Study of Contemporary History". *Journal of Contemporary History* 1, 1 (1966): 1–13.

Yates, Robert. "ASEAN as the 'Regional Conductor': Understanding ASEAN's Role in Asia-Pacific Order". *Pacific Review* 30, 4 (2017): 443–61.

Zhou Fangyin. "Between Assertiveness and Self-Restraint: Understanding China's South China Sea Policy". *International Affairs* 92, 4 (2016): 869–90.

研究專書

Acharya, Amitav. *The Quest for Identity: International Relations of Southeast Asia*. Singapore: Oxford University Press, 2000.

____ *Constructing a Security Community in Southeast Asia: ASEAN and the Problem of Regional Order*. London: Routledge, 2001.

____ *The Making of Southeast Asia: International Relations of a Region*. Ithaca: Cornell University Press, 2012.

____ *Constructing Global Order: Agency and Change in World Politics*. Cambridge: Cambridge University Press, 2018.

Allison, Graham. *Destined for War: Can America and China Escape Thucydides's Trap?* Boston: Houghton Mifflin Harcourt, 2017.

Almonte, Jose T. *Towards One Southeast Asia*. Quezon City: Institute for Strategic and Development Studies, 2004.

Almonte, Jose T. and Marites Danguilan Vitug. *Endless Journey: A Memoir*. Quezon City: Cleverheads, 2015.

Andaya, Barbara Watson and Leonard Y. Andaya. *A History of Early Modern*

International Affairs 73, 3 (1997): 531–46.

Storey, Ian James. "Creeping Assertiveness: China, the Philippines and the South China Sea Dispute". *Contemporary Southeast Asia* 21, 1 (1999): 95–118.

Sumanto Al Qurtuby. "Public Islam in Southeast Asia: Late Modernity, Resurgent Religion, and Muslim Politics". *Studia Islamika* 20, 3 (2013): 399–442.

Tan See Seng. "Spectres of Leifer: Insights on Regional Order and Security for Southeast Asia Today". *Contemporary Southeast Asia* 34, 3 (Dec. 2012).

Tan See Seng and Nasu Hitoshi. "ASEAN and the Development of Counter-Terrorism Law and Policy in Southeast Asia". *University of New South Wales Law Journal* 39, 3 (2016): 1219–38.

Tan, Andrew T.H. and Kenneth Boutin. *Non-traditional Security Issues in Southeast Asia*. Singapore: Select, 2001.

Tang Siew Mun. "Is ASEAN Due for a Makeover?" *Contemporary Southeast Asia: A Journal of International & Strategic Affairs* 39, 2 (2017): 239–44.

Thayer, Carlyle. "China and Vietnam: An Uneasy Modus Vivendi?" *Thayer Consultancy*, 6 July 2012.

____ "ASEAN's Code of Conduct in the South China Sea: A Litmus Test for Community-Building". *Asia-Pacific Journal*, 4th ser., 10, 34 (Aug. 2012).

____ "Southeast Asia's Regional Autonomy Under Stress". *Southeast Asian Affairs* (2016): 3–18.

Thomson, David. "The Writing of Contemporary History". *Journal of Contemporary History* 2, 1 (Jan. 1967).

Tofangsaz Hamed. "Confiscation of Terrorist Funds: Can the EU Be a Useful Model for ASEAN?" *UCLA Pacific Basin Law Journal* 34, 2 (2017): 149–213.

Tosh, John. *The Pursuit of History: Aims, Methods and New Directions in the Study of Modern History*. London: Pearson Longman, 2006.

Truong-Minh Vu. "International Leadership as a Process: The Case of China in Southeast Asia". *Revista Brasileira de Politica Internacional* 60, 1 (2017): 1–21.

Tung Nguyen Vu. "Vietnam's Membership of ASEAN: A Constructivist Interpretation". *Contemporary Southeast Asia* 29, 3 (2007): 483–505.

Ugarte, Eduardo F. and Mark Macdonald Turner. "What Is the 'Abu Sayyaf'? How Labels Shape Reality". *Pacific Review* 24, 4 (2011): 397–420.

"US-Japan Move on Security 'Positive'. *Straits Times*, 3 June 1996.

"US Needs Consistent Policy Towards Asia". *Straits Times*, 5 June 1996.

Van Schendel, William. "Southeast Asia: Whose Time Is Past?" *Journal of Humanities and Social Sciences of Southeast Asia and Oceania* 168, 4 (2012): 497–503.

Watt, Donald C. "Contemporary History: Problems and Perspectives". *Journal of the*

Powell, Bill. "Here's to a Rapid Recovery". *Newsweek*, 2 Feb. 1998.

Ramakrishna, Kumar. "Terrorism in Southeast Asia: The Ideological and Political Dimensions". *Southeast Asian Affairs 2004*. Singapore: Institute of Southeast Asian Studies, 2004.

——. "The Growth of ISIS Extremism in Southeast Asia: Its Ideological and Cognitive Features—and Possible Policy Responses". *New England Journal of Public Policy* 29, 1 (2017): 1–22.

Raymond, Gregory Vincent. "Naval Modernization in Southeast Asia: Under the Shadow of Army Dominance?" *Contemporary Southeast Asia: A Journal of International & Strategic Affairs* 39, 1 (2017): 149–77.

Roberts, Christopher. "Region and Identity: The Many Faces of Southeast Asia". *Asian Politics & Policy* 3, 3 (2011): 365–82.

Rolfe, Jim. "Security in Southeast Asia: It's Not About the War on Terrorism". *Asia Pacific Security Studies* 1, 3 (June 2002).

Roy, Denny. "'The China Threat' Issue". *Asian Survey* 36, 8 (Aug. 1996).

Ruland, J. "Southeast Asian Regionalism and Global Governance: 'Multilateral Utility' or 'Hedging Utility'?" *Contemporary Southeast Asia* 33, 1 (2011): 83–112.

Schlesinger, Arthur Jr. "On the Writing of Contemporary History". *The Atlantic*, 22 Dec. 2017, http://www.theatlantic.com/magazine/archive/1967/03/onthe-writing-of-contemporary-history/305731/, accessed 18 Mar. 2019.

Scott, David. "Conflict Irresolution in the South China Sea". *Asian Survey* 52, 6 (2012): 1019–42.

Scott, Shirley V. "What Lessons Does the Antarctic Treaty System Offer for the Future of Peaceful Relations in the South China Sea?" *Marine Policy* 87
(2018): 295–300.

Severino, Rodolfo C. "ASEAN in Need of Stronger Cohesion". *Straits Times*, 9 Dec. 2006.

Silove, Nina. "The Pivot Before the Pivot: U.S. Strategy to Preserve the Power Balance in Asia". *International Security* 40, 4 (2016): 45–88.

Simon, Sheldon W. "The Economic Crisis and ASEAN States' Security".
Strategic Studies Institute, US Army War College, 23 Oct. 1998.

Smith, Paul J. "Terrorism in Southeast Asia: A Strategic Assessment". *Regional Outlook* (2010): 12–6.

Sodhy, Pamela. "US-Malaysian Relations During the Bush Administration: The Political, Economic, and Security Aspects". *Contemporary Southeast Asia* 25, 3 (2003): 363–86.

Steiner, Zara. "On Writing International History: Chaps, Maps and Much More".

Mearsheimer, John J. "The Rise and Fall of the Liberal International Order". Paper presented at Notre Dame International Security Center, 11 Sept.2018, https://ndisc.nd.edu/assets/288231/rise_and_fall_of_the_liberal_international_order.september_11_2018.pdf, accessed 8 Jan. 2019.

Midford, Paul. "Japan's Leadership Role in East Asian Security Multilateralism: The Nakayama Proposal and the Logic of Reassurance". *Pacific Review* 13, 3 (2000): 367–97.

Mohan, C. Raja. "An Uncertain Trumpet? India's Role in Southeast Asian Security". *India Review* 12, 3 (2013): 134–50.

Mueller, John. "What Was the Cold War About? Evidence from Its Ending". *Political Science Quarterly* 119, 4 (2004–05): 609–31.

Natalegawa, M. and R.M. Marty. "The Expansion of ASEAN and the Changing Dynamics of Southeast Asia". *Contemporary Southeast Asia: A Journal of International & Strategic Affairs* 39, 2 (2017): 232–8.

Ninkovich, Frank. "Trumpism, History, and the Future of U.S. Foreign Relations". H-Diplo | ISSF Policy Series, 18 Apr. 2017, https://issforum.org/roundtables/policy/1-5ad-ninkovich, accessed 18 Sept. 2017.

Nguyen Vu Tung, "Vietnam's Membership of ASEAN: A Constructivist Interpretation". *Contemporary Southeast Asia* 29, 3 (2007): 483–505.

Nurhidayah, L., S. Alam and Z. Lipman. "The Influence of International Law upon ASEAN Approaches in Addressing Transboundary Haze Pollution in Southeast Asia". *Contemporary Southeast Asia: A Journal of International and Strategic Affairs* 37, 2 (2015): 183–210.

Oba Mie. "ASEAN and the Creation of a Regional Community". *Asia-Pacific Review* 21, 1 (2014): 63–78.

Oishi Mikio. "Is a New ASEAN Way of Conflict Management Emerging?" In *Contemporary Conflicts in Southeast Asia: Towards a New ASEAN Way of Conflict Management*, ed. Mikio Oishi, pp. 181–96. Singapore: Springer, 2016.

Ooi Giok Ling and Ramkishen S. Rajan. *Singapore: The Year in Review 1998*. Singapore: Times Academic, 1999.

Pepinsky, Thomas B. "Disciplining Southeast Asian Studies". *Sojourn: Journal of Social Issues in Southeast Asia* 30, 1 (2015): 215–26.

Pietsch, Juliet. "Authoritarian Durability: Public Opinion Towards Democracy in Southeast Asia". *Journal of Elections, Public Opinions & Parties* 25, 1 (2015): 31–46.

Pitakdumrongkit, Kaewkamol. "Coordinating the South China Sea Issue: Thailand's Roles in the Code of Conduct Development". *International Relations of the Asia-Pacific* 15, 3 (2015): 403–31.

Kandiah, Michael D. "Contemporary History". Making History, http://www.history.ac.uk/makinghistory/resources/articles/contemporary_history.html, accessed 28 Mar. 2016.

Kassim, Yang Razali. "ASEAN at 40: The End of a Two-Speed Grouping?" *RSIS Commentaries*, 6 Sept. 2007.

Kausikan, Bilahari. "Dealing with an Ambiguous World Lecture IV: The Myth of Universality: The Geopolitics of Human Rights". Fourth IPS-Nathan

Lecture, Institute of Policy Studies, Singapore, 26 Apr. 2016.

Khong Yuen Foong. "Making Bricks Without Straw in the Asia Pacific?" *Pacific Review* 10, 2 (1997): 289–300.

—— "The Elusiveness of Regional Order: Leifer, the English School and Southeast Asia". *Pacific Review* 18, 1 (2005).

Kim Hyung Jong and Lee Poh Pin. "The Changing Role of Dialogue in the International Relations of Southeast Asia". *Asian Survey* 51, 5 (2011): 953–70.

Klintworth, Gary. "Greater China and Regional Security". *Australian Journal of International Affairs* 48, 2 (Nov. 1994).

Koh, Tommy. "ASEAN Charts a New Regional Order". *Wall Street Journal Asia*, 21 Aug. 1992.

Kraft, Herman Joseph S. "Great Power Dynamics and the Waning of ASEAN Centrality in Regional Security". *Asian Politics & Policy* 9, 4 (2017): 597–612.

Krauthammer, Charles. "The Unipolar Moment". *Foreign Affairs: America and the World* (1990–91).

—— "The Unipolar Moment Revisited". *National Interest* (Winter 2002/03): 5–17.

Leifer, Michael. "ASEAN: Now for the Next 25 Years". *International Herald Tribune*, 12 Aug. 1992.

Llewelyn, James. "Preventive Diplomacy and the Role of Civil Maritime Security Cooperation in Southeast Asia". *Strategic Analysis* 41, 1 (2017): 49–60.

Loretta Malintoppi. "Trends and Perspectives of Settlement of Law of the Sea Disputes in Southeast Asia". *ASIL Annual Meetings Proceedings*, 107 (2013): 56–60.

Mansfield, Edward D. and Etel Solingen. "Regionalism". *Annual Review of Political Science* 13 (2010): 145–63.

Martinez, Andres. "The 1990s: Exuberant Interlude Between Cold War and Sept. 11". *Sunday Times*, 8 May 2016.

Marwick, Arthur. "A New Look, A New Departure: A Personal Comment on Our Changed Appearance". *Journal of Contemporary History* 32, 1 (Jan. 1997): 5–8.

Mazlish, Bruce. "Revisiting Barraclough's Contemporary History". *Historically Speaking* 8, 6 (July/Aug. 2007).

Emmerson, Donald K. "Mapping ASEAN's Futures" *Contemporary Southeast Asia: A Journal of International & Strategic Affairs* 39, 2 (2017): 280–7.

Evans, Richard J. "The Journal of Contemporary History and Its Editors" *Journal of Contemporary History* 50, 4 (2015): 710–37.

Febrica, Senia. "Securitizing Terrorism in Southeast Asia: Accounting for the Varying Responses of Singapore and Indonesia". *Asian Survey* 50, 3 (2010): 569–90.

Finnbogason, Daniel and Isak Svensson. "The Missing Jihad: Why Have There Been No Jihadist Civil Wars in Southeast Asia?" *Pacific Review* 31, 1 (2018): 96–115.

Foot, Rosemary. "China in the ASEAN Regional Forum: Organisational Processes and Domestic Modes of Thought". *Asian Survey* 38, 5 (May 1998): 425–40.

Graham, Euan. "Southeast Asia in the US Rebalance: Perceptions from a Divided Region". *Contemporary Southeast Asia* 35, 3 (2013): 305–32.

Hamilton-Hart, Natasha. "Deal-makers and Spoilers: Trump and Regime Security in Southeast Asia". *Contemporary Southeast Asia: A Journal of International & Strategic Affairs* 39, 1 (2017): 42–9.

Hara, Kimie. "Rethinking the 'Cold War' in the Asia-Pacific". *Pacific Review* 12, 4 (1999): 515–36.

Hart, Bradley W. "The Journal of Contemporary History: Fifty Years of Change and Continuity". *Journal of Contemporary History* 50, 4 (2015): 738–49.

Hartnett, Stephen K. and Bryan Reckard. "Sovereign Tropes: A Rhetorical Critique of Contested Claims in the South China Sea". *Rhetoric & Public Affairs* 20, 2 (2017): 291–337.

Haslam, Jonathan. "The Cold War as History". *Annual Review of Political Science* 6 (2003): 77–98.

Hassan, Mohamed Jawher. *A Pacific Peace: Issues and Responses: Papers Presented at the 11th Asia-Pacific Roundtable, 5–8 June 1997, Kuala Lumpur*. Kuala Lumpur: Institut Kajian Strategi Dan Antarabangsa, 1998.

Hongzhou Zhang and Sam Bateman. "Fishing Militia, the Securitization of Fishery and the South China Sea Dispute". *Contemporary Southeast Asia: A Journal of International & Strategic Affairs* 39, 2 (2017): 288–314.

Johnes, Martin. "On Writing Contemporary History". *North American Journal of Welsh Studies* 6, 1 (Winter 2011).

____ "Category: Contemporary History", 12 Sept. 2017, https://martinjohnes.wordpress.com/category/contemporary-history/, accessed 28 Mar. 2019.

Jones, Catherine. "Great Powers, ASEAN, and Security: Reason for Optimism?" *Pacific Review* 28, 2 (2015): 259–80.

Jonsson, Kristina. "Unity-in-Diversity? Regional Identity-Building in Southeast Asia". *Journal of Current Southeast Asian Affairs* 29, 2 (2010): 41–72.

Oxford University Press, 1984.
Castro, Renato Cruz De. "China, the Philippines, and US Influence in Asia". *Asian Outlook* 2 (July 2017).
Catterall, Peter. "What (if Anything) Is Distinctive About Contemporary History?" *Journal of Contemporary History* 32, 4 (1997).
Cheeseman, Graeme. "Asian-Pacific Security Discourse in the Wake of the Asian Economic Crisis". *Pacific Review* 12, 3 (1999): 333–56.
Chong, Ian. "Deconstructing Order in Southeast Asia in the Age of Trump". *Contemporary Southeast Asia: A Journal of International & Strategic Affairs* 39, 1 (2017): 29–35.
Ciorciari, John D. "ASEAN and the Great Powers". *Contemporary Southeast Asia: A Journal of International & Strategic Affairs* 39, 2 (2017): 252–8.
Davenport, T. "Legal Implications of the South China Sea Award for Maritime Southeast Asia". *Australia Year Book of International Law* 34 (2016): 65–86.
Davies, Mathew. "An Agreement to Disagree: The ASEAN Human Rights Declaration and the Absence of Regional Identity in Southeast Asia". *Journal of Current Southeast Asian Affairs* 33, 3 (2014): 107–29.
Denoon, David B.H. and Evelyn Colbert. "Challenges for the Association of Southeast Asian Nations (ASEAN)". *Pacific Affairs* 71, 4 (Winter 1998–99): 505.
Desker, Barry. "Is the ARF Obsolete? Three Moves to Avoid Irrelevance". *IDSS Commentaries*, 20 July 2006.
Dibb, Paul. "The End of the Asian Miracle? Will the Current Economic Crisis Lead to Political and Social Instability?" *SDSC Newsletter*, Summer 1998, p. 1.
—— "The Prospects for Southeast Asia's Security". ANU, SDSC Working Paper no. 347, June 2000.
Dibb, P., D. Hale and P. Prince. "The Strategic Implications of Asia's Economic Crisis". *Survival* 40, 2 (Summer 1998): 5–26.
Dillon, Dana R. "Countering Beijing in the South China Sea". *Policy Review* 167 (2011): 51–67.
Emmers, Ralf. "Regional Hegemonies and the Exercise of Power in Southeast Asia: A Study of Indonesia and Vietnam". *Asian Survey* 45, 4 (2005): 645–65.
—— "ASEAN Regional Forum: Time to Move Towards Preventive Diplomacy". *IDSS/RSIS Commentaries*, 25 Oct. 2007.
—— "Indonesia's Role in ASEAN: A Case of Incomplete and Sectorial Leadership". *Pacific Review* 27, 4 (2014): 543–62.
Emmers, Ralf and See Seng Tan. "The ASEAN Regional Forum and Preventive Diplomacy: Built to Fail?" *Asian Security* 7, 11 (1 Nov. 2011): 44–60.

EAS-95-231.
"Reassessing Multilateralism: A New Agenda for the ASEAN Regional Forum: A Report of the IDSS Project on the Future of the ASEAN Regional Forum". Singapore: Institute of Defence and Strategic Studies, June 2002.
"Regional Perspective: Making the ARF Relevant Post-September 11". *The Nation*, 8 July 2002.
"Roundtable: The ADMM-Plus and the Future of Defense Diplomacy". *Asia Policy* 22 (July 2016).
"Settle Spratlys Dispute Amicably: ASEAN Ministers". *Straits Times*, 22 July 1992.
"S'pore to Push for More Talks Among Members with Dialogue Partners". *Straits Times*, 27 July 1992.
"Spratlys Declaration 'Gives Asean New Role in Dispute'". *Straits Times*, 31 July 1992.
"What Makes the 4th Asean Summit Historic". *Straits Times*, 23 Jan. 1992.
Abuza, Zachary. "Tentacles of Terror: Al Qaeda's Southeast Asian Network". *Contemporary Southeast Asia* 24, 3 (2002): 427–65.
Acharya, Amitav. "The Myth of ASEAN Centrality?" *Contemporary Southeast Asia: A Journal of International & Strategic Affairs* 39, 2 (2017): 273–9.
Ad'ha Aljunied Syed Mohammed. "Countering Terrorism in Maritime Southeast Asia: Soft and Hard Power Approaches". *Journal of Asian & African Studies* 47, 6 (2012): 652–65.
Ahmad, Zakaria Haji and Baladas Ghoshal. "The Political Future of ASEAN
After the Asian Crisis". *International Affairs* 75, 4 (1999): 759–78.
Amer Ramses. "The South China Sea: Achievements and Challenges to Dispute Management". *Asian Survey* 55, 3 (2015): 618–39.
Ang Cheng Guan. "The South China Sea Dispute Revisited". *Australian Journal of International Affairs* 54, 2 (July 2000).
Ba, Alice D. "Southeast Asia in an Age of Strategic Uncertainty: Legal Rulings, Domestic Impulses, and the Ongoing Pursuit of Autonomy". *Southeast Asian Affairs* (2017): 3–17.
Barro, Robert J. "The East Asian Tigers Have Plenty to Roar About". *BusinessWeek*, 27 Apr. 1998, p. 24.
Bellamy, A. and C. Drummond. "The Responsibility to Protect in Southeast Asia: Between Non-interference and Sovereignty as Responsibility". *Pacific Review* 24, 2 (2011): 179–200.
Blumenson, Martin. "Can Official History Be Honest History?" *Military Affairs* 26, 4 (Winter 1962–63): 158.
Bull, Hedley and Adam Watson, eds. *Expansion of International Society*. Oxford:

參考書目

期刊論文

"A Landmark Decision in the South China Sea: The Scope and Implications of the Arbitral Tribunal's Award". *Contemporary Southeast* Asia 38, 3 (Dec. 2016).

"ARF Senior Officials Agree on Membership Criteria". *Straits Times*, 11 May 1996.

"ASEAN Charter: The Model Decision". *Straits Times*, 9 Sept. 2005.

"ASEAN Defense Ministers' Meeting (ADMM) and ADMM Plus: A Japanese Perspective". *NIDS Journal of Defense and Security* 14 (Dec. 2013).

"ASEAN Faces Difficulty in Beijing Negotiations: Divisions Within Group Block Consensus on Code for South China Sea". *Wall Street Journal Asia*, 1 Aug. 2002.

"Asian Financial Crisis and China". *Hong Kong Ta Kung Pao*, 2 Nov. 1998, FBIS-CHI-98-310.

"Call to Set up Regional Security Forum". *Straits Times*, 19 Jan. 1992.

"Cambodia-Thailand Sovereignty Disputes: Implications for Cambodia's Strategic Environment and Defence Organisation". *Strategic Analysis* 41, 2 (2017).

"Can S-E Asia Ride the Next FDI Wave?" *Straits Times*, 9 June 2007.

"CSCAP Retreat: Reviewing of Regional Security Order and Architecture". *Think Tank* 40 (Apr. 2017), S. Rajaratnam School of International Studies.

"Deputy Foreign Minister Vu Khoan's Exclusive Interview". *Vietnam Southeast Asia Today*, Special Issue, 25 July 1995.

"G. Barraclough, 76, Historian". *New York Times*, 10 Jan. 1985, http://www.nytimes.com/1985/01/10/world/g-barraclough-76-historian.html, accessed 30 Mar. 2016.

"Inevitable That Asean Membership Will Grow: KL Minister". *Straits Times*, 17 Jan. 1992.

"Korea and Kashmir Clashes 'Too Big' for ARF". *Straits Times*, 20 June 1999.

"Pavlovian Conditioning and 'Correct Thinking' on the South China Sea". *Straits Times*, 1 Apr. 2016.

"Reaction to SRV Offer to Host ASEAN Summit". *The Nation*, 30 Nov. 1995, *FBIS-*

東南亞的當代新秩序

後冷戰時代的東南亞國際關係史

Southeast Asia After the Cold War: A Contemporary History

作者　洪清源（Ang Cheng Guan）
譯者　林瑞
主編　洪源鴻
責任編輯　涂育誠
行銷企劃總監　蔡慧華
行銷企劃專員　張意婷
封面設計　虎稿・薛偉成
排版　宸遠彩藝

出版　八旗文化／遠足文化事業股份有限公司
發行　遠足文化事業股份有限公司（讀書共和國出版集團）
地址　新北市新店區民權路一〇八之二號九樓
電話　〇二～二二一八～一四一七
傳真　〇二～二二一八～八〇五七
客服專線　〇八〇〇～二二一～〇二九
信箱　gusa0601@gmail.com
臉書　facebook.com/gusapublishing
部落格　gusapublishing.blogspot.com
法律顧問　華洋法律事務所／蘇文生律師
印刷　成陽印刷股份有限公司

出版日期　二〇二三年八月（初版一刷）
定價　五二〇元整
ISBN　9786267234556（平裝）
9786267234563（EPUB）
9786267234570（PDF）

國家圖書館出版品預行編目（CIP）資料

東南亞的當代新秩序：後冷戰時代的東南亞國際關係史
洪清源（Ang Cheng Guan）著／林瑞譯／初版／新北市／八旗文化出版／
遠足文化事業股份有限公司發行／民 112.08
譯自：Southeast Asia After the Cold War: A Contemporary History
ISBN 978-626-7234-55-6（平裝）

1. 國際關係　2. 區域研究　3. 外交史　4. 東南亞

578.1938　112010514